诚信为本 操守为重

坚持准则 不做假账

——与学习会计的同学共勉

本教材第四版曾获首届全国教材建设奖全国优秀教材二等奖

"十四五"职业教育国家规划教材

高等职业教育在线开放课程新形态一体化教材

国家职业教育大数据与会计专业教学资源库升级改进配套教材

会计职业基础

（第六版）

主　编　程淮中

副主编　李　群　赵　燕

中国教育出版传媒集团

高等教育出版社·北京

内容提要

本教材第四版曾获首届全国教材建设奖全国优秀教材二等奖。本教材是"十四五"职业教育国家规划教材，同时也是国家职业教育大数据与会计专业教学资源库升级改进配套教材。

本教材是在第五版的基础上，根据最新颁布实施的相关财税法规，总结近年来国家"双高"院校和高水平财务会计类专业群建设经验的基础上修订而成的。

本教材遵循"项目引领、任务驱动"的课程开发理念，将思政元素融入教材之中，力求符合教育部提出的"注重基础、突出适用、增加弹性、精选内容"的要求，重会计基础知识、基本技能和职业素养。全书采用项目任务式进行编写，共分10个项目，包括：了解企业、会计工作组织与会计职业；描述会计、会计目标和会计方法；划分会计要素，建立会计等式；设置会计账户，运用借贷记账法；核算企业主要经营过程的经济业务和成本计算；填制和审核会计凭证；设置和登记会计账簿；组织和开展财产清查；编制和报送财务会计报告；选择和应用账务处理程序。同时，本书配有《会计职业基础实训》（第六版）。

为方便教学和自学，本教材配套建有国家职业教育大数据与会计专业教学资源库课程，可通过登录"智慧职教"平台，进入"会计职业基础"课程进行在线学习。本教材还配备了完善的教学课件、参考答案等数字资源，教师如需获取，可登录"高等教育出版社产品信息检索系统"（xuanshu.hep.com.cn）免费下载。

本教材可作为高等职业教育专科、本科院校财务会计类专业的通用教材及其他管理类专业的教材，也可作为社会从业人员的业务参考用书。

图书在版编目（CIP）数据

会计职业基础 / 程淮中主编 . -- 6 版 . -- 北京：高等教育出版社，2025.8 . -- ISBN 978-7-04-065172-0

Ⅰ．F230

中国国家版本馆 CIP 数据核字第 2025W68E90 号

会计职业基础（第六版）
KUAIJI ZHIYE JICHU

| 策划编辑 | 张雅楠 | 责任编辑 | 张雅楠 | 封面设计 | 张 志 | 版式设计 | 杜微言 |
| 责任绘图 | 邓 超 | 责任校对 | 张 薇 | 责任印制 | 耿 轩 | | |

出版发行	高等教育出版社	网　　址	http://www.hep.edu.cn
社　　址	北京市西城区德外大街 4 号		http://www.hep.com.cn
邮政编码	100120	网上订购	http://www.hepmall.com.cn
印　　刷	北京市联华印刷厂		http://www.hepmall.com
开　　本	787 mm×1092 mm 1/16		http://www.hepmall.cn
印　　张	20.75	版　　次	2011 年 8 月第 1 版
字　　数	350 千字		2025 年 8 月第 6 版
购书热线	010-58581118	印　　次	2025 年 8 月第 1 次印刷
咨询电话	400-810-0598	定　　价	49.80 元

本书如有缺页、倒页、脱页等质量问题，请到所购图书销售部门联系调换
版权所有　侵权必究
物料号　65172-00

"智慧职教"服务指南

"智慧职教"(www.icve.com.cn)是由高等教育出版社建设和运营的职业教育数字教学资源共建共享平台和在线课程教学服务平台,与教材配套课程相关的部分包括资源库平台、职教云平台和App等。用户通过平台注册,登录即可使用该平台。

● 资源库平台:为学习者提供本教材配套课程及资源的浏览服务。

登录"智慧职教"平台,在首页搜索框中搜索"会计职业基础",找到对应作者主持的课程,加入课程参加学习,即可浏览课程资源。

● 职教云平台:帮助任课教师对本教材配套课程进行引用、修改,再发布为个性化课程(SPOC)。

1. 登录职教云平台,在首页单击"新增课程"按钮,根据提示设置要构建的个性化课程的基本信息。

2. 进入课程编辑页面后,在"教学任务"的"课程设计"中"导入"教材配套课程,可根据教学需要进行修改,再发布为个性化课程。

● App:帮助任课教师和学生基于新构建的个性化课程开展线上线下混合式、智能化教与学。

1. 在应用市场搜索"智慧职教+"App,下载安装。

2. 登录App,任课教师指导学生加入个性化课程,并利用App提供的各类功能,开展课前、课中、课后的教学互动,构建智慧课堂。

"智慧职教"使用帮助及常见问题解答请访问 help.icve.com.cn。

总　序

　　国家职业教育大数据与会计（会计）专业教学资源库项目（以下简称会计专业资源库）于2008年筹建，2010年获教育部正式立项，2013年顺利通过验收。2014年会计专业资源库建设成果获国家级教学成果一等奖。2016年会计专业资源库升级改进项目获教育部立项，并于2019年验收。2008年至2024年，是会计专业资源库建设与会计行业发展不断融合的16年，经历了与全国高职会计专业改革和建设相互借鉴、相互促进的16年，见证并参与了"互联网+"职业教育、数字化职业教育的高速发展，并将继续与这个变革的时代同步前进。随着《职业教育专业目录（2021年）》《职业教育专业简介》（2022年修订）的发布，会计专业更名为大数据与会计专业，专业数字化转型的要求对资源库的持续建设和更新提出了更高的要求。

　　会计专业资源库建设主要分为基本建设和升级改进两个阶段。基本建设阶段为2008年至2016年，建成了由"专业中心""课程中心"（含12门核心课程）、"应用中心"（含能力测试系统、虚拟仿真实训系统）、"素材中心"四个中心组成的一整套普适与特色相结合、元素资源与成型资源相配套的高职会计专业标志性教学资源，为"教学做一体化"教学模式的开展提供了互动、开放、可持续的平台，为会计专业人才培养、培训及自主成长提供了解决方案。升级改进阶段为2016年至2019年，以会计行业由财务会计向管理会计转型、国家"营改增"等财税政策和会计政策重大变化、"互联网+教育"模式变革为背景，按照"一体化设计、结构化课程、颗粒化资源"的建设思路，在原已验收的会计专业资源库的基础上开展了下列建设工作：一是进行资源库一体化设计，明确了"大智移云"时代会计职业岗位能力要求及其所需的知识点和技能点，建立了"会计职业岗位知识技能树"。二是重构课程体系。按照管理会计转型要求，新增了"管理会计基础"等课程，并对成本核算、税费计算与申报等传统课程进行了"管理会计方向"的改建，形成了"以财务会计为基础、以管理会计为重心"的全新课程体系。三是完善颗粒化资源建设。会计专业资源库项目以各课程的"知识点、技能点"为载体，并以最新财税政策和会计准则为依据进行了颗粒化资源建设，使颗粒化资源由原来的 3 300 余条增加为 10 000 余条。四是注重贯彻立德树人根本任务，德技并修，新增了"中国会计文化"课程，并通过制订课程标准、制作微课、开展会计职业岗位测评等多种渠道进行会计文化、会计职业道德培育。五是开展"数智化＋教育"模式的探索实践和推广应用，形成了适合我国高职会计专业应用的"线上线下混合教学""翻转课堂""自主学习""在线实训"等在线教学模式的典型经验。经过升级改进后的会计专业资源库由"专业中心""课程中心""素材中心""微课中心""培训中心"和"典型应用中心"组成，用户数量已达到了 5 万余人，为全国高职会计专业教育教学、社会学习者自主学习以及员工培训提供了全面的资源支持。

大数据技术与会计专业的结合，不仅体现了会计行业信息化、智能化、数字化的变迁，更推动了课程体系的改变和课程内涵的改革。为此，会计专业资源库将新增大数据技术基础、财务大数据分析、财务机器人开发与应用、大数据技术在财务中的应用等大数据及其在财务工作中应用的课程，并将传统的财务会计、成本会计、税费计算与申报等课程与财务信息系统、云财务平台、智慧税务系统等结合起来，升级为智能化、信息化、数字化课程。本套教材是会计专业资源库建设项目的重要成果之一，也是资源库课程开发成果和资源整合应用的重要载体。十余年来，它伴随着资源库的建设和会计行业的变迁而几经修订，汲取着高职会计专业建设和课程改革的成果而不断完善，更依托现代信息化技术而日益丰满，形成了以下几点鲜明特色。

第一，课程体系内容创新。2021 年，项目组在持续进行调研分析的基础上，重新定位了高职会计专业的就业领域、就业岗位，将"财务共享中心""财税服务企业"等新型财务组织的相关岗位任务纳入教学体系，根据会计行业的信息化、智能化、数字化发展特点重新开发一系列基于"大智移云"时代会计岗位群变化的创新教材。本套教材根据高等职业教育大数据与会计专业最新的专业教学标准设计，无论是课程体系还是教学内容，均体现了专业升级所带来的创新。同时，各课程之间按照会计工作总体过程关联化、顺序化，做到逻辑一致，内容相谐，实现了顶层设计下会计职业能力培养的递进衔接。

第二，教材内容相对独立。2011 年第一版教材出版时，项目组在顶层设计上要求各课程组"尽量避免不同课程内容之间的重复"，以保证专业教学的体系化。然而在十余年的教材编写和应用实践中，我们发现由于各学校专业人才培养方案不同，其课程内容组合也有所不同。为此，资源库构建了以会计岗位任务为载体，以各"知识点、技能点"为内容的"会计职业知识树"，倡议和鼓励各资源库应用院校根据各自人才培养的需要构建内容不尽相同的"个性化课程"，实现了资源库"一体化设计、结构化课程"的建设思路。为此，教材在编写中采用了"结构化课程"的编写思路，每门课程的教学内容相对独立，允许一些边界重叠的课程内容有所重复，如"管理会计基础"课程中的"预算管理""投融资管理""风险管理"等内容与"企业财务管理"课程中的相关内容有一定的重复。从教材使用者的角度来看，教材内容的独立性更有利于组织"个性化"教学。同时，我们也在进一步设想从教材形式创新上来解决这些问题，如探索开发以"知识点、技能点"命名的活页式教材等。

第三，教材体系针对性强。本套教材立足高职"教学做"一体化教学特色，设计三位一体的教材组成。从"教什么，怎么教""学什么，怎么学""做什么，怎么做"三个问题出发，每门课程均编写了"主体教材""教师手册"（放入资源库平台）、"习题与实训用书"。其中，"主体教材"以"学习者用书"为主要定位，立足"学什么，怎么学"进行编写，是课程教学内容的载体；"教师手册"以"教师用书"为主要定位，立足"教什么，怎么教"进行编写，既是教师进行教学组织实施的载体，也是学生参与课堂活动设计的载体；"习题与实训用书"以"能力训练与测试"为主要定位，立足"做什么，怎么做"，通过职业判断能力训练、职业实践能力训练、职业拓展能力训练三部分训练全面提高学生的职业能力。

第四，配套资源立体化。资源库升级改进配套教材的最大竞争力在于其丰富、立体的配套资源。按照资源库建设的顶层设计要求，在教材编写的同时，各门课程开发了涵盖课程标准、教学实施方案、电子课件、岗位介绍、操作演示、虚拟互动、典型案例、习题试题、票证账表、图片素材、法规政策、教学视频等在内的丰富的教学资源。这些教学资源的建设与教材编写同步而行，相携而成。为了引导学习者充分使用配套资源，打造真正的融媒体教材，本套教材通过在正文中标注二维码的形式，将各项典型资源与教学内容紧密地结合起来，使之浑然一体。学习者还可通过登录"智慧职教"平台，加入相应资源库课程进行学习。如果说资源库数以万计的教学资源是一颗颗散落的明珠，那么本套教材就是将它们有序串接的珠链。我们有理由相信，这套嵌合着数以万计的优质资源的教材将会成为高职大数据与会计专业教学真正意义的数字化、自主学习型的创新教材。

第五，教材教改一体化。作为资源库项目的配套教材，本套教材的编写理念、编写体例、内容框架等均来源于资源库的顶层设计，并与资源库"标准化课程"的建设相配套，因而，本套教材不仅是传统意义上的"教材"，更是以教材为载体，反映了资源库课程建设和教学改革的内涵，教材与教改的一体化设计使本套教材发挥了更大的教学价值。

第六，教材体例职业化。遵循工作过程系统化课程开发理论，教材中的大部分课程采用学习情境式教学单元，体现高职教育职业化、实践化特色。本套教材不再使用传统的章节式体例，而是采用职业含义更加丰富的"学习情境"或"项目任务"搭建教学单元。与传统的章节式体例相比，学习情境式或项目任务式教学单元融合了岗位任务完成所需的"职业环境、岗位要求、典型任务、职业工具和职业资料"，立体化地描述了完成一项典型工作任务的工作过程和工作情境，再现了大量真实的会计职业的票、账、证、表，满足了高等职业教育职业性、实践性要求。

第七，教材装帧精美。本套教材大多数采用四色、双色印刷，并以不同的色块，突出重点概念与技能，通过视觉搭建知识技能结构，给人耳目一新的感觉。同时，还原了会计凭证、账簿、报表的本来面目，增强了教材的真实感、职业感。

本套教材的编写团队即为会计专业资源库建设团队。会计专业资源库原由山西省财政税务专科学校原校长赵丽生教授、山东商业职业技术学院原校长钱乃余教授担任项目负责人，2023年由山西省财政税务专科学校校长李赟鹏教授担任项目负责人。山西省财政税务专科学校赵丽生教授、高翠莲教授、董京原教授、蒋小芸副教授，江苏财经职业技术学院程淮中教授、浙江金融职业学院孔德兰教授、无锡商业职业技术学院马元兴、薛春燕教授、丽水职业技术学院梁伟样教授、北京财贸职业学院孙万军教授、广东农工商职业技术学院张洪波教授、江苏经贸职业技术学院王生根教授、淄博职业学院高丽萍教授、天津职业大学曹军教授、长沙民政职业技术学院张流柱教授等分别担任"中国会计文化""出纳业务操作""管理会计基础""成本核算与管理""会计职业基础""企业财务会计""企业财务管理""税费计算与申报""会计综合实训""会计信息化""审计实务""企业会计制度设计""财务报表分析""行业会计比较"等课程配套教材主编，并不断修订再版，使其与时俱进，日臻完善。更加可贵的是，十余年的磨砺，培育了这支全国高职大数据与会计专业教育的核心团队，他们是本套教材质量的最重要的保障。在这支团队中，走出了3名高职财经名校的校长、2位国家"万人计划"教学名师，产生了一批高职大数据与会计专业教学改革的行家能手。他们活跃在全国高职院校中，以爱岗敬业的情操、为人师表的修养、创新进取的精神、严谨治学的风格取得了一系列的国家级、省级教学成果，引领并推动着高职大数据与会计专业教育教学改革。

千锤百炼出真知。本套教材的编写伴随着资源库建设历程，历时16年已再版至第六版，本套教材中多部教材相继入选"十二五""十三五""十四五"职业教育国家规划教材。依据《国家教材委员会关于首届全国教材建设奖奖励的决定》（国教材〔2021〕6号），《中国会计文化》《会计综合实训（第四版）》《出纳业务操作（第三版）》《会计职业基础（第四版）》《企业财务会计（第四版）》《企业财务管理（第三版）》《审计实务（第三版）》共七部教材被评为首届全国教材建设奖全国优秀教材，是教材建设服务为党育人、为国育才的典范。它是资源库建设者的心血与智慧的结晶，也是资源库建设成果的集中体现，既具积累之深厚，又具改革之创新。我们衷心地希望它的出版能够为中国高职大数据与会计专业教学改革探索出一条特色之路，一条成功之路，一条未来之路！

国家职业教育大数据与会计（会计）专业教学资源库项目组

2024年11月

第六版前言

《会计职业基础》作为国家职业教育大数据与会计专业教学资源库配套教材,自 2011 年出版发行以来,受到全国高等职业院校财经商贸类专业广大师生的欢迎,并先后获评"十二五"职业教育国家规划教材、"十四五"职业教育国家规划教材。2021 年,《会计职业基础》(第四版)荣获首届全国教材建设奖全国优秀教材二等奖。

党的二十大报告提出"教育是国之大计、党之大计。培养什么人、怎样培养人、为谁培养人是教育的根本问题。育人的根本在于立德。"落实立德树人根本任务,全面推进课程思政建设,就是要寓价值观教育于知识传授和能力培养之中,帮助学生塑造正确的世界观、人生观、价值观,达到知识与技能、过程与方法、情感态度与价值观融为一体。经济越发展,会计越重要。新的商业模式不断创新,管理与技术的融合特征日益明显,企业对会计岗位从业人员的能力有了更高的要求。随着财政部印发《会计人员职业道德规范》《代理记账基础工作规范(试行)》,以及全国人民代表大会常务委员会通过的《中华人民共和国会计法》(2024 年)等相关最新财税法规,以大数据、人工智能、区块链等为代表的新一代信息技术进一步推动企业组织变革和效率提升,也给传统教育带来了颠覆性革命,泛在学习、深度学习、混合式学习等模式以及"三全育人"新格局、课程思政等正在走进校园和课堂,这无疑会对会计教材建设提出新的要求。鉴于此,我们认真学习习近平总书记关于教育的重要论述,根据 2025 年教育部印发的新版《职业教育专业教学标准》、国家职业教育大数据与会计专业教学资源库升级改进建设和新形态一体化教材编写的要求,以及近年来国家"双高"院校和高水平财务会计类专业群建设的经验,对《会计职业基础》(第五版)进行了修订、补充和完善。全书分 10 个项目,包括:了解企业、会计工作组织与会计职业;描述会计、会计目标和会计方法;划分会计要素,建立会计等式;设置会计账户,运用借贷记账法;核算企业主要经营过程的经济业务和成本计算;填制和审核会计凭证;设置和登记会计账簿;组织和开展财产清查;编制和报送财务会计报告;选择和应用账务处理程序。

会计职业基础是一门财务会计类专业的入门课程,应该介绍什么内容,对于初学者在广度和深度上应该怎样把握，是一个颇费脑筋的问题，它关系到学生的入门难易和对于学习后续会计课程的兴趣。本书在修订过程中，编者努力从传授会计基础知识、培养会计基本技能和熏陶会计职业素养入手，突出教材内容的德育主线，培养学生"三坚三守"会计人员职业道德，充分汲取当前企业会计的工作实践，紧跟产业、行业的发展变化，坚持"以能力为本位，以就业为导向"的教材编写理念，继续保持以下几个特色：

（1）遵循"项目引领、任务驱动"的课程开发理念，将思政元素融入教材之中，力求符合教育部提出的"注重基础、突出适用、增加弹性、精选内容"的要求，重会计基础知识、基本技能和职业素养，达到会计职业能力培养的递进衔接。

（2）教材体例打破章节模式，采用项目任务式编写结构。全书分10个项目，每个项目下又设计若干个任务，突出会计职业活动的典型任务设计，再现了大量真实的会计职业的票、证、账、表，体现理论与实践的一体化。

（3）内容编排由浅入深，符合学生的认知规律。教材将最新的《会计人员职业道德规范》《代理记账基础工作规范（试行）》《中华人民共和国会计法》（2024年）等相关法律法规的内容纳入其中，为学习者搭建合理的知识结构，提供规范的实务操作范例。

（4）配套资源丰富，与教材编写同步而行，相携而成。本书配套"会计职业基础"在线开放课程，同时配有《会计职业基础实训》（第六版）和教学课件、参考答案等辅教资源。并在原有辅学资源的基础上，完善数字资源，学习者可使用智能移动终端设备扫描二维码来学习，满足个性化学习的需要。

（5）版式设计图文并茂，装帧精美，双色印刷。本书以专色突出重点内容，通过视觉分辨从而搭建知识技能结构，给人耳目一新的感觉。同时，增强了教材的真实感、职业感和适应性，让学生尽早融入会计职业工作环境。

本次修订工作由江苏财经职业技术学院程淮中教授主持，由程淮中任主编，江苏财经职业技术学院李群和赵燕任副主编。江苏国瑞兴光税务师事务所所长高允斌高级会计师和江苏今世缘酒业股份有限公司财务总监王卫东高级会计师参与了本书修订内容的研讨和典型工作任务的设计。全书最后由程淮中教授总纂、修改和定稿。

由于编者专业水平和实践经验有限，加之信息技术变革、经济转型发展和财经法规变化较快，书中不足之处在所难免，欢迎广大读者批评指正。

编　者

二○二五年六月

第一版前言

随着 2006 版《企业会计准则》和高等职业教育"十二五"规划纲要的颁布与实施，特别是高等职业教育会计专业教学资源库建设 2010 年被教育部和财政部正式立项，高职会计教育实施的项目导向、任务驱动、基于工作过程系统化的课程开发理念和校企合作模式，已普遍得到高职教育界的认同。面对新的历史机遇，这无疑会对会计教材建设提出更高的要求。鉴于此，我们总结了参与国家示范校会计专业建设的经验，发挥团队的智慧，倾注心力，采众家之长，树自身一帜，精心编写了本书。全书分 10 个学习情境，包括：了解企业、会计工作组织与会计职业；描述会计、会计目标和会计方法；划分会计要素，建立会计等式；开设会计账户，运用借贷记账法；核算企业主要经营过程的经济业务和成本计算；填制和审核会计凭证；设置和登记会计账簿；组织和开展财产清查；编制和报送会计报表；选择和应用账务处理程序。

会计职业基础是一门会计入门课程，应该介绍什么内容，对于初学者在广度和深度上应该怎样把握，是一个颇费脑筋的问题，它关系到学生的入门难易和对于学习后续会计课程的兴趣。本书在编写过程中，努力从培养学生的专业能力、社会能力和方法能力入手，充分体现教育部《关于全面提高高等职业教育教学质量的若干意见》（教高〔2006〕16 号）的文件精神，注意吸纳国家示范校建设四周年课改成果，充分汲取合作企业的会计工作实践，坚持"以能力为本位，以就业为导向"的教材编写理念，力求形成自身的特色：

（1）紧紧围绕项目导向、任务驱动、基于工作过程的课程改革理念，力求符合教育部提出的"注重基础、突出适用、增加弹性、精选内容"的要求，重会计基础知识和基本技能。

（2）在教材体系上，打破传统的章节模式，全书分 10 个学习情境，每个情境又设计若干个子情境，突出会计职业活动的典型任务设计，体现理论与实践的一体化。

（3）在教材内容编排上，遵循由浅入深和会计工作系统化的编写思路，以符合学生的认知过程和接受能力。同时将会计从业资格考试的内容纳入其中，为学习者搭建合理的知识结构，提供规范的实务操作范例，以充分体现高职高专"双证就业"的办学要求。

（4）在编写体例上，本书设有职业能力目标、情境引例、知识准备、提示、请注意、动脑筋、职业判断与业务操作、典型任务举例、知识与能力拓展、本学习情境小结等模块，以丰富教学形式，增强教学效果，拓宽学生视野，提升职业素养。

（5）在版式设计上，本书图文并茂，彩色印刷，同时配有"课程学习网站""学生实训手册"和"教师手册"等相关教学资源，为教师教学和学生自主学习提供全方位服务，着力打造立体化教材。

本书由江苏财经职业技术学院程淮中教授任主编并负责总体组织策划；李群副教授任副主编，协助主编工作。参与本教材开发的有国内6所示范高职院校和2家行业企业共12人，具体分工是：学习情境1由沈清文、程淮中编写；学习情境2由程淮中编写；学习情境3由桑丽霞、黄晓平编写；学习情境4由高慧芸、程淮中编写；学习情境5由施金影、李群编写；学习情境6由颜永廷、程淮中编写；学习情境7由李群编写；学习情境8由董京原、李群编写；学习情境9由施海丽、程淮中编写；学习情境10由赵燕编写。江苏国瑞兴光税务师事务所所长高允斌高级会计师和江苏淮钢集团有限公司财务总监王振林高级会计师参与了本书内容的研讨和典型任务设计。全书最后由程淮中总纂、修改和定稿。

南京财经大学副校长、博士生导师、江苏省会计教学研究会会长王开田教授担任本书主审，在此表示感谢。

由于编者水平有限，加之时间仓促，书中不足之处在所难免，恳请广大读者批评指正。

编　者

二〇一一年二月

目 录

项目 1 了解企业、会计工作组织与会计职业　1

职业能力目标　1

任务 1.1　了解企业和企业的基本业务流程　2

任务 1.2　明确会计工作组织　6

任务 1.3　认识会计职业　13

项目小结　15

项目 2 描述会计、会计目标和会计方法　16

职业能力目标　16

任务 2.1　认知会计和会计目标　17

任务 2.2　了解会计核算的方法　32

项目小结　36

项目 3 划分会计要素，建立会计等式　37

职业能力目标　37

任务 3.1　划分会计要素　38

任务 3.2　建立会计等式　45

项目小结　50

项目 4 设置会计账户，运用借贷记账法　51

职业能力目标　51

任务 4.1　设置会计科目　52

任务 4.2　设置会计账户　　59

　　任务 4.3　运用借贷记账法　　64

　　项目小结　　76

项目 5　核算企业主要经营过程的经济业务和成本计算　　77

　　职业能力目标　　77

　　任务 5.1　核算资金筹集的经济业务　　78

　　任务 5.2　核算供应过程的经济业务　　83

　　任务 5.3　核算生产过程的经济业务　　96

　　任务 5.4　核算销售过程的经济业务　　107

　　任务 5.5　核算财务成果形成与分配过程的经济业务　　118

　　项目小结　　128

项目 6　填制和审核会计凭证　　129

　　职业能力目标　　129

　　任务 6.1　填制和审核原始凭证　　130

　　任务 6.2　填制和审核记账凭证　　140

　　任务 6.3　传递和保管会计凭证　　152

　　项目小结　　157

项目 7　设置和登记会计账簿　　158

　　职业能力目标　　158

　　任务 7.1　启用会计账簿　　159

　　任务 7.2　设置和登记现金、银行存款日记账　　167

　　任务 7.3　设置和登记分类账　　174

　　任务 7.4　对账和结账　　186

　　任务 7.5　错账更正方法　　190

任务 7.6　更换和保管会计账簿　199

项目小结　202

项目 8　组织和开展财产清查　203

职业能力目标　203

任务 8.1　实物资产清查　204

任务 8.2　库存现金清查　215

任务 8.3　银行存款清查　219

任务 8.4　往来款项清查　226

项目小结　230

项目 9　编制和报送财务会计报告　231

职业能力目标　231

任务 9.1　编制资产负债表　232

任务 9.2　编制利润表　239

任务 9.3　报送财务会计报告　244

项目小结　248

项目 10　选择和应用账务处理程序　249

职业能力目标　249

任务 10.1　选择和应用记账凭证账务处理程序　250

任务 10.2　选择和应用科目汇总表账务处理程序　289

任务 10.3　选择和应用汇总记账凭证账务处理程序　297

项目小结　308

参考文献　309

项目 1

了解企业、会计工作组织与会计职业

【职业能力目标】

素养目标
- 规划会计人生,坚定理想信念、厚植爱国主义情怀
- 树牢"诚信为本、操守为重、坚持准则、不做假账"的职业道德

知识目标
- 了解企业的概念、组织形式和基本业务流程
- 掌握会计机构设置的原则和会计从业人员管理要求
- 明确会计人员职业道德的要求
- 理解会计工作组织的意义
- 掌握会计工作组织形式的内涵
- 了解会计职业的概念、种类和发展趋势

能力目标
- 能根据单位的具体情况和会计业务的需要,合理设置会计机构
- 能根据会计职业的发展趋势,对自己未来的会计职业生涯作出合理的规划

当今社会，企业可谓随处可见。历史上最早出现的是工业企业，而手工作坊是工业企业的萌芽。现代企业领域已经从传统的工业迅速扩展到商业、建筑、金融、采掘、物流、互联网等各个领域。企业不仅要有相应的组织形式，还要建立科学的会计工作组织，设立会计机构，配备一定数量的遵守财经法规、坚持会计准则、讲求职业道德的会计人员，并选择合适的会计工作组织形式。会计职业包括单位会计和公共会计。随着经济全球化进程的加快，以大数据、人工智能、移动互联、云计算等为代表的信息技术的飞速发展，会计职业的国际化趋势得到进一步增强，会计职业因其稳定性和发展机会日益受到关注。

任务1.1 了解企业和企业的基本业务流程

【任务引例】

随着职业教育教学改革的不断深入，高职院校十分重视实践教学，会计专业的大一新生一般会被学校安排到相关企业参观，目的是让学生认知企业，了解企业的基本业务流程，为今后进一步学习会计知识和岗位技能奠定基础。某高职院校大一同学王芳被分派到由张彬个人开办的旅店实习，张艳同学被分派到淮安市某会计文化用品商店实习。实习后，两人都产生了类似的疑问。王芳认为，个人开办的旅店不能算是企业，因此张彬开的旅店不应该执行《小企业会计准则》；张艳也不理解她实习的会计文化用品商店为什么也执行《小企业会计准则》，难道说商店也属于企业不成？

【知识准备】

一、企业的概念

企业（Enterprise）是指从事生产、流通、服务等经济活动，以生产或服务满足社会需要，实行自主经营、独立核算，依法设立的一种营利性的经济组织。企业的作用主要表现在：

（一）企业是市场经济活动的主要参加者

市场经济活动的顺利进行离不开企业的生产、销售和服务活动；离开了企业的生产、销售和服务活动，市场就成了无源之水、无本之木。因此，企业的生产和经营活动直接关系着整个市场经济的发展。

（二）企业是社会生产、流通和服务的直接承担者

社会经济活动的主要过程即生产、流通和服务，都是由企业来承担和完成的。离开了企业，社会经济活动就会中断或停止。企业的生产状况和经济效益直接影响

着国家经济实力的增长、人民物质生活水平的提高。

（三）企业是社会经济技术进步的主要力量

企业通过生产和经营活动，不仅创造和实现了社会财富，而且也成了先进技术和先进生产工具的采用者和制造者，这在客观上推动了整个社会经济技术的进步。我国国民经济体系由千百万计不同形式的企业组成，企业的生产和经营活动不仅决定着市场经济的发展状况，而且决定着我国社会经济活动的生机和活力。所以，企业是最重要的市场主体，在社会经济生活中发挥着巨大作用。

二、企业组织形式的类型

企业组织形式按不同的标准可分为不同的类型。

（一）按照财产的组织形式和所承担的法律责任划分

企业按照财产的组织形式和所承担的法律责任可分为独资企业、合伙企业和公司企业。

1. 独资企业

独资企业（Sole Proprietorship） 也称"单人业主制"，是指由某个人出资创办的企业。独资企业有很大的自由度，只要不违法，如何经营，雇多少人，贷多少款，全由企业主自己决定。

文档：《中华人民共和国个人独资企业法》

> 【提示】
>
> 我国的个体户和私营企业很多都属于独资企业。

独资企业的特点是：① 企业的建立与解散程序简单。② 经营管理灵活自由。企业主可以完全根据个人的意志确定经营策略，进行管理决策。③ 企业资产所有权归个人所有，企业主对企业的债务负无限责任。当企业的资产不足以清偿其债务时，企业主以其个人财产偿付企业债务。④ 企业的规模有限。独资企业有限的经营所得、企业主有限的个人财产、企业主一人有限的工作精力和管理水平等都制约着企业经营规模的扩大。⑤ 企业的存在缺乏可靠性。独资企业的存续完全取决于企业主个人的得失安危，企业的寿命有限。

2. 合伙企业

合伙企业（Partnership Enterprise） 是指由两个或两个以上的个人或法人共同出资、合伙经营的企业。

> 【提示】
>
> 合伙企业分为普通合伙企业和有限合伙企业两类。普通合伙企业由普通合伙人组成，合伙人对合伙企业债务承担无限连带责任。有限合伙企业由普通合伙人和有限合伙人组成，普通合伙人对合伙企业债务承担无限连带责任，有限合伙人以其认缴的出资额为限对合伙企业债务承担有限责任。

合伙企业的特点是：① 合伙企业是不具备法人资格的营利性经济组织；② 普通合伙人对合伙企业的债务承担无限连带责任；③ 全体合伙人订立书面合伙协议；④ 合伙人共同出资、合伙经营、共享收益、共担风险。

文档：《中华人民共和国合伙企业法》

3. 公司企业

公司企业（Corporate Enterprise）又叫股份制企业，是指由一个以上投资人（自然人或法人）依法出资组建，有独立法人财产，自主经营、自负盈亏的法人企业。

公司企业是所有权和管理权分离，出资者按出资额对公司承担有限责任的企业，主要包括有限责任公司和股份有限公司。

【知识拓展】

有限责任公司（Limited Liability Company）是指不通过发行股票，而由为数不多的股东集资组建的公司（一般由1人以上50人以下股东共同出资设立），其资本无须划分为等额股份，但股东出让股权要受到一定的限制。有限责任公司的董事和高层经理人员往往具有股东身份，这使其所有权和管理权的分离程度不如股份有限公司那样高。有限责任公司的财务状况不必向社会披露，公司的设立和解散程序比较简单，管理机构也比较简单，比较适合中小型企业。股份有限公司（Joint Stock Limited Company）是指全部资本分成等额股份，股东仅以其认购的股份全额为限而不以其私人的全部财产负责的公司。股份有限公司的财务状况必须向社会公开；公司股份可以自由转让，但不能退股；公司设立和解散有严格的法律程序，手续复杂。

文档：《中华人民共和国公司法》

（二）按照国民经济行业分类标准划分

企业按照国民经济行业分类标准可分为制造企业、商品流通企业和服务企业等。

1. 制造企业

制造企业（Manufacturing Enterprise）是指对制造资源（物料、能源、设备、工具、资金、技术、信息和人力等）按照市场要求，通过物理或化学的加工方法，转化为可供人们使用和利用的工业品与生活消费品的企业。

2. 商品流通企业

商品流通企业（Commercial Enterprise）是指独立于生产领域之外，专门从事商品经营和流通服务的独立核算的经济组织。其特点是：① 专门从事商品（含生活资料和生产资料）经营和流通服务活动；② 经营业务主要是购、销、运、存；③ 流动资金占用比例高；④ 经营的商品种类多；⑤ 消费者（含生产性用户）数量多等。

文档：《中小企业划型标准规定》

【动脑筋】

从事物流运输业务的公司属于商品流通企业吗？

3. 服务企业

服务企业（Service Enterprise）是指为政府、事业单位、企业和居民提供各种服务的企业。服务企业不生产物质产品，但为生产企业和流通企业提供资金、保险、技术服务，为行政事业单位和居民提供生活、餐饮、娱乐、旅游等服务。

> **【请注意】**
>
> 由于制造企业是最典型的一个行业，是国民经济的基础产业，所以本书所说的企业或公司均指制造企业。

三、制造企业的组织机构和基本业务流程

不同的企业，由于性质不同，其组织机构和基本业务流程也不完全一样。下面以制造企业为例，简要介绍公司制制造企业的组织机构和制造企业的基本业务流程，如图 1-1 和图 1-2 所示。

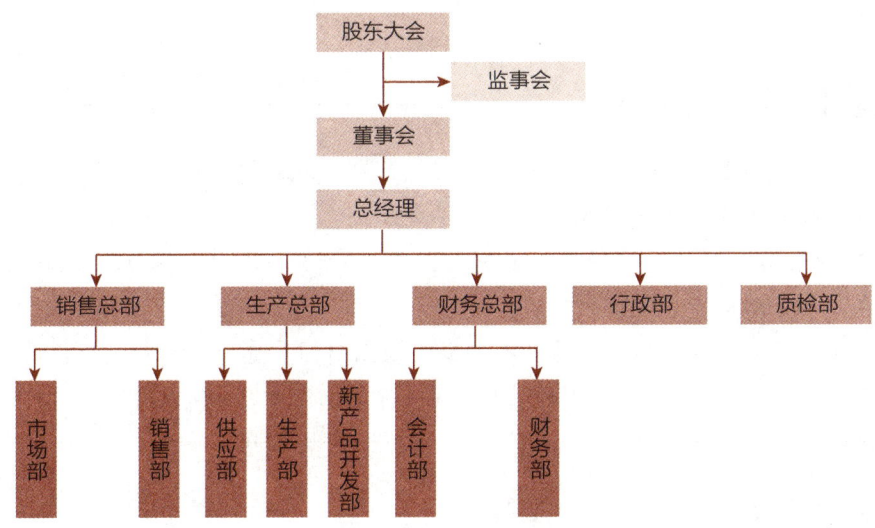

图 1-1　公司制制造企业的组织机构

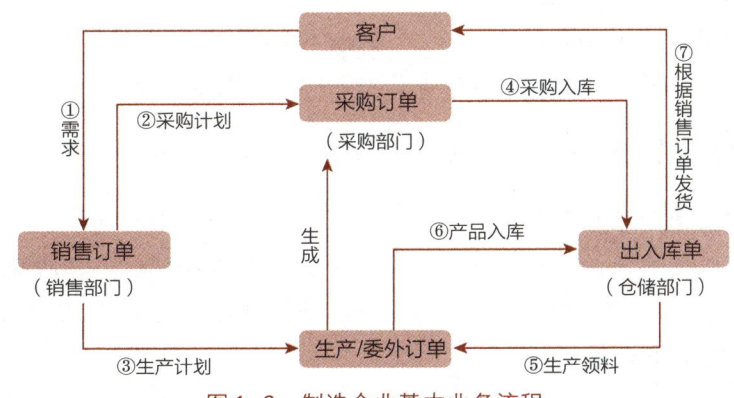

图 1-2　制造企业基本业务流程

【职业判断与任务操作】

针对本任务引例,分析如下:

张彬个人所开的旅店以及淮安市某会计文化用品商店属于企业范畴。因为企业是从事生产、流通、服务等经济活动,以生产或服务满足社会需要,实行自主经营、独立核算,依法设立的一种营利性的经济组织。张彬开办旅店是为了赚钱,是以营利为目的的经营行为,实行独立核算,自负盈亏,从经营范围看属于服务业。根据财产的组织形式和所承担的法律责任属于独资企业,张彬对旅店所产生的债务负无限责任,即如果当旅店的资产不足以清偿其债务时,张彬就要以其个人财产偿付旅店债务。因此,张彬个人经营的旅店属于企业性质。同理,张艳的疑惑也就迎刃而解了。

任务1.2 明确会计工作组织

【任务引例】

中侨机械制造厂(简称"中侨厂")是一家即将成立的中型国有企业(增值税一般纳税人),近日就要正式开业了。为了加强会计核算,中侨厂对会计人员的选聘十分重视,从当地人才市场挑选了一批素质较高的会计人员。经面试和答辩,共选聘会计人员8人,其中会计机构负责人王刚是该厂厂长的侄子。在会计机构负责人的人选问题上,尽管该厂主管业务的副厂长王新利一直持反对意见,但反对无效。会计部门全体人员已在王刚的带领下着手开展工作。你如何看待这个问题?

【知识准备】

一、会计工作组织的概念

会计工作组织(Organization of Accounting Work)是指对会计机构的设置、会计人员的配备、会计制度的制定与执行等各项工作所作的统筹安排。

【提示】

会计工作是一项综合性、政策性很强的管理工作,它与统计、审计等其他经济管理工作密切相关。为了做好会计工作,实现会计目标,协调好会计工作与其他经济管理工作之间的关系,应科学、合理地组织会计工作,以便具体实施对会计工作的有效管理。

科学、合理地组织会计工作，对充分发挥会计在经济管理中的作用具有重要意义。具体概括为：

（1）有利于保证会计工作的质量，提高会计工作效率。
（2）有利于加强同其他经济管理工作的相互协调，提高企业整体管理水平。
（3）有利于完善企业单位的内部经济责任制。
（4）有利于保障财税法规的贯彻落实，保护利益相关者的权益，建立良好的社会主义市场经济秩序。

二、会计机构设置

会计机构（Accounting Department）是指单位内部设置的办理会计事务和组织领导会计工作的职能部门。设置会计机构要考虑单位的具体情况，根据会计业务的需要设置。具备设置条件的单位，应当单独设置会计机构。设置会计机构，应当配备会计机构负责人，并至少应设置两个会计岗位，即会计机构负责人（会计主管）岗位和出纳员岗位。不具备单独设置会计机构条件的单位，应当在有关机构中配备专职会计人员，并且应当在专职会计人员中指定会计主管人员。不单独设置也不在有关机构指定会计主管的单位，应在有关机构中设置一名出纳员。不设置会计机构或者配备会计人员的单位，应当根据我国《代理记账基础工作规范（试行）》委托会计师事务所或者持有代理记账许可证书的代理记账机构进行代理记账。

文档：《代理记账基础工作规范（试行）》

> 【提示】
> 一个单位是否需要设置会计机构，一般取决于三方面的因素：一是单位规模的大小，二是经济业务和财务收支的繁简，三是经营管理的需要。

> 【知识拓展】
> 会计机构负责人、会计主管人员应当具备下列基本条件：① 坚持原则，廉洁奉公；② 具备会计师以上专业技术职务资格或者从事会计工作三年以上经历；③ 熟悉国家财税法律、法规、规章和方针、政策，掌握本行业业务管理的有关知识；④ 有较强的组织能力；⑤ 身体状况能够适应本职工作的要求。

> 【德技并修】
> ### 实事求是是会计工作的灵魂
> 会计部门是一个单位经济运作、财务信息的管理中心，直接负责处理各项经济活动。会计人员在单位内部要同领导与职工相联系，搞好服务；在外部又要与银行、税务、财政等部门打交道，接受监督。所以，会计工作既要向本单

位经营负责，也要向国家整体利益负责，还要向职工利益负责。对于会计这种政策性、知识性、责任性都很强的行业，从业人员要以对国家、单位、职工负责的高度责任感，"天天与法律握手，处处与责任相约"，坚定不移地把实事求是贯穿会计工作始终。

三、会计从业人员

（一）会计人员任用

（1）国家机关、国有的和国有资本占控股地位或主导地位的企业、事业单位任用会计人员**实行回避制度**。单位负责人的直系亲属不得担任本单位会计机构负责人或会计主管人员，会计机构负责人和会计主管人员的直系亲属不得在本单位担任出纳工作。

【提示】

直系亲属包括夫妻关系、直系血亲关系、三代以内旁系血亲关系以及近姻亲关系。

（2）设总会计师的单位，总会计师人选须由本单位主要行政领导人提名，政府主管部门任命或聘任；免职或解聘程序与任命或聘任程序相同。

【知识拓展】

总会计师是在单位负责人领导下，主管经济核算和财务会计工作的负责人。《中华人民共和国会计法》（简称《会计法》）规定："国有的和国有资本占控股地位或者主导地位的大、中型企业必须设置总会计师。"国有大、中型企业以外的其他单位可以根据业务需要，视情况自行决定是否设置总会计师。

（3）设总会计师的单位，会计人员的任用、晋升、调动、奖惩，应当事先征求总会计师的意见；会计机构负责人或者会计主管人员的人选，应当由总会计师考核，并履行规定审批程序进行审批。

（二）会计人员岗位责任制

各单位应当根据会计业务需要设置会计工作岗位，对各个岗位的会计人员按照岗位责任进行考评。

我国《会计基础工作规范》规定会计工作岗位一般可分为：会计机构负责人或会计主管人员，出纳，财产物资核算，工资核算，成本费用核算，财务成果核算，资金核算，往来核算，总账报表，稽核，档案管理等。开展会计信息化和管理会计的单位，可以根据需要设置相应工作岗位，也可以与其他工作岗位相结合。

> 【提示】
>
> 　　会计工作岗位，可以一人一岗、一人多岗或者一岗多人。但出纳人员不得兼管稽核、会计档案保管和收入、费用、债权债务账目的登记工作。会计人员的工作岗位应当有计划地进行轮换，以促进会计人员全面熟悉业务和不断提高综合业务素质。

各个会计工作岗位的职责如下：

1. 会计机构负责人（或会计主管人员）工作岗位

主管本单位财务会计的全面工作。主要负责组织制定本单位的财务会计制度及核算办法，督促其贯彻执行；组织编制本单位的财务成本费用计划、筹资计划和资金使用预算；组织会计人员学习业务；及时准确地编制会计、统计报表；分析财务成本费用和资金执行情况，总结经验，提出改进的意见并参与决策。

2. 出纳工作岗位

负责办理现金收付和结算业务；登记现金和银行存款日记账；保管库存现金、有价证券、空白收据和支票；保护现金、有价证券和票据的安全、完整。

3. 财产物资核算工作岗位

负责拟定固定资产、原材料、周转材料等财产物资管理制度和核算办法；按规定及时办理固定资产新增手续，建立固定资产卡片，协同物资管理部门建卡入账；负责原材料、周转材料的购入、领用及结存的核算，准确登记原材料、周转材料明细账，及时同保管人员对账；按期编制反映固定资产增减变动的会计报表和材料消耗汇总表；计算和提取固定资产折旧；定期和不定期地对财产物资进行清查，制定财产物资的调转和报废制度，对调转和报废的财产物资要及时进行清理，做到账账、账实相符。

4. 工资核算工作岗位

负责计算职工的各种薪酬，办理职工薪酬分配、结算和明细核算；分析工资政策的执行情况，监督工资薪酬的支付；编制有关的工资报表。

5. 成本费用核算工作岗位

负责编制成本费用计划，并将计划分解落实到责任部门或个人；归集和分配费用，计算产品成本；对发生的成本费用进行记录与核算，并登记成本费用明细账；编制费用报表，并分析成本计划的执行情况。

6. 财务成果核算工作岗位

负责编制收入、利润计划，督促销售部门完成销售计划；负责计算销售收入和经营业务收入，审查收入凭证并进行利润计算和分配；进行利润的明细分类核算，登记销售、利润和税金明细账；编制有关收入、利润方面的报表，并对实现情况进行分析；预测销售前景，提出增加利润的措施。

7. 资金核算工作岗位

负责资金的筹集、使用、调度和核算；了解和掌握资金的市场动态，为企业筹集所需资金，并合理安排、调度和使用资金，负责各项投资的明细分类核算。

8. 往来核算工作岗位

负责其他暂收暂付、应收应付业务的办理、核对和清算；负责备用金的明细核算和管理；管理往来业务所涉及的凭证、账册及其他资料；及时处理无法收回或无法支付的款项，查明原因并及时向会计机构负责人报告。

9. 总账报表工作岗位

负责总账的登记以及与日记账、明细账的核对工作；编制会计报表，并负责财务状况的综合分析；制定或参与制定财务计划，参与生产经营决策等。

10. 稽核工作岗位

负责组织稽核工作，确立稽核工作的组织形式和人员分工；制定稽核工作职责；复核会计凭证、账目和报表，审核财务收支的合理合法性；审查各项财务收支以及计划的执行情况，提出经营管理的建议。

11. 档案管理工作岗位

负责制定会计档案管理方面的规章制度，包括会计档案的立卷、归档、保管、借阅和销毁等制度；保护会计档案的安全和完整，保证商业秘密不外泄。

（三）会计人员的职业道德规范

会计人员在会计工作中应当遵守职业道德，树立良好的职业品质和严谨的工作作风。2023年2月1日，财政部制定印发了《会计人员职业道德规范》，将新时代会计人员职业道德要求总结提炼为三条核心表述：

1. 坚持诚信，守法奉公

牢固树立诚信理念，以诚立身、以信立业，严于律己、心存敬畏。学法知法守法，公私分明、克己奉公，树立良好职业形象，维护会计行业声誉。

2. 坚持准则，守责敬业

严格执行准则制度，保证会计信息真实完整。勤勉尽责、爱岗敬业，忠于职守、敢于斗争，自觉抵制会计造假行为，维护国家财经纪律和经济秩序。

3. 坚持学习，守正创新

始终秉持专业精神，勤于学习、锐意进取，持续提升会计专业能力。不断适应新形势新要求，与时俱进、开拓创新，努力推动会计事业高质量发展。

【德技并修】

立业先立德，做事先做人

党的二十大报告提出："弘扬诚信文化，健全诚信建设长效机制。"真实、可靠的会计信息是企业科学管理和政府宏观经济决策的依据。虚假的会计信息必然会造成决策失误，导致经济秩序混乱。2001年4月16日，时任国务院总理朱镕基在视察上海国家会计学院时，为该校题写校训"不做假账"；同年10月29日，朱镕基视察北京国家会计学院时题词"诚信为本，操守为重，坚持准则，不做假账"。朱镕基强调，"不做假账"是会计从业人员的基本职业道德和行为准则，所有会计人员必须遵循"诚信为本，操守为重，坚持准则，不做假账"，保证会计信息的真实、可靠。

【动脑筋】

亨达公司会计丁美娟因工作努力，钻研业务，积极提出合理化建议，多次被公司评为先进工作者。丁美娟的丈夫在一家私人电子企业担任总经理，在其丈夫的多次请求下，丁美娟将在工作中接触到的公司新产品研发计划及相关会计资料复印件提供给了他，结果给亨达公司带来了一定的经济损失。你认为会计丁美娟违反了哪些会计职业道德要求？

（四）会计人员继续教育

会计人员继续教育（Continuing Education of Accountants）是指取得会计专业技术资格的人员持续接受一定形式的、有组织的理论知识、专业技能和职业道德的教育和培训活动，不断提高和保持其专业胜任能力和职业道德水平。

财政部、人力资源和社会保障部2018年5月19日颁布的《会计专业技术人员继续教育规定》对会计专业技术人员继续教育的对象、内容、形式和学分管理作出了具体规定。

文档：《会计专业技术人员继续教育规定》

1. 会计专业技术人员继续教育的对象

会计专业技术人员继续教育的对象是国家机关、企业、事业单位以及社会团体等组织（以下称单位）具有会计专业技术资格的人员，或不具有会计专业技术资格但从事会计工作的人员。

具有会计专业技术资格的人员应当自取得会计专业技术资格的次年开始参加继续教育，并在规定时间内取得规定学分。不具有会计专业技术资格但从事会计工作的人员应当自从事会计工作的次年开始参加继续教育，并在规定时间内取得规定学分。

2. 会计专业技术人员继续教育的内容

会计专业技术人员继续教育的内容主要包括公需科目和专业科目。其中公需科目包括专业技术人员应当普遍掌握的法律法规、政策理论、职业道德、技术信息等基本知识；专业科目包括会计专业技术人员从事会计工作应当掌握的财务会计、管理会计、财务管理、审计与内部控制、会计信息化、财税金融等相关专业知识。

3. 会计专业技术人员继续教育的形式

会计专业技术人员继续教育的形式有：

（1）参加县级以上地方人民政府财政部门、人力资源社会保障部门，新疆生产建设兵团财政局、人力资源社会保障局，中共中央直属机关事务管理局，国家机关事务管理局（以下统称继续教育管理部门）组织的会计专业技术人员继续教育培训、高端会计人才培训、全国会计专业技术资格考试等会计相关考试、会计类专业会议等。

（2）参加会计继续教育机构或用人单位组织的会计专业技术人员继续教育培训。

（3）参加国家教育行政主管部门承认的中专以上(含中专，下同)会计类专业学历（学位）教育；承担继续教育管理部门或行业组织（团体）的会计类研究课题，或在有国内统一刊号（CN）的经济、管理类报刊上发表会计类论文；公开出版会计类书籍；参加注册会计师、资产评估师、税务师等继续教育培训。

（4）继续教育管理部门认可的其他形式。

四、会计工作组织形式

会计工作组织形式主要有集中核算形式和非集中核算形式两种。

（一）集中核算形式

集中核算形式（Centralized Accounting） 是指整个单位的会计工作，包括经济业务核算、会计报表编制和有关的会计分析等工作，都集中由会计部门进行。在集中核算形式下，单位内部的其他部门和下属单位只对其发生的经济业务填制原始凭证，定期对这些原始凭证进行初步的审核、整理和汇总，送交会计部门。集中核算的优点是：会计部门能及时掌握企业经济业务的全面情况，便于对企业内部各个部门进行会计监督，也便于对会计人员的管理。集中核算的缺点是：不利于单位内部经济责任制的落实。因此，集中核算形式一般适用于小型企、事业单位。

（二）非集中核算形式

非集中核算形式（Non-centralized Accounting） 是指将会计工作分散在单位内部各部门进行核算的组织形式。在非集中核算形式下，企业的产品成本由生产产品的生产车间进行核算，而损益则由厂部会计机构负责核算。该组织形式层次多、手续复杂、核算工作量大，不利于会计人员分工，但便于内部各部门利用会计资料加强经营管理，有利于经济责任制的落实。因此，非集中核算形式一般适用于大中型企、事业单位。

■【提示】

集中核算和非集中核算是相对的，而不是绝对的。在实际工作中，企、事业单位可分别采用集中核算和非集中核算两种形式。但无论采用哪种形式，企、事业单位对外的现金、银行存款往来、物资购销、债权债务的结算都由会计部门集中办理。

■【职业判断与任务操作】■

针对本任务引例，分析如下：

中侨厂在会计机构负责人的选用问题上，违背了会计人员任用的回避制度要求。《会计法》规定，国家机关、国有企业、事业单位任用会计人员应当实行回避制度。单位领导人的直系亲属不得担任本单位的会计机构负责人、会计主管人员。会计机构负责人、会计主管人员的直系亲属不得在本单位会计机构中担任出纳工作。该厂聘用厂长的侄子王刚担任会计机构负责人是不符合回避制度要求的，应当进行调整。

■■■任务 1.3 认识会计职业

■【任务引例】■

每年新生入学，各院校都要安排老师给新生进行专业介绍。多年来专业介绍采用的都是老师讲解的方式，向学生介绍每个专业所开设的课程、学分、技能证书以及毕业时的就业去向等。近年来，许多院校在这项工作中一改往日的做法，在向学生介绍完每个专业所开设的课程、学分、技能证书等内容后，老师会把诸如会计是干什么的、会计专业学生毕业后可以到哪些单位去工作、会计职业的发展前景如何、除学习会计知识和技能外还应该具备哪些素质才能胜任会计工作等问题提出来，然后，让学生自己发表对这些问题的看法。

■【知识准备】■

一、会计职业的概念

会计职业（Accounting Profession）一般是指会计从业人员所从事的职业。会计职业由来已久，是一个传统的职业，可追溯至 1854 年苏格兰爱丁堡会计师公会的成立。会计职业的发展伴随着经济的发展而发展。

会计职业有三大特点：一是会计职业有很多行业特征。如业务处理需要遵循各类相关法规，在法规框架下操作；业务过程体现价值运动，更多地与货币资金打交道；工作重心主要是为利益相关者进行经济决策提供数据等。二是会计职业具有一定的保密性，从事会计职业需承担很大的责任和风险。会计人员除对管理层负责之外，还要对各利益相关者负责，这就使得会计人员面临着更多的风险和责任。三是会计职业专业性强，实行"门槛"准入制。会计人员要终身学习，不断更新自身的知识结构。

二、会计职业的种类

按照会计岗位工作目标和作用的不同，会计职业可分为单位会计职业和公共会计职业两类。

（一）单位会计职业

单位会计职业（Private Accounting Profession）是指企业、政府机关、社会团体等单位的会计，其主要工作任务是会计核算、会计监督和财务管理等。

（二）公共会计职业

公共会计职业（Public Accounting Profession）是指为社会各界服务的会计，主要是指注册会计师。执行会计业务的注册会计师，受企业等当事人的委托，对该单位的会计凭证、账簿、会计报表等进行检查，一般是为了鉴定企业的会计报表是否恰当、真实地反映其财务状况、经营成果和现金流量，也有为了特殊目的而审查。注册会计师在服务社会、服务国企改革、促进资本市场发展等方面发挥了重要的审计监督和专业服务作用。

在我国从事注册会计师工作，只有取得注册会计师考试全科合格证，并在会计师事务所从事审计工作两年以上，申请注册取得执业资格，才能独立承担审计业务。未取得执业资格者，只能作为注册会计师的助理人员。

三、会计职业的发展趋势

（1）管理会计将成为会计管理的重要手段。作为会计人员，如何在真实、可靠的信息基础上，利用会计信息数据为企业发展做出规划、决策、控制和业绩评价，这使得管理会计成为会计管理的重要手段，担当起辅助企业决策者的职责，甚至能够直接参与决策。

（2）新一代信息技术和管理理论的发展迫使会计职业作出变革。会计人员角色从数据处理者向数据分析者转变，从财务核算者向价值创造者转变，从合规执行者向风险管理者转变。

（3）会计职业的国际化和智能化趋势日趋明显。

（4）会计职业的安全意识和自我保护意识逐渐增强。

（5）从事会计职业所需要的知识基础与技术能力进一步拓宽。一名职业会计人员的胜任能力标准，包括会计领域先进的专业技术知识，涵盖商业方面综合扎实的知识基础，以及全球商业环境的应用知识等。除此之外，一名优秀的会计人员也应具备将不同商业与会计学科的概念融会贯通的能力、领导技巧、对复杂的经济业务交易进行分析并与他人进行沟通的能力，同时还应具有较强的职业操守。

（6）会计职业是受人尊敬的职业，但对从业者而言又具有很高的要求，特别是在会计行业负面报道不断的情况下。因此，会计人员应该做到：把道德放在最高位置，遵循诚信原则，秉持客观公正的态度，保持必要的职业谨慎和洞察力，同时坚守独立性，严格执行准则制度，提供高质量的专业服务，以维护会计信息的真实完整和行业的良好声誉。

【职业判断与任务操作】

针对本任务引例，分析如下：

学生针对老师提出的问题，参阅知识准备和相关资料，可以知晓会计工作的任务是会计核算、会计监督和财务管理等。会计专业毕业生可以到企业、事业单位以及会计师事务所等机构就业。先从事基础的会计工作，随着时间的推移、相关证书的考取、工作经验的积累，可以逐步从事较高层次的会计工作，如业财数据分析师、总账会计、财务主管等，甚至还可以加盟某个会计师事务所，从事审计、查账、咨询服务等工作。经济越发展，会计越重要。会计人员要胜任会计工作，除具备会计基础知识和基本技能外，还应具备良好的职业素养。与钱打交道的工作性质决定了会计这个岗位的特殊性，外部的诱惑结合内部的压力，职业道德显得尤为重要。会计人员随着职位的提升，还应培养良好的沟通协调、业财数据治理能力等。除此之外，会计人员还应具备良好的性格，如要能"沉得下来"，这是会计职业的重要性格需求。

【项目小结】

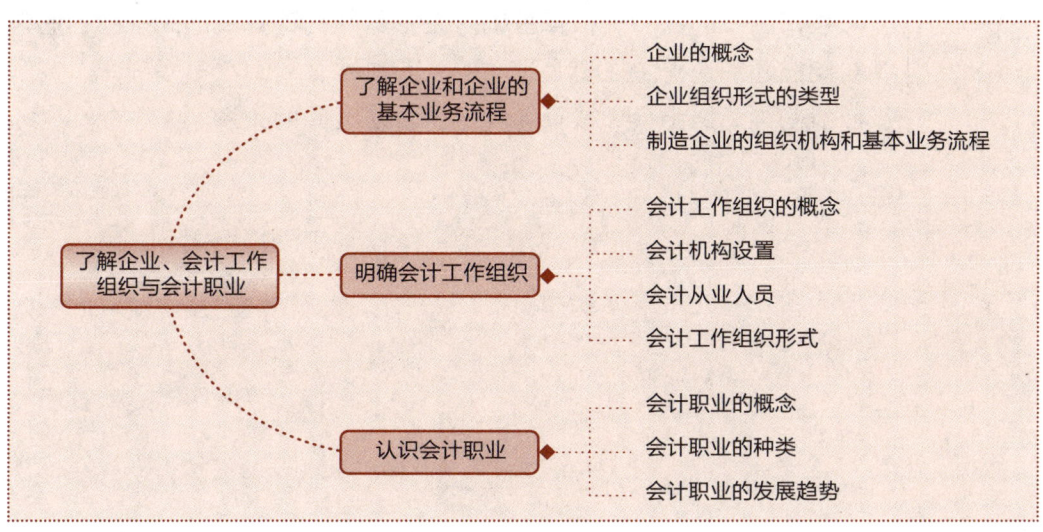

项目 2

描述会计、会计目标和会计方法

【职业能力目标】

素养目标
- 学史明理、学史崇德,弘扬中国会计文化
- 培养良好的身心素质和人文素养

知识目标
- 了解会计的产生和发展,认知"四柱结算法"
- 理解会计的概念、特征、基本职能及会计对象
- 明确会计目标和基本假设
- 理解会计核算的基础
- 了解会计方法的组成和会计核算方法体系

能力目标
- 能指出不同的会计核算基础对企业盈亏的计算会产生不同的影响
- 能描述制造业企业资金运动的一般过程
- 能归纳总结出会计核算各种专门方法之间的关系

会计（Accounting）的萌芽源于人类认知数字之后，是随着人们的生产实践和管理需求而产生和发展的，先后经历了古代会计、近代会计和现代会计的历史变革。人们从不同角度和层面对会计本质进行考察，形成了对会计本质的不同表述。作为一项经济管理活动，现代会计是经济管理的重要组成部分，承担着核算和监督两大基本职能。随着会计领域的发展，会计职能也在不断扩展。各单位资金运动构成了会计的一般对象。为了有效地核算和监督企业的各种经济活动，会计人员必须对会计领域中的未知因素作出合理的假设，于是就产生了会计假设。在特定的社会经济环境中，会计有其特定的目标。为了实现会计目标、完成会计任务，会计人员必须运用一系列专业的核算方法，其中权责发生制是企业会计核算的基础。随着经济的发展，会计的重要性愈发凸显。

任务2.1　认知会计和会计目标

【任务引例】

王磊同学对会计人员一直比较崇拜，希望将来也能成为一名优秀的会计工作者。今年，他刚参加完高考，就加入了某会计俱乐部组织的暑期夏令营活动，其中有一项内容是实地参观中淮公司财务部。当夏令营成员坐进中淮公司会议室后，负责接待的李会计首先介绍了公司的基本情况、财务部门组织结构、岗位设置及人员配备。为了说明会计工作的内容，李会计列举了本月公司所发生的10项主要经济活动：①销售商品收回货款；②与亨达公司签订一份购销合同计划；③向灾区捐赠一笔款；④经董事会商议，决定下个月上旬购买一批国债；⑤技术员出差归来报销差旅费；⑥生产车间到仓库领用原材料；⑦购买一台设备，经安装调试已投入使用；⑧公司下年度费用预算顺利通过董事会决议；⑨从人才市场招聘一批研究生和大学生；⑩董事会向生产和销售部门下达任务书。

李会计在解说中多次强调会计工作的重要性。听完后，王磊不禁自问：中淮公司本月发生的上述经济活动，会计人员是否都要进行核算？它们都是会计核算的对象吗？如果是，会计人员又是在什么前提下进行会计核算的？会计核算的基础是什么？

【知识准备】

一、会计的概念和基本特点

（一）会计的产生和发展

会计是人类社会发展到一定历史阶段的产物，是随着人们的生产实践和管理需求而产生和发展的。

物质资料的生产是人类社会生存和发展的基础。人们从事生产,既能获得一定的劳动成果,又必然要耗费一定的人力、物力和财力。在生产活动中,人们总是想以尽可能少的劳动耗费取得尽可能多的劳动成果。因此,就有必要采用一定的方法对劳动耗费以及所取得的劳动成果进行观察、计量、记录和计算,这就是会计产生的基本动因。

最初的会计只是"生产职能的附带部分",还不是一项独立的工作。随着社会生产力水平的不断提高,出现了剩余产品,人类需要进一步控制和总结生产活动时,会计才逐渐从生产职能中分离出来,成为一种具有独立职能的管理活动。

1. 我国会计的产生和发展

"自有天下之经济,便必有天下之会计"。原始社会末期,我国就出现了"结绳记事""垒石计数"等简单的计量、记录行为。"会计"一词最早出现在西周时代。西周王朝设立"司书""司会"等专门从事会计工作的官吏,来掌管国家和地方的钱粮赋税,进行月计岁会。其中,"司书"是记账的,主要对财物收支进行登记;"司会"是进行会计监督的。《周礼》中还有"参互、月要、岁会"的记载,分别相当于现在的旬报、月报和年报。秦始皇统一中国后,社会生产力的发展进一步促进了会计的发展,出现了"籍书"或称"簿书",用"入""出"作为记账符号来反映各种经济收入和支出事项。西汉王朝制定了《上计律》,赋予了会计以法律权威,并创立了"上计簿",确立了中式会计报告的基本形态。魏晋南北朝时期,由于年复一年的战火,造成了社会经济的衰落,使得会计发展的步伐滞缓或停顿。隋朝建立后,在官制方面设立"度支"一部,通过记账、户籍制度把赋役征收制度与会计控制方法基本统一起来。唐宋时代是我国封建经济发展的高峰时期,也是中式会计全面发展的时期。唐朝晚期建立了每年一次编制"计册"制度,"日记账"和"誉清账"相结合的账簿体系已初步形成。唐末宋初创立和运用了"四柱结算法",亦称"四柱清册"。所谓"四柱"是指旧管(相当于"期初结存")、新收(相当于"本期收入")、开除(相当于"本期支出")、实在(相当于"期末结存")四个部分。"四柱结算法"把一定时期内财物收支记录,通过"旧管+新收−开除=实在"这一平衡公式加以归纳。明朝制定了加强专库管理的"实物盘点制度",并使用了"盘点清单"。传统意义上的"账房"会计组织形式就诞生于明朝民间。明末清初,由于商业和手工业趋向繁荣,出现了以"四柱"为基础的"龙门账",即把一定时期内全部账目分为"进"(相当于各项收入)、"缴"(相当于各项支出)、"存"(相当于各项资产)、"该"(相当于负债)四类,运用"进−缴=存−该"的平衡公式计算盈亏,分别编制"进缴表"和"存该表"。清朝末年,由于西式簿记传入的影响,以新式银行业为先驱的民间会计开始走上改良会计的道路。民国时期,国民政府实施了相对统一的会计制度,新式会计人才

微课:会计的产生与发展

取代了旧式账房先生。

【德技并修】

会计当而已矣

孔子作为鲁国贵族季孙氏手下的官吏，做过专门管理仓库出纳钱粮的会计。会计工作是孔子在季孙氏门下的第一份具有专业性质的工作。《孟子·万章章句下》有这样一段话："孔子尝为委吏矣，曰：会计当而已矣。"有的专家认为，孔子的"会计当而已矣"的"当"字含义很多，中心思想是"得当"，其意义主要有三点：一是对于经济收支事项要遵循会计制度得"当"；二是对会计事项的计算与记录要处理得"当"；三是会计人员要德才得"当"。还有一些专家认为，这个"当"字应当作"真实""明晰""正确""谨慎""及时""允当"等不同解释。可以说这句话精辟概括了会计的本质与内涵及应当遵循"保证会计资料真实和完整"的原则，即"账目清楚"，因为会计资料的真实和完整是会计工作的生命。

【知识拓展】

清代学者焦循曾在《孟子正义》中对"会计"二字做如下解释："零星算之为计，总合算之为会。"

中华人民共和国成立后，财政部先后多次制定了分行业的会计制度，强化了对会计工作的组织和指导。1963年1月，国务院发布《会计人员职权试行条例》，第一次明确了会计人员的职责、权限、任免、奖惩等内容。1981年，我国建立了注册会计师制度。1985年1月颁布了《中华人民共和国会计法》，该法为新中国会计工作的第一部根本大法，1993年、1999年、2017年、2020年和2024年分别对其进行了修订或修正。为适应社会主义市场经济发展的需要，1992年5月财政部与国家体改委联合颁发了《股份制企业会计制度》，该制度较多地借鉴了国际会计惯例。同年11月，财政部发布了《企业会计准则》和《企业财务通则》，实现了会计核算制度和财务管理模式的重要转变。1998年，经过修订后财政部又颁布了《股份有限公司会计制度》。为了规范企业财务会计报告，保证会计信息的真实完整，2000年6月国务院发布了《企业财务会计报告条例》。同年12月，财政部还颁布了有助于规范企业会计核算工作、提高会计信息质量的新《企业会计制度》。2006年2月，财政部发布了《企业会计准则》基本准则和38项具体准则，该准则自2007年1月1日起在上市公司范围内施行，并鼓励其他企业执行。为了适应社会主义市场经济发展需要，进一步规范企业会计计量的方法，财政部于2014年修订了基本准则和5项具体准则，新发布具体准则3项；2017年修订具体准则6

项，新发布具体准则 1 项；2018 年修订具体准则 1 项；2019 年修订具体准则 2 项；2020 年修订具体准则 1 项。

2011 年 10 月，为了规范小企业会计确认、计量和报告行为，财政部发布了《小企业会计准则》，要求符合条件的小企业自 2013 年 1 月 1 日起执行。

2015 年 10 月，财政部发布了《政府会计准则——基本准则》，自 2017 年 1 月 1 日起在各级政府、各部门、各单位施行；2016 年发布《政府会计准则——具体准则》4 项；2017 年发布《政府会计准则——具体准则》2 项；2017 年 10 月 24 日发布《政府会计制度——行政事业单位会计科目和报表》，自 2019 年 1 月 1 日起施行。2018 年发布《政府会计准则——具体准则》3 项。2019 年、2020 年和 2021 年又分别发布《政府会计准则——具体准则》各 1 项。

至 2024 年 12 月，企业施行《企业会计准则》（含基本准则和 42 项具体准则），小企业施行《小企业会计准则》，行政单位和事业单位施行《政府会计准则》（含基本准则和 10 项具体准则），我国会计准则体系日趋完善。

管理会计是会计的重要分支。全面推进管理会计体系建设，是建立现代财政制度、推进国家治理体系和治理能力现代化的重要举措。2014 年 10 月 27 日，财政部发布了《财政部关于全面推进管理会计体系建设的指导意见》，为我国管理会计发展规划了蓝图、指明了方向。2016 年 6 月财政部发布《管理会计基本指引》，2017 年 9 月发布第一批《管理会计应用指引》22 项，2018 年 8 月发布第二批《管理会计应用指引》7 项，2018 年 12 月发布第三批《管理会计应用指引》5 项，基本指引和应用指引明确了管理会计的目标、原则要素及管理会计在战略管理、预算管理、成本管理等领域所引用的各种工具和方法。2024 年 12 月 16 日，财政部发布《关于全面深化管理会计应用的指导意见》，强调"持续完善管理会计应用指引。研究制定价值链管理、全面预算管理、生命周期成本管理、标杆管理等管理会计应用指引。"

【知识拓展】

为了规范会计行为，保证会计资料真实、完整，加强经济管理和财务管理，提高经济效益，维护社会主义市场经济秩序，2024 年 6 月 28 日第十四届全国人民代表大会常务委员会第十次会议对《中华人民共和国会计法》进行了修改，自 2024 年 7 月 1 日起施行。《中华人民共和国会计法》的再次修改正是全面依法治国、加强会计法制建设的体现。

2. 西方会计的产生和发展

在西方，随着自然经济、商品经济向市场经济过渡，从业主经营的手工作坊到合伙制的出现，从股份公司的兴起到跨国公司的涌现，会计始终与社会经济发展相适应，先后经历了从古代会计、近代会计到现代会计的历史变革。

（1）**古代会计**（公元 15 世纪中叶以前）。早期的会计仅仅是一种极其简单的计量、记录行为。随着自然经济占据主导地位，并以小规模生产为主，出现了一定程度的简单商品生产，会计才逐渐从生产职能中分离出来，成为一种由当事人采用专门方法进行的核算活动。其主要特征是单式簿记。单式簿记对经济事项的发生主要采取序时流水登记的方法，通常只登记货币资金的收付和债权债务业务。

（2）**近代会计**（15 世纪中叶到 20 世纪四五十年代）。公元 15 世纪，随着意大利北部城市地区手工业的兴起和商业、银行业的繁荣，世界上最早的借贷复式簿记账册开始诞生。1494 年，意大利数学家卢卡·帕乔利（Luca Pacioli）出版了《算术、几何、比及比例概要》一书，是会计发展史上**第一个里程碑**，它标志着近代会计的开端。该书第一篇第十一卷"簿记论"，第一次系统地总结、介绍了以威尼斯复式簿记为主的借贷复式记账法，为借贷复式簿记在世界范围的传播奠定了基础。在卢卡·帕乔利之后的 300 年间，会计面临着一个相对稳定的商业资本主义背景，其主要职能是资产的记录和保管，借以防止因贪污盗窃而遭受损失。1581 年，威尼斯"会计学院"的建立，表明会计已作为一门学科在学校里传播。18—19 世纪英国爆发了工业革命，早期的成本计算会计应运而生。19 世纪中叶以后，股份公司在西方得到了广泛的发展，并成为企业组织的主要形式。在经营方式上，股东直接从事经营管理。此时会计服务的对象主要是公司内部管理。为了防止公司经营者的舞弊行为，保护投资者的权益，英国首先出现了以审查会计报表真实性为目标的独立审计。1854 年，苏格兰爱丁堡会计师公会的成立，是会计发展史上**第二个里程碑**，它标志着会计开始作为一种专门职业而存在。1911 年泰勒的《科学管理原理》出版，产生了标准成本会计，是会计发展史上**第三个里程碑**。美国在经历了 1929—1933 年经济危机后，开始着手制定会计准则，用以规范会计行为，于是形成了以提供对外财务信息为主要任务的财务会计。

（3）**现代会计**（20 世纪四五十年代以后）。1939 年，美国第一份"公认会计准则"《会计研究公报》的出现是现代会计的起点。20 世纪 50 年代以来，跨国公司蓬勃发展，直接导致国际会计的产生。1973 年，国际会计准则委员会（IASC）成立，随即发布了一系列国际会计准则，推动各国会计逐步走向国际化。由于企业生产经营规模的扩大和市场竞争的加剧，企业管理得到了前所未有的重视，一方面为适应管理的需要，系统的成本计算、有组织的内部控制制度等相继形成，成本会计取得了长足的发展；另一方面企业管理对会计资料的迫切需要，促进了一个新的会计分支，即管理会计在原来成本会计基础上迅速成长，并从传统会计中独立出来。管理会计的产生是会计发展史上**第四个里程碑**。随着人类社会进入信息时代和知识经济时代，现代会计由手工簿记系统发展为电子数据处理系统

（EDP 会计）和网络系统。会计处理的电算化，是会计记录和计算技术方面的重大革命，是会计发展史上**第五个里程碑**。它大大促进了会计信息的传递，提高了工作效率，实现了会计科学的根本变革，成为现代会计产生的重要标志，给企业的财务管理提供了更为广阔的空间。如今，人工智能、机器学习等技术的飞速发展促使会计领域迈向智能化阶段，财务机器人实现业务数据自动录入与处理，财务云服务提供便捷的数据存储与共享，智能分析系统助力财务深度参与业务决策，推动业财融合与价值创造。

（二）会计的概念

会计是指以货币为主要计量单位，采用一系列专门的方法和程序，对企业等经济组织的经济活动进行全面、连续、系统、综合的核算和监督，并向有关方面提供信息，以满足信息使用者经济决策需要的一项**经济管理活动**。

> 【知识拓展】
>
> 由于会计是随着社会经济环境和管理需求的变化而不断发展变化的，它的内涵和外延十分丰富，因此，虽然会计产生的历史相当悠久，但时至今日，人们对会计本质的认识仍众说纷纭。具有代表性的观点有：① 会计方法论。认为会计的本质是一种"管理方法"，具体表现为会计是一种记账、算账和报账的方法。② 会计技术论。认为会计的本质是一种"技术"，是文字和数量相结合的应用技术。③ 会计工具论。认为会计的本质是一种"管理工具"，主要为管理提供资料，强调会计在社会经济活动中的核算作用。④ 会计艺术论。认为会计人员在进行会计工作时具有一定的艺术特性。⑤ 会计信息系统论。认为会计的本质是一个以提供财务信息为主的经济信息系统。⑥ 会计管理活动论。认为会计的本质是一项管理活动。⑦ 会计综合论。认为会计既是一个经济信息系统，又是一项管理活动。认识会计的本质，其意义在于把握会计的发展方向。

（三）会计的基本特点

1. 以货币作为主要计量单位

会计对经济活动进行计量和记录时，可以采用实物、劳动和货币三种计量单位。其中，实物计量单位可以为经济管理提供必需的实物量指标，但无法实现综合计量；劳动计量单位可以为经济管理提供劳动消耗量指标，但在当前阶段同样缺乏综合性；唯一具有综合性的就是货币计量单位，因为它作为商品的一般等价物，是衡量商品价值的通用标准，具有综合衡量的能力。能够对经济活动进行价值管理，是会计与其他经济管理活动最主要的区别。

【提示】

货币是会计的主要计量单位，但在某些情况下也会结合其他计量单位来提供更完整的信息。例如，在记录存货时，除了记录存货的货币价值，还会记录存货的数量（如件、千克、升等）。其他经济管理活动如经营管理等，也可能采用货币计量单位，但它只是众多计量单位中的一种，并不是主要计量单位。

2. 对经济活动进行全面、连续、系统、综合的核算和监督

全面是指对各种经济活动都要记录和计算，不能遗漏；连续是指按照经济活动发生的时间顺序自始至终进行记录，不允许中断和间断；系统是指对各种经济活动的记录要采用一系列专门的方法，遵循一定的处理程序，科学有序地进行，以取得分门别类的有用信息；综合是指以货币作为统一的计量单位。

3. 以合法凭证为依据

凭证是经济活动发生的书面证明，用于记录发生的经济活动的具体情况并明确经济责任。为了反映经济活动的真实情况，必须以取得或填制的合法凭证为依据。会计只有以合法的凭证为依据，才能使其提供的会计信息具有客观性、真实性与可验证性。

【提示】

经济活动发生后，对于取得或填制的凭证，必须先按有关规定进行审核，经审核无误后才能作为会计核算的依据。

4. 有一套完整的方法体系

会计在其发展过程中形成了一套完整的专门方法，如填制和审核会计凭证、登记账簿、成本计算、编制会计报表等。这些方法是经过长期会计实践活动总结出来的，组成了一个完整的方法体系。

二、会计的基本职能和一般对象

（一）会计的基本职能

会计职能（Accounting Function）是指会计在经济管理活动中所具有的功能，是会计本质的体现。马克思在《资本论》中曾把会计的职能概括为对"过程的控制和观念的总结"。我国《会计法》将会计的基本职能表述为核算和监督，即进行会计核算和实行会计监督。

1. 会计核算职能

会计核算职能指会计以货币为主要计量单位，运用一系列专门方法，对特定主体的经济活动过程和结果进行确认、计量、记录和报告，为有关方面提供会计信息。会计核算的内容具体表现为生产经营过程中的各种经济业务，包括：① 款

项和有价证券的收付；② 财物的收发、增减和使用；③ 债权、债务的发生和结算；④ 资本、基金的增减和经费的收支；⑤ 收入、费用、成本的计算；⑥ 财务成果的计算和处理；⑦ 其他需要办理会计手续、进行会计核算的事项。

> **【提示】**
>
> 会计核算贯穿于会计活动的始终。以会计时间划分，会计核算包括事前核算、事中核算和事后核算。会计核算的要求是：真实、准确、完整和及时。任何单位不得以虚假的经济业务事项或资料进行会计核算。

2. 会计监督职能

会计监督职能指会计人员按一定的标准和要求，对特定主体经济活动的合法性、合理性进行审查，以便合理地组织经济活动，达到预期的目的。合法性审查是指保证各项经济业务符合国家法律法规，遵守财经纪律，执行国家有关方针政策，杜绝违法乱纪行为；合理性审查是指检查各项财务收支是否符合特定主体的财务收支计划，是否有利于预算目标的实现，是否有违背内部控制制度要求的现象，为增收节支、提高经济效益严格把关。会计监督的内容主要包括：① 监督经济业务的真实性；② 监督财务收支的合法性；③ 监督公共财产的安全性和完整性。

> **【提示】**
>
> 会计监督贯穿于会计活动的始终。以会计时间划分，会计监督包括事前监督、事中监督和事后监督。会计机构、会计人员对违反《会计法》和国家统一的会计制度规定的会计事项，有权拒绝办理或者按照职权予以纠正。

3. 会计核算和会计监督是两个既相互联系又相对独立的基本职能

会计核算是会计监督的前提和基础，只有正确地进行会计核算，会计监督才能有真实可靠的依据；会计监督是会计核算的继续，如果只有会计核算而不进行严格的监督，会计核算所提供的信息质量就难以保证，甚至会变得毫无意义。在实际工作中，只有将会计核算和会计监督两个职能有机地结合起来，才能充分发挥会计在经济管理中的作用。

> **【提示】**
>
> 在一定历史时期，会计职能与其所处时代的经济发展水平和经济管理要求是相适应的。随着经济环境的变化和会计的发展，会计的职能也在相应地拓展。现阶段，比较流行的观点是"会计六职能说"，即会计除具有核算和监督职能外，还有预测、决策、分析和控制四项职能。

（二）会计的对象

1. 会计的一般对象

会计对象（Accounting Object）是指会计核算和监督的内容。会计对象存在于社会再生产过程之中。社会再生产过程分为生产、分配、交换和消费四个环节，涵盖了多种多样的经济活动，具体表现为价值运动和使用价值运动。由于使用价值缺乏统一的衡量标准和计量尺度，难以进行比较和汇总，而会计则以货币作为主要计量单位，通过价值形式实现会计确认、计量、记录和报告交易或事项。因此，会计核算和监督的对象是社会再生产过程中的价值运动，这种价值运动能够通过货币连续、系统、全面、综合地表现，又称为**资金运动**，这就是会计的一般对象。

> 【动脑筋】
>
> 企业发生的一切经济活动都属于会计的对象吗？

2. 制造业企业的资金运动

社会再生产过程中的资金运动，在不同性质的单位里，有着不同的表现方式。由于制造业企业生产经营过程比较复杂又最为完整，下面就以制造业企业为例，来阐述其资金运动的具体表现方式。

制造业企业资金运动的方式具体表现为资金进入企业、资金在生产经营过程中的循环与周转和资金退出企业。

（1）资金进入企业。企业通过各种方式筹集资金，便形成了资金进入企业。其资金来源主要包括投资者的资金投入和债权人的资金投入。前者构成了企业的所有者权益，后者则形成了企业的负债。

（2）资金在生产经营过程中的循环与周转。企业资金的循环与周转分为供应、生产和销售三个阶段。在供应过程中，企业要用筹集到的货币资金去购买原材料等物资，企业资金由货币资金形态转化为储备资金（主要是指原材料等物资占用的资金）。进入生产过程后，生产部门领取和耗用各种原材料等物资，这时储备资金又转变为生产资金（主要是指在产品、半成品等占用的资金）。产品生产完工后，生产资金又转化为成品资金（主要是指库存商品等占用的资金）。将库存商品对外销售并取得收入后，成品资金又转化为货币资金。企业的资金在供、产、销过程中，从货币资金开始，依次转化为储备资金、生产资金、成品资金，最后又回到货币资金，这一转化过程叫作资金循环。资金的不断循环就是资金周转。

（3）资金退出企业。资金退出企业是指企业的资金不再参与生产经营过程中资金的循环与周转，而游离于企业资金运动之外。如上缴各种税费、偿还各项债务、向所有者分配利润或按法律程序减少资本等。

> **【提示】**
>
> 企业没有资金的投入就不会有资金的循环与周转；没有资金的循环与周转，就不会有资金的退出。而没有资金的退出，就不会有新一轮的资金投入，也就不会有企业进一步的发展。资金投入、资金循环与周转和资金退出构成了企业开放式的运动形式。

制造业企业的资金运动如图 2-1 所示。

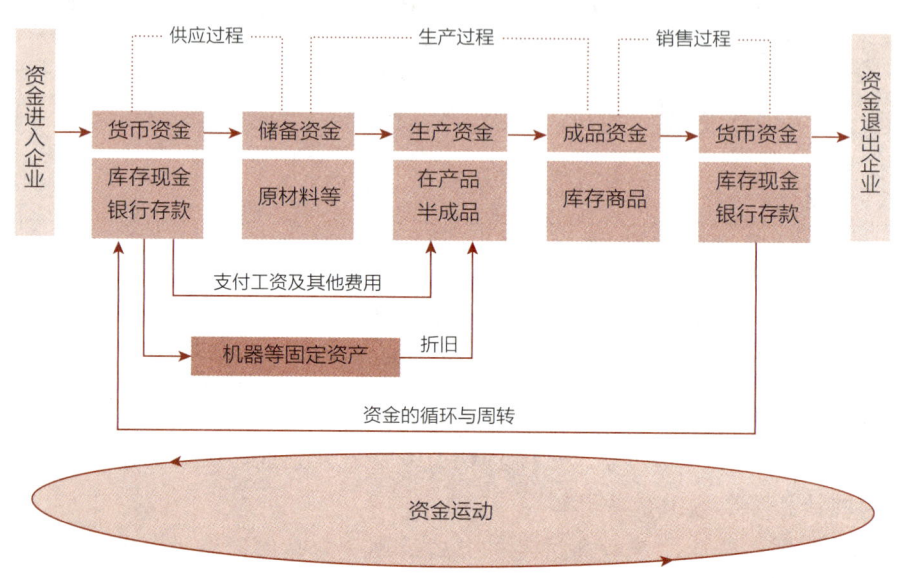

图 2-1 制造业企业的资金运动

三、会计目标

会计目标（Accounting Objective）是指会计工作所期望达到的目的。会计目标是会计工作的内在规定性，它决定着会计活动的方向。

现代会计目标主要包括以下两个方面的内容：

（一）向会计信息使用者提供对决策有用的信息

会计作为一项经济管理活动，要向会计信息使用者提供有助于其作出经济决策的数量化信息，包括企业财务状况、经营成果和现金流量等方面的信息。例如，投资者进行投资决策需要大量可靠且相关的会计信息，而这些会计信息的提供依赖于会计人员的工作，因此，会计工作就必须以服务决策为目标。如果会计提供的信息对信息使用者的决策没有价值，那么会计管理活动的本质属性就不能真正得到体现。正因如此，会计信息必须具备相关性和可靠性。

【知识拓展】

会计信息使用者包括外部和内部两个方面。会计信息的外部使用者具体包括投资者、债权人、政府有关部门、社会公众等。其中,投资者包括现有的和潜在的投资者;债权人主要包括银行、非银行金融机构、企业债券购买人及其他提供信贷的单位和个人。会计信息的内部使用者主要是指企业内部管理者及企业职工。会计信息使用者需要什么样的信息,取决于其目的及需求。

(二)反映企业管理层受托责任的履行情况

在现代企业制度下,企业的所有权与经营权相分离,企业管理层是受委托人的委托经营和管理企业,负有受托责任。由于委托人十分关注资本的保值和增值,需要定期评价企业管理层的经营业绩和管理水平,决定是否需要更换管理层,以及对企业的经营管理提出有针对性的建议与措施等,因此,会计的目标应能充分反映企业管理层受托责任的履行情况,以有助于评价企业的经营管理责任和资源使用的有效性。从受托责任角度来看,会计信息应当注重准确性和完整性。

四、会计基本假设和会计核算的基础

(一)会计基本假设

会计的产生与发展离不开特定的社会经济环境,这种社会经济环境决定了会计管理活动中必然存在着许多不确定因素。因此,会计要对企业发生的各种经济活动有效地进行核算和监督,就必须对会计领域中的一些未知因素作出合理的假设。**会计假设(Accounting Hypothesis)** 又称为会计核算的基本前提,是指对那些未经确切认识或无法正面论证的经济事物和会计现象,根据客观的正常情况或趋势所作出的合乎逻辑的推断,是日常会计处理的前提或必要条件。从会计目标的角度看,会计目标的实现也是以会计基本假设为前提来推定和假定谁是会计信息的使用者,以及会计信息的使用者需要什么样的会计信息。

【提示】

会计假设绝不是毫无根据的主观臆造,而是在长期的会计实践中,人们逐渐认识到的普遍公理。这些公理不需加以证明和验证就能被公众承认,它代表了人们对正确开展会计工作所应遵循的若干要求的科学判断,是建立企业会计准则的理论基石。

根据《企业会计准则》规定,会计基本假设包括会计主体、持续经营、会计分期和货币计量四个假设。

文档:《企业会计准则——基本准则》

1. 会计主体

会计主体（Accounting Entity）又称为会计个体，是指会计所核算和监督的特定单位或组织，它规定了会计确认、计量、记录和报告的**空间范围**，明确了会计人员的立场和会计核算的范围。在会计主体假设下，企业应当对其本身发生的交易或事项进行会计确认、计量、记录和报告，反映企业本身所从事的各项生产经营活动。企业的经营活动必须与投资者、债权人等利益相关者以及其他企业的经营活动区分开来。会计核算工作中通常所讲的资产、负债的确认，收入的取得，费用的发生等，都是针对特定会计主体而言的。会计核算只有依据这一假设，才能真实、准确地反映企业本身的财务状况、经营成果和现金流量，以便于会计信息使用者根据会计信息作出正确的决策。因此，明确界定会计主体是开展会计确认、计量、记录和报告工作的重要前提。

会计主体不同于法律主体。一般来说，法律主体必然是会计主体，但会计主体并不一定是法律主体。会计主体可以是独立法人，也可以是非法人单位（如合伙企业）；可以是一个企业，也可以是企业内部的某一单位或一个特定的部分（如企业的分公司、企业设立的营业部）；可以是单一企业，也可以是由几个企业组成的企业集团。例如，某基金管理公司管理了8只证券投资基金。对于该公司而言，公司既是法律主体，又是会计主体。而各只基金尽管不属于法律主体，但需要单独核算，并向基金持有人定期披露该基金的财务状况和经营成果等，因此，每只基金也属于会计主体。

> 【提示】
>
> 会计主体可以是以营利为目的的各种性质的企业，如公司、工厂等，也可以是非营利组织，如机关、学校、社会团体等。由于企业是最为典型的会计主体，会计业务也较全面，所以本书的会计主体均以企业为例。

> 【动脑筋】
>
> 我国有一些企业推行了内部银行，实行内部经济核算。试问：厂内车间或班组是企业内部的核算单位，它们是会计主体吗？

2. 持续经营

持续经营（Going Concern）是指企业在可以预见的未来，不会面临破产和清算，将根据正常的经营方针和既定的经营目标持续经营下去。持续经营假设规定了会计核算的**时间范围**。会计核算只有以企业持续、正常的生产经营活动为前提，企业才能按照既定的用途使用现有资产，销货款才能在未来按期收回，所承担的债务也才能按事先承诺的条件去清偿。只有这样才能解决有关财产计价、费用摊销和预提、收益确认等问题,确保企业在会计信息的收集和处理上所使用的会计方法保持稳定,从而使企业的会计确认、计量、记录和报告真实可靠。

企业持续经营假设与会计主体假设有着密切的联系。持续经营假设是在确定了企业是会计主体之后作出的设定。因为设定了企业作为一个会计主体之后,只有设定它在可预见的未来能持续经营下去,才能进一步选择和确定会计核算的具体方法。

> **【提示】**
>
> 在市场经济条件下,企业破产、清算的风险始终存在。企业应定期对其持续经营假设作出分析和判断。如果判断企业不会持续经营,就应当改变会计核算的方法,并在企业财务会计报告中作相应披露。

3. 会计分期

会计分期(Accounting Periods)是指将一个企业持续经营的生产经营活动划分为若干相等的会计期间,以便分期结算账目和编制会计报表。

通常情况下,企业的经营活动是连续不断进行的,在时间上具有不间断性。为了对连续不断的经营活动过程进行确认、计量、记录和报告,从而提供有用的会计信息,会计首先必须确定企业经营活动从什么时候开始,又到什么时候终止,以便对其财务状况、经营成果和现金流量进行总括反映。显然,在实际工作中,等到企业歇业时一次性地核算盈亏,既是不允许的,又是行不通的。因此,就需要将企业持续经营的生产经营活动人为地划分为若干个期间,以便确认某个会计期间的收入、费用和利润,确认某个会计期末的资产、负债和所有者权益,定期编制会计报表。

根据我国《企业会计准则》的规定,会计期间分为**年度**、**半年度**、**季度和月度**。年度、半年度、季度和月度均按公历起讫日期确定。以每年1月1日至12月31日作为一个会计期间称为会计年度,它是最重要的会计期间,短于一年的会计期间统称为会计中期。

> **【提示】**
>
> 有了会计分期假设,才产生了当期与前期、后期的差别,不同类型的会计主体才有了记账的基础,进而出现了应收、应付、折旧、预提、摊销等会计处理方法。

4. 货币计量

货币计量(Monetary Measurement)是指企业在会计核算过程中采用货币作为计

量单位，确认、计量、记录和报告企业的生产经营活动。在会计的确认、计量、记录和报告过程中选择货币作为基础进行计量，是由货币本身的属性决定的。货币是商品一般等价物，是衡量一般商品价值的共同尺度，具有价值尺度、流通手段、贮藏手段和支付手段等职能。其他计量单位如重量、台、件等，都只能从一个侧面反映企业的生产经营情况，无法在量上进行汇总和比较，不便于会计计量和经营管理。

货币计量假设规定了会计核算的统一计量尺度——货币，它包含两层含义：一是记账本位币（用于记账的货币）的选择。记账本位币是指企业经营所处的主要经济环境中的货币。我国《企业会计准则》规定，企业会计核算应选择人民币作为**记账本位币**。当出现业务收支以人民币以外的货币为主的企业，也可以选择人民币以外的货币作为记账本位币，但编制的会计报表应折算为人民币进行呈现。在境外设立的中国企业一般以当地的货币进行会计核算，但向国内报送的会计报表应折算为人民币进行会计核算。二是币值稳定的假设。即在一般情况下会计核算应当按照币值稳定的原则进行，对于货币购买能力的波动可以不予考虑，否则，货币计量假设就不能成立。

> 【提示】
>
> 会计核算统一采用货币计量也存在缺陷，例如：企业经营战略、研发能力、市场竞争力等因素会对企业财务状况和经营成果产生重大影响，但这些因素往往难以用货币来计量，而这些信息对于决策又相当重要。因此，企业可以在会计报表中补充披露有关非财务信息来弥补上述缺陷。

（二）会计核算的基础

微课：权责发生制和收付实现制

企业会计的确认、计量、记录和报告应当以权责发生制为基础。**权责发生制（Accrual Basis）**是指按照权责关系的实际发生和影响期间来确认企业的收入和费用。权责发生制主要是从时间上规定会计确认的基础，其核心是根据权责实际发生期来确认收入和费用。凡是当期已经实现的收入和已经发生或应当负担的费用，不论款项是否收付，都应当作为当期的收入和费用；不属于当期的收入和费用，即使款项已在当期收付，也不应当作为当期的收入和费用。在权责发生制下，应计入某一会计期间的收入和费用与款项的实际收付时间并不完全一致。例如，某款项已经收到，但销售并未实现，则不应确认为当期收入；或者某款项已经支付，但并不是为本期生产经营活动而发生的，则不应确认为当期费用。

> 【提示】
>
> 会计分期假设是产生权责发生制这一会计核算基础的直接原因。

【提示】

权责发生制是相对于收付实现制来说的。收付实现制（Cash Basis）是指以收到或支付现金作为确认收入和费用的依据，即收到现金时确认收入，支付现金时确认费用。目前，我国企业会计核算采用权责发生制。2019年1月1日起行政事业单位施行《政府会计制度——行政事业单位会计科目和报表》后，单位财务会计核算实行权责发生制，单位预算会计核算实行收付实现制，国务院另有规定的，依照其规定。

【职业判断与任务操作】

针对本任务引例，分析如下：

中淮公司本月发生的①、③、⑤、⑥、⑦项经济活动属于会计核算的对象，会计人员要对其进行会计核算。会计核算的前提包括会计主体假设、持续经营假设、会计分期假设和货币计量假设。会计核算的基础有权责发生制和收付实现制两种。根据我国《企业会计准则》的规定，中淮公司应采用权责发生制。

【典型任务举例】

中淮公司2025年9月发生的部分经济业务如表2-1黄色部分所示。

要求：请分别采用权责发生制和收付实现制确定其收入、费用的归属期，并计算中淮公司2025年9月的盈亏。

中淮公司2025年9月发生的收入和费用，其具体确认过程及盈亏计算结果如表2-1蓝色部分所示。

表2-1 中淮公司9月收入、费用的确认

业务内容	业务发生期	现款收付期	权责发生制下的收入、费用归属期	收付实现制下的收入、费用归属期
9月3日销售商品60 000元,款项于当月20日收到	9月	9月	9月	9月
9月8日销售商品100 000元,款项于当年10月6日收到	9月	10月	9月	10月
9月15日发生费用7 000元,款项当日支付	9月	9月	9月	9月
9月19日发生费用5 800元,款项于当年10月5日支付	9月	10月	9月	10月

续表

业务内容	业务发生期	现款收付期	权责发生制下的收入、费用归属期	收付实现制下的收入、费用归属期
9月25日预收货款20 000元,商品于当年10月7日发出	10月	9月	10月	9月
9月28日预付当年10月份费用3 000元	10月	9月	10月	9月
权责发生制下的9月份盈亏计算	60 000 + 100 000 − 7 000 − 5 800 = 147 200(元)			
收付实现制下的9月份盈亏计算	60 000 − 7 000 + 20 000 − 3 000 = 70 000(元)			

任务 2.2　了解会计核算的方法

【任务引例】

某会计俱乐部成员在中淮公司李会计的引导下,实地参观了公司财务部门。李会计结合会计岗位职责和工作流程,介绍了设置账户、复式记账、填制和审核凭证、登记账簿、成本计算、财产清查和编制会计报表等七种会计核算方法。李会计介绍完后,该会计俱乐部成员展开了热烈讨论。成员之一王磊同学认为会计工作挺简单的,只要掌握了上述七种会计核算方法,并严格按照一定的顺序进行,就能履行好会计人员职责,完成会计任务,实现会计目标。请思考,王磊同学的想法正确吗?

【知识准备】

一、会计方法的组成

会计方法(Accounting Method)是指用来核算和监督会计对象、履行会计职能、实现会计目标的手段。会计方法是人们在长期的会计工作实践中总结、创立,并随着生产发展和管理活动的复杂化而逐渐完善起来的。

会计方法的组成内容与会计职能紧密相连。会计方法一般包括会计核算、会计监督、会计预测、会计决策、会计控制、会计分析等具体方法。

(一)会计核算

会计核算(Accounting Calculation)是会计方法中最基本、最主要的方法,是其他各种方法的基础。在社会再生产过程中,会产生大量的经济信息。将这些经济信息依照会计准则等规定进行确认、计量、记录、计算、分析、汇总、加工处理，就会形成各种会计信息。这个信息转换的过程就是会计核算。会计核算又包括一系列具体的核算方法。

> **【提示】**
> 会计核算通常表现为记账、算账和报账，但这并非现代会计核算的全部内容。

（二）会计监督

会计监督（Accounting Supervision）是指会计人员根据预期的目标和要求，通过会计核算所提供的资料，对会计主体的生产经营过程或经济业务的合理性、合法性以及会计资料的完整性、准确性等进行监督。会计监督可通过核对、审阅、分析性复核等方法进行。

（三）会计预测

会计预测（Accounting Prediction）是指根据过去的历史资料，通过一定的数学方法和逻辑推理，对会计主体经济活动的未来发展趋势或状况所进行的预计和推测。会计预测可以为企业经营决策提供依据，帮助企业规划财务预算，增强企业的风险应对能力。

（四）会计决策

会计决策（Accounting Decision）是指在会计预测的基础上，结合相关信息资料，按照预定的财务目标，从若干备选方案中选择最优方案的过程。会计决策实际上是选择完成资金、成本和利润指标最优化方案的过程。会计参与经营决策、选择经济效益较高的方案，是我国会计工作发展的总趋势。

（五）会计控制

会计控制（Accounting Control）是企业内部控制的重要组成部分，是指根据管理的目的和要求，通过会计工作对经济活动进行必要的干预，使之按照预定的轨道有序地进行。会计控制的目的主要是降低成本费用，提高经济效益。它一般包括政策与制度控制、计划与定额控制、管理与内部控制等。

（六）会计分析

会计分析（Accounting Analysis）是指利用会计核算提供的信息资料，结合其他有关信息，对企业财务状况、经营成果和现金流量进行比较、分析和评价的过程。一般按以下程序进行：选定项目，明确对象；了解情况，收集资料；整理资料，分析研究；抓住关键，提出结论。常用的分析方法有比较分析法、因素分析法、比率分析法、趋势分析法等。

> **【提示】**
>
> 会计方法的创立和发展带有较大的技术性。一种会计方法是否被采用,不是取决于社会制度,而是取决于会计方法本身技术水平的高低,以及社会经济管理水平的高低和管理要求。

二、会计核算方法体系

会计核算方法(Calculating Method of Accounting)是指以货币为主要计量单位,对各单位已发生的交易或事项进行确认、计量、记录和报告的一系列专门方法。它通常包括设置账户、复式记账、填制和审核凭证、登记账簿、成本计算、财产清查和编制会计报表。

(一)设置账户

设置账户是对会计对象的具体内容进行分类核算和监督的一种专门方法。会计对象的内容是多种多样的,要对其进行全面、连续、系统、综合的核算和监督,就必须按照经济业务的内容、特点和管理要求,分别设置账户,进行分门别类的登记,以便提供管理上所需要的各种会计信息。

> **【提示】**
>
> 正确、科学地设置账户,是满足经营管理需要、履行会计职能、实现会计目标的基础。

(二)复式记账

复式记账是记录经济业务的一种专门方法。它要求对发生的每一笔经济业务,都要以相等的金额在两个或两个以上相互联系的账户中进行记录,通过账户的对应关系可以完整地反映经济业务的全貌,便于检查账户记录的正确性。

(三)填制和审核凭证

填制和审核凭证是保证会计记录真实、可靠、合理、合法,并进行经济业务核算和监督的重要方法。任何单位对已经发生或已经完成的经济业务都必须先取得或填制凭证,并由经办人员或有关单位签名盖章,同时会计部门和有关部门要对凭证进行认真审核,这是会计核算工作程序的第一环节。只有经过审核无误的会计凭证,才能作为登记账簿的依据。因此,填制和审核凭证是保证会计资料真实性、正确性的有效手段。

(四)登记账簿

账簿是会计账簿的简称,是由具有一定格式、相互联系的账页所组成的,用来全面、连续、系统地记录经济业务的簿籍。**登记账簿**就是以审核无误的会计凭证为依据，将发生的每笔经济业务分门别类地登记到有关账户中去的一种专门方法。登记账簿是会计信息加工的一项重要程序，它可以将分散的经济业务进行系统的归类和汇总，同时通过定期结账、对账，为成本计算和编制会计报表提供完整而系统的会计资料。登记账簿是会计核算工作的中心环节。

（五）成本计算

成本计算是指企业在生产经营过程中，按照一定的对象归集和分配所发生的全部费用，以确定该对象的总成本和单位成本的一种专门方法。例如，供应过程要计算各种材料物资的采购成本；生产过程要计算各种产品的生产成本等。成本计算主要是满足企业加强内部管理和正确确定经营盈亏的需要，也是正确计量资产、负债和所有者权益，如实反映企业财务状况的要求。通过正确计算成本，可以反映企业生产经营过程中所发生的各项费用支出情况，从而挖掘成本节约的潜力，不断提高经济效益。

> **【提示】**
>
> 成本计算实际上是一种会计计量活动，它所要解决的是会计对象的货币计价问题。

（六）财产清查

财产清查是指通过盘点实物、核对账目，查明各项财产物资、货币资金的实有数，以保证账实相符的一种专门方法。在实际工作中，由于某些主观或客观原因，往往会造成账面记录与实际情况不符。为了如实反映情况，加强财产物资管理，提高资金的使用效率，就必须定期或不定期地开展财产清查工作。如发现账实不符，应查明原因，明确责任，并及时调整账簿记录，保证会计核算资料的正确性和真实性。

（七）编制会计报表

会计报表是总括反映会计主体在某一特定日期财务状况和某一会计期间经营成果和现金流量的书面文件。它是以货币为主要计量单位，对分散在账簿中的日常核算资料进行综合、分析、加工整理，采用专门的方法编制而成的。编制会计报表，是提供会计信息的主要形式，是会计核算工作的最后一个环节。

> **【提示】**
>
> 上述七种会计核算方法并不是彼此孤立的，而是相互联系、密切配合的，它们构成了一个完整的会计核算方法体系。一般来说，经济业务发生后，经办人员要填制或取得原始凭证，经会计人员审核整理后，根据会计科目设置账户，运用复式记账法，编制记账凭证，并据以登记账簿。对于生产经营过程中发生的各项费用，要进行成本计算。一定时期终了，通过财产清查，在保证账实相符的基础上，根据账簿记录编制各种会计报表。

【职业判断与任务操作】

针对本任务引例，分析如下：

王磊同学的想法是不全面的。会计是一门科学，李会计介绍的七种会计核算方法，看似简单，实质上每一种方法都包含着丰富的会计思想。要想真正掌握会计核算方法，就要刻苦学习，没有良好的职业习惯，是不能够成为一名合格的会计人员的。在实际工作中，会计核算的各种方法并不是按固定顺序来运用的，它们之间往往交叉使用。例如，在填制和审核凭证时必须考虑到设置账户和复式记账的要求。设置账户和复式记账是会计核算方法的核心，几乎贯穿于会计核算工作的全过程，其他方法都离不开这两种方法。

【项目小结】

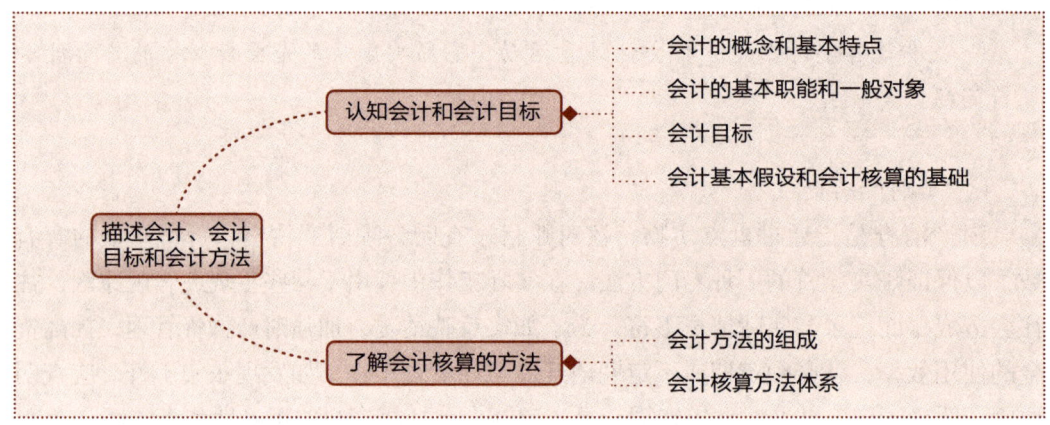

项目 3

划分会计要素,建立会计等式

【职业能力目标】

素养目标
- 培养观察、比较、分析、判断、推理等思维和独立思考的能力

知识目标
- 掌握会计要素的分类、概念和基本特征
- 明确会计要素之间的内在联系及其表达方式
- 熟悉经济业务发生后所引起的资金运动的类型
- 理解经济业务发生对会计等式的影响

能力目标
- 能正确划分会计要素,并指出会计对象与会计要素之间的关系
- 能描述会计基本等式
- 能梳理出不同类型的经济业务对会计等式的影响及其变化规律

会计要素（Accounting Elements）是对会计对象进行的基本分类，是会计对象的具体化。会计要素的分类是人的主观意识和客观要素相结合的产物。我国企业会计要素包括资产、负债、所有者权益、收入、费用和利润六项。其中，前三项是反映企业财务状况的会计要素，又称为资产负债表要素，它们之间的关系是：资产＝负债＋所有者权益；后三项是反映企业经营成果的会计要素，又称为利润表要素，它们之间的关系是：收入－费用＝利润。这种客观存在的、必然相等的关系称为会计等式（Accounting Equation）。企业经济业务的发生，会引起各项会计要素发生增减变化，但无论怎样变化，都不会破坏会计等式。

任务 3.1　划分会计要素

【任务引例】

2025 年 9 月初，中淮公司账面资料显示，企业总资产 2 504 000 元，其中 904 000 元是负债形成的，其余 1 600 000 元是投资者的投资。经过一个月的生产经营，中淮公司本月实现营业收入 2 000 000 元，发生相关成本费用 1 600 000 元。9 月 30 日，企业总资产 2 708 000 元，其中 1 108 000 元是负债形成的。试问，中淮公司 9 月 30 日财务状况如何？当月收入和费用分别是多少？

【知识准备】

一、反映企业财务状况的会计要素

（一）资产

资产（Asset）是指企业过去的交易或者事项形成的、由企业拥有或者控制的、预期会给企业带来经济利益的资源，如银行存款、固定资产、原材料、库存商品等。企业过去的交易或者事项包括购买、生产、建造等行为；预期在未来发生的交易或者事项不形成资产；由企业拥有或者控制，是指企业享有某项资源的所有权，或者虽然不享有某项资源的所有权，但该资源能被企业所控制；预期会给企业带来经济利益，是指直接或者间接导致现金和现金等价物流入企业的潜力。

【提示】

交易（Trading）是指以货币为媒介的商品或劳务的交换，如购买原材料等；事项（Matters）则是指没有实际发生货币交换的经济业务，如企业完工产品验收入库等。

1. 资产的特征

（1）资产是由过去的交易或者事项形成的。也就是说，资产是过去已经发生的交易或者事项所产生的结果，必须是现实的而不能是预期的。未来的交易或者事项可能产生的结果不能确认为企业的资产。

（2）资产是由企业拥有或者控制的。拥有是指法律意义上的拥有，即所有权归企业所有；控制是指由企业支配使用，但并不等于企业取得所有权。一项经济资源是否属于企业的资产，通常要看其所有权是否属于该企业，但企业是否拥有经济资源的所有权不是确认资产的绝对标准。那些所有权不属于特定企业但为该企业所实际控制的经济资源，也就是企业能够自主地运用该项经济资源从事经营活动、谋求经济利益并承担着相应风险的资源，也确认为企业的资产。例如，企业以融资方式租入的固定资产，尽管所有权不属于承租企业，但由于受承租企业实际控制，按照实质重于形式的要求，在会计实务中也应将其列作承租企业的固定资产来确认。

（3）资产预期会给企业带来经济利益。这是资产的一个重要属性。例如，资产可以当作一种购买力使用，如现金、银行存款；可以出售而转变为货币资产或某种债权，如存货；可以为企业带来未来经济利益，如厂房、机器设备等。如果一项经济资源预期不能为企业带来经济利益，它就不能确认为企业的资产。

2. 资产的分类

资产按其流动性不同，分为流动资产和非流动资产（见图3-1）。

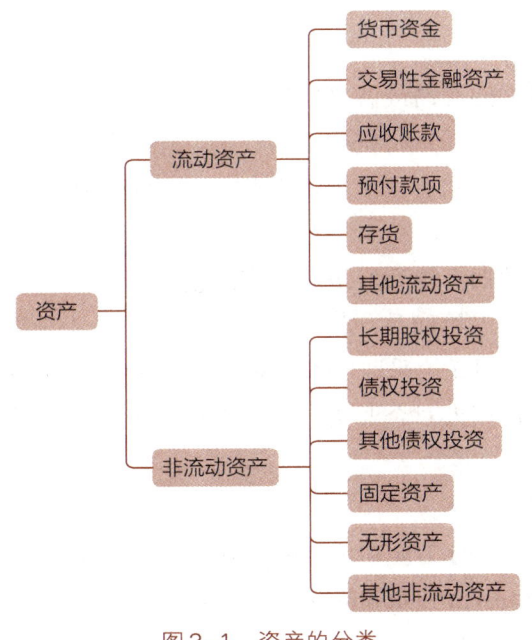

图3-1 资产的分类

（1）流动资产（Current Assets）是指预计在一个正常营业周期中变现、出售或耗用，或者主要为交易目的而持有，或者预计在资产负债表日起一年内（含一年）变现的资产，以及自资产负债表日起一年内交换其他资产或清偿负债的能力不受限制的现金或现金等价物。流动资产主要包括库存现金、银行存款、交易性金融资产、应收账款、预付款项、应收利息、其他应收款、存货等。

（2）非流动资产（Non-current Assets）是指流动资产以外的资产。非流动资产主要包括长期股权投资、固定资产、在建工程、工程物资、无形资产等。

（二）负债

负债（Liability）是指企业过去的交易或者事项形成的、预期会导致经济利益流出企业的现时义务。

> **【提示】**
>
> 现时义务是指企业在现行条件下已承担的义务。未来发生的交易或者事项形成的义务不属于现时义务，不应当确认为负债。

> **【动脑筋】**
>
> 某家电公司制定了一项政策，即"对售出的家电商品三个月内全换、一年内保修、终身维护"，这项服务承诺应当确认为一项负债吗？

1. 负债的特征

（1）负债是由过去的交易或者事项形成的。也就是说，导致负债的交易或者事项必须已经发生，例如接受银行贷款就会产生偿还贷款的义务。只有源于已经发生的交易或者事项，会计上才有可能确认为负债。对于企业正在筹划中的未来交易或者事项，不构成企业的负债。

（2）负债的清偿预期会导致经济利益流出企业。在大多数情况下，负债要用现金清偿，有的时候也可以用商品、其他资产或者通过提供劳务来清偿，甚至还可以通过举借新债来清偿。但无论采取何种方式，都会导致经济利益流出企业。

（3）负债反映了债权人对企业资产的要求权。负债一般都有确切的债权人、到期值和到期日。

2. 负债的分类

负债按流动性不同，分为流动负债和非流动负债。

（1）流动负债（Current Liabilities）是指预计在一个正常的营业周期中偿还，或者主要为交易目的而持有，或者自资产负债表日起一年内（含一年）到期应予以清偿或者企业无权自主地将清偿推迟至资产负债表日后一年以上的负债。流动负债主要包括短期借款、应付票据、应付账款、预收款项、应付职工薪酬、应交税费、应付利息、应付股利、其他应付款等。

（2）**非流动负债**（Non-current Liabilities）是指流动负债以外的负债。非流动负债主要包括长期借款、应付债券、长期应付款等。

（三）所有者权益

所有者权益（Owners' Equity）是指企业资产扣除负债后由所有者享有的剩余权益，即企业的净资产。对于股份有限公司来说，所有者权益又称为股东权益。

> **【提示】**
>
> 企业的资金来源不外乎有两个：一个是债权人，一个是所有者。债权人对企业资产的要求权形成企业负债，所有者对企业资产的要求权形成企业的所有者权益。

1. 所有者权益的特征

（1）所有者权益是一种剩余权益。例如，当企业破产清算时，要先将资产用于偿还债务，只有在有剩余资产时，才能按比例分配给企业的所有者。

（2）除非发生减资、清算，企业不需要偿还所有者权益。

（3）所有者凭借所有者权益能够参与企业的经营管理和利润的分配。

2. 所有者权益的分类

所有者权益包括实收资本（或者股本）、资本公积、其他综合收益、盈余公积和未分配利润。

（1）**实收资本**（Paid-in Capital）是指投资者按照企业章程或合同、协议的约定，实际投入企业的资本。它是企业注册成立的基本条件之一，也是企业承担民事责任的财力保证。

（2）**资本公积**（Capital Surplus）是指企业收到投资者投入的超出其在注册资本或股本中所占份额的投资。资本公积包括资本溢价（或股本溢价）和其他资本公积。

（3）**其他综合收益**（Other Comprehensive Income）是指企业根据《企业会计准则》规定未在当期损益中确认的各项利得和损失。其他综合收益包括以后会计期间不能重分类进损益的其他综合收益和以后会计期间满足规定条件时将重分类进损益的其他综合收益两类。

> **【提示】**
>
> 利得是指由企业非日常活动所形成的、会导致所有者权益增加的、与所有者投入资本无关的经济利益的流入；损失是指由企业非日常活动所发生的、会导致所有者权益减少的、与向所有者分配利润无关的经济利益的流出。

（4）**盈余公积**（Surplus Reserve）是指企业按照有关规定从税后利润中提取的各种公积金，包括法定盈余公积、任意盈余公积等。

（5）**未分配利润**（Undistributed Profit）是指企业留存于以后年度分配或本年度待分配的利润。

> 【提示】
>
> 盈余公积和未分配利润又统称为留存收益。

二、反映企业经营成果的会计要素

（一）收入

收入（Income）是指企业在日常活动中形成的、会导致所有者权益增加的、与所有者投入资本无关的经济利益的总流入。

1. 收入的特征

（1）收入是从企业的**日常经营活动**中产生的，如工业企业制造并销售产品、商业企业销售商品、保险公司签发保单、咨询公司提供咨询服务、软件企业为客户开发软件、安装公司提供安装服务、租赁公司出租资产等。如果从偶发的交易或事项中产生的，如出售固定资产、收到罚款等，虽然能给企业带来经济利益，但由于不属于企业的日常经济活动，因此不属于收入的范畴，而是属于企业的利得。

（2）收入会导致所有者权益的增加。

> 【提示】
>
> 这里所说的收入能增加所有者权益仅指收入本身的影响，而收入扣除与之相配比的费用后的净额，既可能增加所有者权益，也可能减少所有者权益。

（3）收入的取得会导致经济利益的**流入**。它可能表现为企业资产的增加，如增加银行存款、应收账款等；也可能表现为企业负债的减少，如以商品或劳务抵偿债务；或者两者兼而有之，如商品销售的货款中部分收取现金，部分抵偿债务。

（4）收入只包括本企业经济利益的流入，不包括为第三方或客户代收的款项。

（5）收入与所有者投入资本无关。

2. 收入的分类

收入可以有不同的分类。按照收入的性质，可以分为销售商品收入、提供劳务收入和让渡资产使用权收入。按企业经营业务的主次分类，可以分为主营业务收入和其他业务收入。

（1）**主营业务收入**（Main Operating Income）是指企业的主要经营业务所取得的收入。不同行业的主营业务收入有所不同，如工业企业的主营业务收入主要包括销售商品、自制半成品、提供工业性劳务等取得的收入。

（2）**其他业务收入**（Other Business Income）是指企业主营业务以外的其他经营业务所取得的收入。其他业务收入主要包括技术转让收入、销售材料收入、出租包装物收入等。

（二）费用

费用（Expenses）是指企业在日常活动中发生的、会导致所有者权益减少的、与向所有者分配利润无关的经济利益的总流出。

1. 费用的特征

（1）费用是在企业**日常活动**中发生的。对于在偶发的事项中发生的支出，如罚款支出、捐赠支出等，虽然会使企业经济利益流出，但由于不属于企业的日常活动，因此不属于费用的范畴，而属于企业的损失。

（2）费用的发生可能表现为资产的减少，如生产产品耗用材料等；也可能表现为负债的增加，如负担长期借款利息等；也可能两者兼而有之，如发生某笔费用支付部分现金，同时承担部分债务等。

（3）费用会导致所有者权益减少。一般而言，费用增加，会使利润减少，从而减少所有者权益。

2. 费用的分类

费用按其性质可分为营业成本和期间费用。

（1）**营业成本**（Operating Cost）是指销售商品或提供劳务的成本。其内容包括主营业务成本和其他业务成本。

（2）**期间费用**（Period Cost）是指企业在日常活动中发生的、应直接计入当期损益的各项费用。如企业行政管理部门为组织和管理生产经营活动而发生的管理费用、企业为销售商品和提供劳务而发生的销售费用、企业为筹集资金等发生的财务费用。

> 【提示】
>
> 费用按其归属对象不同，可分为直接费用、间接费用和期间费用。其中，直接费用是指直接计入归属对象的成本，如生产成本；间接费用是指按一定的标准分配计入归属对象的成本，如制造费用；期间费用是指直接计入当期损益的各项费用，包括管理费用、销售费用和财务费用等。

（三）利润

利润（Profit）是指企业在一定会计期间的经营成果。利润包括收入减去费用后的净额、直接计入当期利润的利得和损失等。

直接计入当期利润的利得和损失，是指应当计入当期损益的、会导致所有者权益发生增减变动的、与所有者投入资本或者向所有者分配利润无关的利得或者损失。

> **【提示】**
>
> 上述各会计要素的概念及其所包括的项目内容只说明其应具备的一般特征。要确定某项目能否作为某一会计要素项目，除了要满足会计要素的定义，还应同时具备会计确认的两个基本条件：一是与该项目有关的经济利益很可能（概率超过50%）流入或流出企业；二是与该项目有关的经济利益能够可靠地计量。

> **【职业判断与任务操作】**
>
> 针对本任务引例，分析如下：
>
> 中淮公司9月30日的财务状况是：企业资产总额2 708 000元，负债总额1 108 000元，所有者权益总额1 600 000元。当月收入2 000 000元，费用1 600 000元。

【典型任务举例】

任务3-1：中淮公司2025年12月发生部分经济业务所涉及的项目如表3-1黄色部分所示。

要求：表3-1中所涉及的项目是否能确认为某一会计要素？如能，应确认为哪一个会计要素？

中淮公司12月发生部分经济业务所涉及的项目，其具体确认会计要素的过程如表3-1蓝色部分所示。

表3-1 中淮公司12月部分经济业务会计要素确认　　　　单位：元

序号	项目	金额	能否确认为某一会计要素	具体会计要素
1	向银行提现,存放在财会部门的库存现金	3 600	能	资产
2	销售商品应收客户货款	800 000	能	资产
3	一台已经废弃、不能再使用的设备	175 000	不能	
4	向银行申请并取得一笔短期借款	500 000	能	负债
5	接受某一投资者投入的资本	1 000 000	能	所有者权益
6	公司从亨达公司临时租用一套设备	470 000	不能	
7	公司决定下个月购买一辆小汽车	320 000	不能	

续表

序号	项　　目	金额	能否确认为某一会计要素	具体会计要素
8	销售商品，收入实现	790 000	能	收入
9	因从银行借款(期限3年)而产生的应付利息	20 000	能	负债
10	发生的电话费、水电费等	6 500	能	费用
11	因违约而支付的罚款	1 000	能	利润
12	生产产品而耗用原材料	580 000	能	费用
13	根据税法规定计算的应交税费	42 000	能	负债
14	向地震灾区捐赠	100 000	能	利润
15	留待以后年度分配的利润	1 670 000	能	所有者权益

任务3.2　建立会计等式

【任务引例】

2025年9月初，中淮公司总资产2 504 000元，其中904 000元是负债形成的，其余1 600 000元是投资者的投资。上述三个数字之间存在着什么样的关系？9月份发生多笔经济业务后，上述关系是否会被打破？假如经过一个月的生产经营，中淮公司在9月份实现营业收入2 000 000元，发生相关成本费用1 600 000元。中淮公司在9月份实现了多少利润？收入、费用和利润之间又存在着怎样的关系？

【知识准备】

一、会计等式

（一）资产、负债、所有者权益的关系

企业要从事正常的生产经营活动，都需要筹集一定数量的资金，拥有一定的经济资源，即资产，如库存现金、厂房、机器设备、原材料等。企业筹集资金的渠道不外乎有两个方面：一是吸引投资者投资；二是债权人提供，如银行借款等。企业筹集到的资金投入营运后，形成企业所持有的各种资产。投资者对投入企业的资金视投资额的多少和所负担风险的大小，等比例地获取投资所得，这就是投资人对企业资产的要求权（所有者权益）；债权人有要求企业偿还债务的权利，这就是债权人对企业资产的要求权（债权人权益，即企业的负债）。这种对企业资产的要求权，在会计上总称为"权益"。企业拥有的每一项资产，都是投资者或债权人所提供的，因此，资产和权益必须同时存在。有一定数额的资产，就必然有一定数额的权益；反之，有一定数额的权益，也必然有一定数额的资产。从数量上看，在任何一个时点上，一个企业所拥有或者控制的资产总额必定等于权益总额。用公式表示如下：

$$资产 = 权益 = 负债 + 所有者权益 \qquad (1)$$

【提示】

上述会计等式还可以表示为"资产 − 负债 = 所有者权益"，但不能表示为"资产 − 所有者权益 = 负债"。

（二）收入、费用、利润的关系

随着商品的销售或者劳务的提供，企业一方面取得各类收入，另一方面为取得收入会发生相关的各种耗费（即费用）。在一定的会计期间内，企业获得的总收入扣除相关的总费用就形成了企业的利润。用公式表示如下：

$$收入 − 费用 = 利润 \qquad (2)$$

【提示】

当收入大于费用时，形成企业的利润，反之就是亏损。

（三）会计六要素之间的关系

"资产 = 负债 + 所有者权益"会计等式反映的是企业在某个会计期间开始时（即某一特定时日）的财务状况。"收入 − 费用 = 利润"会计等式反映的是企业在某一会计期间的经营成果。随着经济活动的进行，在会计期间内，企业一方面取得了收入，并因此而增加了资产或减少了负债；另一方面要发生各种各样的费用，并因此而减少了资产或增加了负债。所以，企业在会计期间内的任一时点上，即未结账之前，原来的会计等式就转化为下面的形式：

$$资产 = 负债 + 所有者权益 + （收入 − 费用） \qquad (3)$$

【提示】

公式（1）和公式（2）为会计基本等式，公式（3）为会计拓展公式。

到了会计期末，企业将收入与费用相抵减，计算出利润（或亏损），并按规定的程序进行分配，剩余的又全部归入所有者权益项目。这样在会计期末结账之后，会计等式又恢复会计期初的形式，即：

$$资产 = 负债 + 所有者权益$$

由此可见，会计等式揭示了会计要素之间的联系，它是设置账户、复式记账、试算平衡和编制会计报表的理论依据。

【职业判断与任务操作】

针对本任务引例，分析如下：

2025年9月初，中淮公司总资产2 504 000元，其中904 000元是负债形成的，其余1 600 000元是投资者的投资。三者之间存在的关系是：资产 = 负债 + 所有者权益，即2 504 000 = 904 000 + 1 600 000。

中淮公司经过一个月的生产经营，实现营业收入2 000 000元，发生相关成本费用1 600 000元，中淮公司在9月份实现利润400 000元。收入、费用和利润三者之间存在的关系是：收入 - 费用 = 利润，即2 000 000 - 1 600 000 = 400 000。

二、经济业务发生对会计等式的影响

企业日常发生的经济业务是多种多样的，但企业在生产经营过程中无论发生什么样的经济业务，引起会计要素在数额上发生怎样的增减变化，都不会破坏会计等式的平衡关系。

下面举例说明发生经济业务的类型及其对会计等式的影响。

（1）**经济业务的发生，只引起资产方面的项目发生增减变动，而不涉及权益方面的项目**。在这种情况下，资产方面的项目此增彼减，而资产总额不变。

微课：经济业务变化对会计等式的影响

【典型任务案例】

任务3-2：9月6日，中淮公司以银行存款购入一批原材料50 000元，验收入库。

该项经济业务的发生，引起了企业资产形态的变化：一方面银行存款减少了50 000元，另一方面原材料又增加了50 000元。"银行存款"和"原材料"都是资产项目，这项经济业务的发生使资产内部的两个项目以相等的金额此增彼减，资产总额不变。因此，会计等式的平衡关系依然成立。经过这一变化，会计等式的平衡关系变为：

资产 ＝ 负债 ＋ 所有者权益
（2 504 000 + 50 000 - 50 000）＝ 904 000 ＋ 1 600 000

> **【提示】**
>
> 中淮公司2025年9月初资产、负债、所有者权益之间的关系为:
> 2 504 000 = 904 000 + 1 600 000

（2）经济业务的发生，只引起权益方面的项目发生增减变动，而不涉及资产方面的项目。在这种情况下，权益方面的项目此增彼减，而权益总额不变。

【典型任务举例】

任务3-3：9月8日，中淮公司向银行借款100 000元，直接偿还应付供货单位的账款。

该项经济业务的发生，引起了权益方面的变化：一方面短期借款项目增加了100 000元，另一方面应付账款项目又减少了100 000元。"短期借款"和"应付账款"都是权益项目，这项经济业务的发生使权益内部的两个项目以相等的金额此增彼减，权益总额不变。因此，会计等式的平衡关系依然成立。经过这一变化，会计等式的平衡关系变为：

资产　　　＝　　　负债　　　　　　＋　　所有者权益
2 504 000　＝（904 000 + 100 000 − 100 000）＋　1 600 000

（3）经济业务的发生，使有关的资产项目与权益项目同时增加相等的数额。在这种情况下，会计等式左右两方总金额都发生了变化，但会计等式仍旧保持平衡关系。

【典型任务举例】

任务3-4：9月16日，中淮公司接受亨达公司投入的设备一套，价值200 000元。

该项经济业务的发生，引起了资产和权益有关项目的变化：一方面企业的资产——"固定资产"项目增加了200 000元，另一方面权益（所有者权益）——"实收资本"项目也增加了200 000元。这项经济业务的发生，使等式左右两方的资产与权益同时发生了相同数额的增加。因此，会计等式的平衡关系依然成立。经过这一变化，会计等式的平衡关系变为：

资产　　　　　　＝　　负债　　＋　　所有者权益
（2 504 000 + 200 000）＝　904 000　＋（1 600 000 + 200 000）

（4）经济业务的发生，使有关的资产项目与权益项目同时减少相等的数额。在这种情况下，等式左右两方总金额都发生了变化，但会计等式仍旧保持平衡关系。

【典型任务举例】

任务 3-5：9 月 22 日，中淮公司以银行存款偿还到期的短期借款 500 000 元。

该项经济业务的发生，引起了资产和权益有关项目的变化：一方面企业的资产——"银行存款"项目减少了 500 000 元，另一方面企业的权益（负债）——"短期借款"项目也减少了 500 000 元。这项经济业务的发生使资产与权益两方同时发生了相同数额的减少。因此，会计等式的平衡关系依然成立。经过这一变化，会计等式的平衡关系变为：

资产　　　　　＝　　负债　　　＋　所有者权益
（2 704 000 − 500 000）＝（904 000 − 500 000）＋　1 800 000

（5）收入业务的发生，使有关收入项目增加，同时引起资产项目增加或负债项目减少，金额相等；费用业务的发生，同时引起资产项目减少或负债项目增加，金额相等。在这两种情况下，会计等式左右两方仍旧保持平衡关系。

【典型任务举例】

任务 3-6：9 月 30 日，中淮公司本月销售产品取得收入 2 000 000 元，存入银行；另外，本月以银行存款支付各种期间费用 1 600 000 元。

该项经济业务的发生，一方面使企业的收入增加了 2 000 000 元，另一方面使企业的资产——"银行存款"项目也增加了 2 000 000 元。会计等式左方和右方同时增加相等的金额，其平衡关系依然成立。另外，各种期间费用的发生，使得会计等式左方的资产——"银行存款"项目和等式右方的费用项目同时减少 1 600 000 元，其平衡关系也依然成立。经过这一变化，会计等式的平衡关系变为：

资产　　　　　　　　＝　负债　＋ 所有者权益 ＋　收入　－　费用
（2 204 000 + 2 000 000 − 1 600 000）= 404 000 ＋　1 800 000　＋ 2 000 000 − 1 600 000

从上述分析过程中可以看出，企业无论发生哪一种类型的经济业务，都不会破坏会计等式的平衡关系。

> **【动脑筋】**
>
> 在上述五种不同类型的经济业务中，你能否判断出哪几种类型的经济业务既不破坏会计等式的平衡关系也不影响资产和权益要素的总额，哪几种类型的经济业务不破坏会计等式的平衡关系但影响资产和权益要素的总额？

【知识拓展】

负债和所有者权益的区别

负债和所有者权益对企业资产都拥有要求权，共同构成企业权益，但它们二者之间是有区别的：

（1）负债是企业对债权人所承担的经济责任，有确切的偿还期限，到期一定要偿还；而所有者权益是企业对投资人所承担的经济责任，在一般情况下，是不需要归还给投资者的。

（2）投资者可以凭借其所有者权益参与企业的利润分配和经营管理，而债权人无此项权利，只享有按期收回利息和债务本金的权利。

（3）在企业清算时，负债拥有优先求偿权，而所有者权益只能在清偿了所有的负债以后才返还给投资者。

【项目小结】

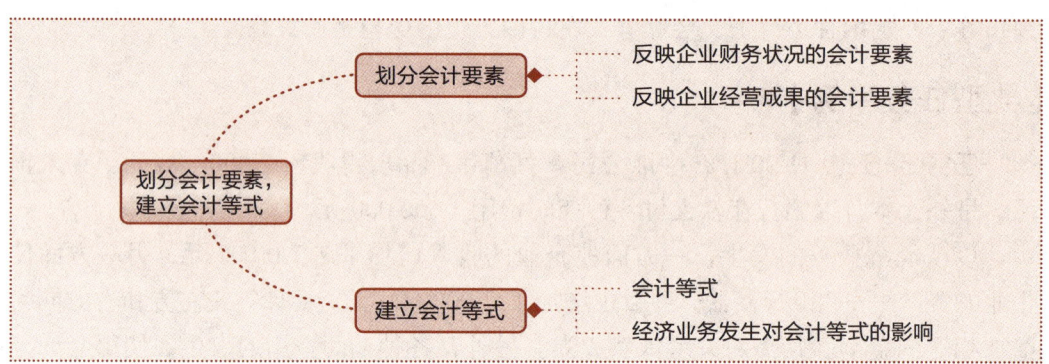

项目 4

设置会计账户，运用借贷记账法

【职业能力目标】

素养目标
- 培养严谨细致的工作习惯，树立良好的职业态度，发扬工匠精神
- 培养爱劳动、会学习、勤节俭的品质

知识目标
- 理解会计科目的概念
- 了解会计科目的分类、排序和编号
- 掌握账户的概念、基本结构及设置方法
- 理解会计科目与账户之间的关系
- 了解记账方法的组成
- 掌握借贷记账法的概念和基本内容

能力目标
- 能根据简单的经济业务设置会计科目
- 能运用借贷记账法设置账户
- 能编制简单业务的会计分录
- 能根据借贷记账法的记账规则和会计等式进行试算平衡

会计科目是对会计要素进一步分类形成的项目。按其反映的经济内容可分为资产类、负债类、共同类、所有者权益类、成本类和损益类;按其反映经济内容的详细程度可分为总分类科目和明细分类科目。账户是根据会计科目开设的,是用来记录会计科目所反映经济业务内容的工具。会计科目是账户的名称,账户具有结构,会计科目没有结构。记账方法有单式记账法和复式记账法。复式记账法是对每一项经济业务,都要以相等的金额在两个或两个以上相互联系的账户中进行登记的方法。借贷记账法是以"借""贷"作为记账符号的一种复式记账方法。运用借贷记账法,遵循"有借必有贷、借贷必相等"的记账规则;资产类、成本费用类账户借方登记增加,贷方登记减少或转出;负债类、所有者权益类及收入类账户贷方登记增加,借方登记减少或转出;期末通过发生额和余额平衡法进行试算平衡,以检查总分类账户记录的正确性。

任务 4.1 设置会计科目

【任务引例】

中淮公司是一家制造企业,其主要经济业务内容如表4-1所示。学生在老师的指导下按要求设置本公司会计科目,并分析判断其性质。

表4-1 中淮公司主要经济业务

序号	经济业务内容	序号	经济业务内容
1	厂部办公大楼	12	向购货单位预收的销货款
2	库存各种原材料	13	向供应单位预付的购料款
3	机器设备、汽车	14	收到国家投入的资本金
4	库存现金	15	尚在车间生产的产品发生的费用
5	偿还期为半年的银行借款	16	车间组织产品生产发生的费用
6	库存完工待售产品	17	企业行政管理部门发生的费用
7	存入开户银行的款项	18	短期借款利息费用
8	车间厂房	19	销售商品发生的广告费用
9	企业职工借支的款项	20	预收的包装物押金
10	应收购货单位货款	21	预付的包装物押金
11	应付供应单位货款	22	应收的保险赔款

续表

序号	经济业务内容	序号	经济业务内容
23	应付职工工资	28	本年已实现的净利润
24	应缴纳的各种税金	29	已分配利润
25	销售商品实现的收入	30	应付给投资者的利润
26	销售商品负担的税金	31	企业拥有的专利权、商标权
27	已售商品的生产成本	32	从税后利润中提留的公共积累

【知识准备】

一、会计科目的概念

会计科目（Account Title）是指对会计要素进一步分类形成的项目，也就是对各项会计要素在科学分类的基础上所赋予的名称。会计科目是设置账户、进行账务处理的依据，在会计核算体系中具有重要地位。

> 【动脑筋】
>
> 会计要素是对会计对象的基本分类。有了会计要素，为什么还要对会计要素再做进一步的分类？

二、会计科目设置的要求

会计科目的设置取决于企业的管理要求、规模大小、业务繁简，必须结合会计对象的特点，做到统一性和灵活性相结合：既不要过于复杂烦琐，增加不必要的工作量，又不要过于简单化，使各项会计要素混淆不清，不能满足会计信息使用者的需要。会计科目一经确定，应保持相对稳定。

合理设置会计科目，可以对会计要素的具体内容进行科学归类，便于会计分类核算和监督企业的经济活动，为统一会计核算口径，正确填制记账凭证、登记账簿和编制会计报表提供依据。

> 【提示】
>
> 一个单位所设置的会计科目要覆盖本单位的全部经济业务内容，不能有遗漏。设置的会计科目在其核算和监督的内容上应是彼此排斥的，具有排他性。

企业会计科目表如表4-2所示。

表4-2 企业会计科目表

序号	编号	名称	序号	编号	名称	序号	编号	名称
		一、资产类	25	1321	代理业务资产	50	1532	未实现融资收益
1	1001	★库存现金	26	1401	★材料采购	51	1541	存出资本保证金
2	1002	★银行存款	27	1402	在途物资	52	1601	★固定资产
3	1003	存放中央银行款项	28	1403	★原材料	53	1602	★累计折旧
4	1011	存放同业	29	1404	材料成本差异	54	1603	固定资产减值准备
5	1012	其他货币资金	30	1405	★库存商品	55	1604	★在建工程
6	1021	结算备付金	31	1406	发出商品	56	1605	工程物资
7	1031	存出保证金	32	1407	商品进销差价	57	1606	固定资产清理
8	1101	交易性金融资产	33	1408	委托加工物资	58	1611	未担保余值
9	1111	买入返售金融资产	34	1411	周转材料	59	1621	生产性生物资产
10	1121	★应收票据	35	1421	消耗性生物资产	60	1622	生产性生物资产累计折旧
11	1122	★应收账款	36	1431	贵金属	61	1623	公益性生物资产
12	1123	★预付账款	37	1441	抵债资产	62	1631	油气资产
13	1131	应收股利	38	1451	损余物资	63	1632	累计折耗
14	1132	应收利息	39	1461	融资租赁资产	64	1701	★无形资产
15	1201	应收代位追偿款	40	1471	存货跌价准备	65	1702	★累计摊销
16	1211	应收分保账款	41	1481	持有待售资产	66	1703	无形资产减值准备
17	1212	应收分保合同准备金	42	1482	持有待售资产减值准备	67	1711	商誉
18	1221	★其他应收款	43	1501	债权投资	68	1801	★长期待摊费用
19	1231	坏账准备	44	1502	债权投资减值准备	69	1811	递延所得税资产
20	1301	贴现资产	45	1503	其他债权投资	70	1821	独立账户资产
21	1302	拆出资金	46	1511	长期股权投资	71	1901	★待处理财产损溢
22	1303	贷款	47	1512	长期股权投资减值准备			二、负债类
23	1304	贷款损失准备	48	1521	投资性房地产	72	2001	★短期借款
24	1311	代理兑付证券	49	1531	长期应收款	73	2002	存入保证金

续表

序号	编号	名称	序号	编号	名称	序号	编号	名称
74	2003	拆入资金	101	2611	保户储金	125	5301	研发支出
75	2004	向中央银行借款	102	2621	独立账户负债	126	5401	工程施工
76	2011	吸收存款	103	2701	长期应付款	127	5402	工程结算
77	2012	同业存放	104	2702	未确认融资费用	128	5403	机械作业
78	2021	贴现负债	105	2711	专项应付款			六、损益类
79	2101	交易性金融负债	106	2801	预计负债	129	6001	★主营业务收入
80	2111	卖出回购金融资产款	107	2901	递延所得税负债	130	6011	利息收入
81	2201	★应付票据			三、共同类	131	6021	手续费及佣金收入
82	2202	★应付账款	108	3001	清算资金往来	132	6031	保费收入
83	2203	★预收账款	109	3002	货币兑换	133	6041	租赁收入
84	2211	★应付职工薪酬	110	3101	衍生工具	134	6051	★其他业务收入
85	2221	★应交税费	111	3201	套期工具	135	6061	汇兑损益
86	2231	★应付利息	112	3202	被套期项目	136	6101	公允价值变动损益
87	2232	★应付股利			四、所有者权益类	137	6111	★投资收益
88	2241	其他应付款	113	4001	★实收资本	138	6115	资产处置损益
89	2245	持有待售负债	114	4002	★资本公积	139	6117	其他收益
90	2251	应付保单红利	115	4003	其他综合收益	140	6201	摊回保险责任准备金
91	2261	应付分保账款	116	4101	★盈余公积	141	6202	摊回赔付支出
92	2311	代理买卖证券款	117	4102	一般风险准备	142	6203	摊回分保费用
93	2312	代理承销证券款	118	4103	★本年利润	143	6301	★营业外收入
94	2313	代理兑付证券款	119	4104	★利润分配	144	6401	★主营业务成本
95	2314	代理业务负债	120	4201	库存股	145	6402	★其他业务成本
96	2401	递延收益	121	4301	专项储备	146	6403	★税金及附加
97	2501	★长期借款			五、成本类	147	6411	利息支出
98	2502	应付债券	122	5001	★生产成本	148	6421	手续费及佣金支出
99	2601	未到期责任准备金	123	5101	★制造费用	149	6501	提取未到期责任准备金
100	2602	保险责任准备金	124	5202	劳务成本	150	6502	提取保险责任准备金

续表

序号	编号	名称	序号	编号	名称	序号	编号	名称
151	6511	赔付支出	156	6601	★销售费用	161	6711	★营业外支出
152	6521	保单红利支出	157	6602	★管理费用	162	6801	★所得税费用
153	6531	退保金	158	6603	★财务费用	163	6901	以前年度损益调整
154	6541	分出保费	159	6604	勘探费用			
155	6542	分保费用	160	6701	资产减值损失			

注：带★的属于本书中涉及的会计科目。

三、会计科目的分类

（一）按反映的经济内容不同划分

会计科目按其反映的经济内容不同，分为资产类、负债类、共同类、所有者权益类、成本类和损益类科目。

1. 资产类科目

资产类科目是用以反映资产要素具体内容的会计科目，如反映货币资产的"库存现金""银行存款"等科目，反映债权资产的"应收账款""其他应收款"等科目，反映存货资产的"原材料""库存商品"等科目。

2. 负债类科目

负债类科目是用以反映负债要素具体内容的会计科目，如反映流动负债的"短期借款""应付账款"等科目，反映非流动负债的"长期借款"等科目。

3. 共同类科目

共同类科目是既用以反映资产要素内容又用以反映负债要素内容的会计科目，主要适用于金融企业，如"清算资金往来""货币兑换""衍生工具"等科目。该类科目本书暂不涉及。

4. 所有者权益类科目

所有者权益类科目是用以反映所有者权益要素具体内容的会计科目，如反映企业资本金的"实收资本"等科目，反映留存收益的"盈余公积"等科目。

■【提示】■

由于利润是收入与费用相抵后的结果，并最终归属于所有者权益，因此，将"本年利润"归为所有者权益类科目。

5. 成本类科目

成本类科目是用以反映企业在产品生产过程中发生的各种直接费用和间接费用的会计科目，如反映制造成本的"生产成本"等科目，反映间接费用的"制造费用"等科目。

6. 损益类科目

损益类科目是用以反映企业在生产经营过程中取得的各项收入和发生的各项费用的会计科目，如反映收入的"主营业务收入""其他业务收入"等科目，反映费用的"管理费用""财务费用""销售费用"等科目。

（二）按所提供信息的详细程度及其统驭关系划分

会计科目按其所提供信息的详细程度及其统驭关系分为总分类科目和明细分类科目。

1. 总分类科目

总分类科目又称总账科目或一级科目，是指对会计要素具体内容进行总括分类核算的科目。它提供总括性资料，如"原材料""固定资产""应收账款"等科目。

2. 明细分类科目

明细分类科目又称明细科目，是指对总分类科目所包含的内容所作的进一步分类的科目。它提供详细的核算资料。

在会计实务中，为了适应管理需要，明细分类科目可以分设多级，即在总分类科目下分别设置二级明细科目、三级明细科目以至更多的级次。二级明细科目又称子目，三级以及更细的明细科目称细目。如在"原材料"总分类科目下可以开设"原料及主要材料""辅助材料""燃料"等二级科目，在各二级科目下还可以按照原材料的名称、规格、型号等开设三级明细科目。

总分类科目和明细分类科目反映的经济内容相同，只是提供的核算信息详细程度不同。总分类科目提供的是总括、综合的核算信息，而其所属的明细分类科目提供的是详细、具体的核算信息。因此，总分类科目对明细分类科目具有统驭控制作用，明细分类科目对总分类科目起着补充说明作用。

四、会计科目的排序和编号

会计科目是对会计要素所作的进一步分类，在排列上既要适应会计报表内容、格式和编报的传统，又要显示会计要素之间的性质区别。会计科目按其反映经济内容的不同所作的六类划分，其顺序是按先资产后权益、先静态后动态进行排列的，而各项目内的顺序又分别按照流动性、永久性、重要性等标志排列。

企业在进行会计核算时，所运用的会计科目很多。为了表明会计科目的性质及其所属的类别和关系，并方便会计信息化工作，必须对会计科目进行统一编号。

会计科目的编号由财政部颁布的《企业会计准则——应用指南》统一规定，常用的方法是数字编号法，一般用四位数，每一位数字都有其特定的含义。从左至右的第一位数字表示会计科目的主要大类，例如，1表示资产类，2表示负债类，3表示共同类，4表示所有者权益类，5表示成本类，6表示损益类；第二位数字表示每一大类内部的顺序编号；第三位和第四位数字表示具体科目名称。如用1001表示库存现金，用1002表示银行存款等。会计科目数字编号如表4-2所示。

> **【提示】**
>
> 企业不应当随意打乱科目编号，某些会计科目之间留有空号，供增设会计科目之用。

【职业判断与任务操作】

针对本任务引例，分析如下：

学生在老师指导下，完成本任务引例所提出的问题，如表4-3所示。

表4-3 中淮公司主要会计科目设置

序号	经济内容	所属科目性质	设置的会计科目
1	厂部办公大楼	资产类	固定资产
2	库存各种原材料	资产类	原材料
3	机器设备、汽车	资产类	固定资产
4	库存现金	资产类	库存现金
5	偿还期为半年的银行借款	负债类	短期借款
6	库存完工待售产品	资产类	库存商品
7	存入开户银行的款项	资产类	银行存款
8	车间厂房	资产类	固定资产
9	企业职工借支的款项	资产类	其他应收款
10	应收购货单位货款	资产类	应收账款
11	应付供应单位货款	负债类	应付账款
12	向购货单位预收的销货款	负债类	预收账款
13	向供应单位预付的购料款	资产类	预付账款
14	收到国家投入的资本金	所有者权益类	实收资本
15	尚在车间生产的产品发生的费用	成本类	生产成本
16	车间组织产品生产发生的费用	成本类	制造费用
17	企业行政管理部门发生的费用	损益类	管理费用
18	短期借款利息费用	损益类	财务费用
19	销售商品发生的广告费用	损益类	销售费用
20	预收的包装物押金	负债类	其他应付款
21	预付的包装物押金	资产类	其他应收款

续表

序号	经 济 内 容	所属科目性质	设置的会计科目
22	应收的保险赔款	资产类	其他应收款
23	应付职工工资	负债类	应付职工薪酬
24	应缴纳的各种税金	负债类	应交税费
25	销售商品实现的收入	损益类	主营业务收入
26	销售商品负担的税金	损益类	税金及附加
27	已售商品的生产成本	损益类	主营业务成本
28	本年已实现的净利润	所有者权益类	本年利润
29	已分配利润	所有者权益类	利润分配
30	应付给投资者的利润	负债类	应付利润
31	企业拥有的专利权、商标权	资产类	无形资产
32	从税后利润中提留的公共积累	所有者权益类	盈余公积

任务 4.2　设置会计账户

【任务引例】

表 4-3 列示了中淮公司设置的会计科目，中淮公司应如何根据这些会计科目在账簿中设置相应的账户？

【知识准备】

一、账户的概念

账户（Account）是根据会计科目设置的，具有一定格式和结构，用来记录会计要素增减变化情况及其结果的一种载体。

【提示】

账户是会计信息的"储存器"，设置会计账户简称"设置账户"，设置账户是会计核算的一种专门方法。

二、账户的基本结构

账户是用来连续、系统地记录经济业务的载体，经济业务虽然复杂多样，但所引起的各项会计要素的变动，从数量上看不外乎有增加和减少两种情况。因此，账户也相应地分为两个基本部分，划分为左右两方，一方登记增加额，另一方登记减少额，这两个基本部分构成了账户的基本结构。此外，为了随时考查经济业务的内容、记账时间与记账依据，账户中除"增加"和"减少"两个基本部分外，还应设置"日期""凭证号数""摘要""账户余额"等栏目内容，这就形成了账户的一般格式，如表4-4所示。

表4-4　账户名称（会计科目）

年		凭证号数		摘要	增加/减少	减少/增加	余额
月	日	字	号				

> 【提示】
>
> 在账户的左右两方中，哪一方登记增加额、哪一方登记减少额，取决于所采用的记账方法和所记录的经济内容。

为便于说明问题，在教学过程中和实际对账时通常将上列账户的格式简化为"T"字形，只保留左右两方，其他资料略去，将余额写在下面，"T"形账户的基本结构如图4-1所示。

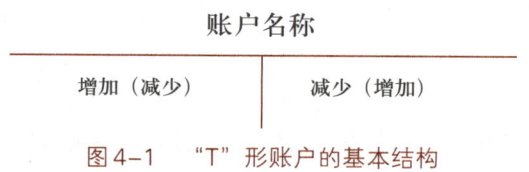

图4-1　"T"形账户的基本结构

三、账户的金额要素

账户一般要提供四个金额要素，即期初余额、本期增加发生额、本期减少发生额和期末余额。其中本期增加发生额、本期减少发生额统称为本期发生额，表示各账户所反映的经济内容在本期内变动的情况；期末余额反映的是经济内容变动的结果。当经济业务发生后，应将增加与减少额记在相应的栏目内，一定期间记录到账户增加方的数额合计数，称为本期增加发生额；一定期间记录到账户减少方的数额合计数，称为本期减少发生额；本期增加发生额与本期减少发生额的差额就是账户的期末余额。账户的本期期末余额转入下期即为下期的期初余额。上述四个金额要素之间的关系如下：

期末余额 = 期初余额 + 本期增加发生额 – 本期减少发生额

■【提示】■

账户的余额在方向上一般应与增加方一致。

下面以中淮公司 2025 年 9 月"原材料"账户为例，通过"T"形账户的运用，列示账户内四个金额要素之间的关系。如图 4-2 所示。

原材料			
期初余额	40 000		
9.3	30 000	9.5	50 000
9.12	150 000	9.15	90 000
		9.26	70 000
本期增加发生额	180 000	本期减少发生额	210 000
期末余额	10 000		

图 4-2　"T"形账户的运用

四、账户与会计科目的关系

账户与会计科目是两个不同的概念，但又存在着必然的联系。

账户和会计科目所反映的经济内容是相同的，**会计科目是账户的名称**，账户是根据会计科目来设置的。因此，会计科目的性质决定了账户的性质。账户的分类和会计科目的分类一样，可分为资产类账户、负债类账户、共同类账户、所有者权益类账户、成本类账户和损益类账户。账户也有级次的划分，它取决于会计科目的级次，分别依据总分类科目和明细分类科目设置总分类账户和明细分类账户。账户是会计科目的具体运用，具有一定的结构与格式，用来分类、连续、系统地记录发生的经济业务，并通过其结构反映某项经济业务的增减变动及其结果。会计科目本身是没有结构和格式的。

■【提示】■

在实际工作中，账户和会计科目常被作为同义词来理解，互相通用，不加严格区别。

五、账户的设置方法

账户的设置是将会计科目写在具有一定格式和结构的账页上，使其成为核算某项经济内容的专门场所。账页是账簿的主要组成部分，因此，账户要依附于账簿开设，每一个账户只表现为账簿中的某张或某些账页。

（一）设置总分类账户

微课：开设
会计账户

把总分类科目按照其编码顺序依次写在总分类账簿账页上，使总分类科目与账页结合起来形成用来记录总括指标的总分类账户（General Ledger Account）。如将"库存现金"会计科目写在总分类账簿的第一张账页上，则该账页就成为专门反映库存现金增减变动情况的"库存现金"总分类账户。

由于总分类账户记录和提供的是总括的金额数据，只需要采用货币量度作为计量单位，所以总分类账户的结构与格式一般称作三栏式，即登记增加额、减少额和余额三个栏目，相应地总分类账户的账页格式一般也就是三栏式。

（二）设置明细分类账户

把各明细分类科目写在相应格式的明细分类账簿的账页上，使明细分类科目与账页结合起来形成用来记录详细指标的明细分类账户（Subsidiary Ledger Account）。明细分类账户应根据各单位的实际需要，按照总分类科目的二级科目、三级科目分类层层设置。

> 【动脑筋】
>
> 所有总分类账户一定有其明细分类账户吗？明细分类账户是否设置得越细越好？

明细分类账户记录和提供的是详细的数据资料，不仅有金额，有时还有数量、单价，比如原材料、库存商品等各种财产物资的明细分类账户。因此，明细分类账户的结构和格式比较多，比较典型的有三栏式、数量金额式和多栏式，相应地明细分类账户的账页格式也有这三种。

> 【提示】
>
> 设置明细分类账户时，应结合各明细分类账户的核算内容，确定应采用的账页格式，如三栏式、数量金额式或多栏式等。

> 【职业判断与任务操作】
>
> 针对本任务引例分析如下：
> （1）中淮公司设置各总分类账户，以银行存款为例，如表 4-5 所示。

表 4-5

银行存款　　总分类账

1

年		凭证号数	摘要	页数	借方	贷方	借或贷	余额
月	日				百十万千百十元角分	百十万千百十元角分		百十万千百十元角分

（2）中淮公司设置各明细分类账户，以应收账款、原材料明细账为例，如表 4-6、表 4-7 所示。

表 4-6

应收账款　　明细账

科目＿＿＿＿

年		凭证号数	摘要	对方科目	借方	贷方	借或贷	余额
月	日				千百十万千百十元角分	千百十万千百十元角分		千百十万千百十元角分

表 4-7

最高储存量＿＿＿＿
最低储存量＿＿＿＿
编号＿＿＿ 规格＿＿＿

原材料　　明细账

本账页数＿＿＿
本户页数＿＿＿
单位＿＿＿ 名称＿＿＿

年		凭证		摘要	借方		贷方		结存	
月	日	种类	号数		数量	单价 百十万千百十元角分	数量	单价 百十万千百十元角分	数量	单价 百十万千百十元角分

■【动脑筋】■

请设置中淮公司"应付账款""管理费用"总分类账户以及"库存商品""其他应收款"明细分类账户。

任务 4.3　运用借贷记账法

【任务引例】

中淮公司 2025 年 9 月发生的部分经济业务如下：
（1）从银行提取现金 1 000 元。
（2）以现金支付办公费 800 元。
（3）公司销售商品取得收入 150 000 元，存入银行。
（4）以银行存款偿还前欠亨达公司货款 18 000 元。
（5）向北辰公司购进原材料 16 000 元，货款未付。

上述经济业务的发生会引起会计要素发生增减变动，应在哪些账户中进行记录？采用什么样的记账方法？如何记？

【知识准备】

一、记账方法

记账方法是指在账户中记录经济业务所采用的方法。按记录方式的不同，分为单式记账法和复式记账法。

（一）单式记账法

单式记账法（Single-entry System）是指对发生的每一项经济业务，只在一个账户中进行单方面记录的一种记账方法。例如，以库存现金 1 500 元支付水电费，只在"库存现金"账户中记录减少 1 500 元，而对现金减少的去向——费用，则不通过有关账户进行记录。

单式记账法记账简单，但是账户设置不完整，各账户之间的记录没有直接联系，无法全面反映各项经济业务的来龙去脉，也不便于检查账户记录的正确性。

【提示】

单式记账法是古代会计所采用的一种记账方法。到近代会计后，由于其不能适应社会化大生产的需要而被复式记账法所取代。复式记账法是在单式记账法的基础上逐步发展完善起来的。

（二）复式记账法

复式记账法（Double-entry System）是指对发生的每一项经济业务，都以相等的金额在相互联系的两个或两个以上账户中同时进行记录的一种记账方法。例如，以库存现金 1 500 元支付水电费业务，涉及"库存现金"和"管理费用"两个相互联系的账户，一方面在"库存现金"账户中登记减少1 500元，另一方面在"管理费用"账户中登记增加1 500元，反映了库存现金减少的原因是支付了费用。

复式记账法的理论依据是资金运动的内在规律，也就是会计等式。任何一项经济业务的发生，必然会引起两个或两个以上会计要素项目同时发生等额变化，利用复式记账法可将这些变化在账户中全面反映出来，使有关账户之间具有内在的平衡关系，从而如实反映经济活动的全过程和资金运动的来龙去脉，并便于检查账户记录的正确性。因此，复式记账法是一种科学的记账方法，目前被世界各国广泛采用。

■【提示】■

20世纪90年代以前，我国采用的复式记账法主要有借贷记账法、增减记账法和收付记账法。增减记账法和收付记账法为我国所发明，但与国际会计惯例不一致。1992年11月30日财政部第一次发布了《企业会计准则》，第八条明确规定"会计记账采用借贷记账法"，从而统一了我国的会计记账方法。

二、借贷记账法

（一）借贷记账法的概念

借贷记账法（Debit-credit Bookkeeping）是指以"借""贷"作为记账符号，对每一项经济业务，都要以相等的金额在两个或两个以上相互联系的账户中同时进行记录的一种复式记账法。

■【知识拓展】■

借贷记账法产生于公元13世纪的意大利。当时，海上贸易较为发达，意大利的沿海城市形成了许多贸易中心，在这些地方相应出现了一些专门从事借贷业务、货币兑换业务以及转账业务的借贷资本家。他们将收进的存款记在"贷主"名下，付出的存款记在"借主"名下，这就是借贷记账法"借""贷"二字的由来。很显然，此时的"借""贷"表示的是借贷资本家债权、债务的变化。后来，这种方法的记录对象逐步扩展到财产物资、经营损益等，也以"借""贷"二字记录其增减变动情况，"借主"与"贷主"便被抽象出来，失去了原来的含义，形成借贷记账法记账方向的专门符号。

（二）借贷记账法的内容

1. 记账符号

记账符号是指在账户中表示记账方向的记号。账户的记账方向分为左、右两方，分别登记其反映的经济内容的增加和减少。借贷记账法以"借"和"贷"作为记账符号，账户的左方为借方，右方为贷方。"借"和"贷"既不单纯代表增加，也不单纯代表减少,其确切的含义必须结合具体的账户来理解。对于一个具体账户而言,"借"和"贷"究竟哪个代表增加、哪个代表减少,要根据账户的性质来确定。

2. 账户的具体结构

账户的具体结构取决于其本身的性质。按照会计等式"资产+费用=负债+所有者权益+收入",把账户分为两类性质不同的账户。处于等式左边的资产和费用账户为一类,反映资金的使用形式,其借方记录增加,贷方记录减少;处于等式右边的负债、所有者权益和收入账户为一类,反映资金的来源渠道,其贷方记录增加,借方记录减少。

> 【提示】
>
> 上述两类性质不同的账户,其记录增加、减少的方向恰好是相反的。

(1)资产类账户。资产类账户的结构是:借方登记资产的增加额,贷方登记资产的减少额,账户的余额一般在借方,表示期末资产的实有数额,如图4-3所示。

借方	资产类账户		贷方
期初余额	×××		
本期增加额	×××	本期减少额	×××
	×××		×××
本期借方发生额	×××	本期贷方发生额	×××
期末余额	×××		

图4-3 资产类账户的结构

资产类账户期末余额 = 期初余额 + 本期借方发生额 – 本期贷方发生额

(2)负债和所有者权益类账户。负债和所有者权益类账户的结构是:贷方登记负债和所有者权益的增加额,借方登记负债和所有者权益的减少额,账户的余额一般在贷方,表示期末负债和所有者权益的实有数额,如图4-4所示。

借方	负债和所有者权益类账户		贷方
		期初余额	×××
本期减少额	×××	本期增加额	×××
	×××		×××
本期借方发生额	×××	本期贷方发生额	×××
		期末余额	×××

图4-4 负债和所有者权益类账户的结构

负债和所有者权益类账户期末余额 = 期初余额 + 本期贷方发生额 – 本期借方发生额

【知识拓展】

既反映资产又反映负债的账户称为共同类账户，其结构是：当该账户反映资产内容时，就按资产类账户结构登记；当该账户反映负债内容时，就按负债类账户结构登记。在每一个会计期末，用借方发生额与贷方发生额相比较，若是借方余额，则反映企业的资产；若是贷方余额，则反映企业的负债。

（3）成本类账户。成本类账户是用来反映企业在生产经营过程中应计入产品成本的各项费用。由于产品生产完工时转化为产成品资产形式，因此成本类账户的结构与资产类账户一致：借方登记成本的增加额，贷方登记成本的转出额。会计期末，如果已经发生的所有成本均已转出，则期末没有余额；如果尚有一部分成本没有转出，则会有借方余额，表示期末在产品的成本数额，如图4-5所示。

借方	成本类账户		贷方
期初余额	×××		
本期成本增加额	×××	本期成本转出额	×××
	×××		
本期借方发生额	×××	本期贷方发生额	×××
期末余额	×××		

图4-5 成本类账户的结构

成本类账户期末余额 = 期初余额 + 本期借方发生额 − 本期贷方发生额

（4）损益类账户。损益类账户包括收入类账户和费用类账户。收入类账户的结构是：贷方登记收入的增加额，借方登记收入的减少额及转出额，期末没有余额，如图4-6所示。费用类账户的结构是：借方登记费用的增加额，贷方登记费用的减少额及转出额，该账户期末没有余额，如图4-7所示。

借方	收入类账户		贷方
本期减少额及转出额	×××	本期增加额	×××
	×××		×××
本期借方发生额	×××	本期贷方发生额	×××

图4-6 收入类账户的结构

借方	费用类账户		贷方
本期增加额	×××	本期减少额及转出额	×××
	×××		×××
本期借方发生额	×××	本期贷方发生额	×××

图4-7 费用类账户的结构

> **【提示】**
>
> 损益类账户从设置的目的上而言，是一个分类核算企业经营过程中各项损益的过渡性账户。为了对收入和费用进行配比以计算当期利润，在期末时，要将损益类账户本期所有的发生额都转入"本年利润"账户，因此，损益类账户期末没有余额。

3. 记账规则

记账规则（Recording Principle）是指运用记账方法记录经济业务时应当遵循的规则。借贷记账法的记账规则是：**有借必有贷，借贷必相等**。"有借必有贷"是指对于发生的每一笔经济业务，在一个或几个账户中记借方，同时必须在另一个或几个账户中记贷方；"借贷必相等"是指记入借方的金额与记入贷方的金额必须相等。

下面以项目3中中淮公司2025年9月发生的部分经济业务为例来说明借贷记账法的记账规则。

（1）9月6日，中淮公司以银行存款购入一批原材料50 000元，验收入库。

该项经济业务的发生，一方面引起资产要素中"原材料"账户的增加，应记其借方；另一方面引起资产要素中"银行存款"账户的减少，应记其贷方。记录结果如图4-8所示。

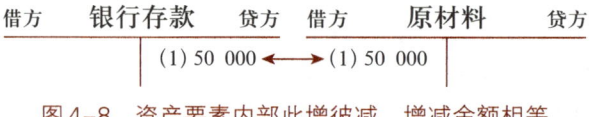

图4-8 资产要素内部此增彼减，增减金额相等

（2）9月8日，中淮公司向银行借款100 000元，直接偿还应付供货单位的账款。

该项经济业务的发生，一方面引起负债要素中"短期借款"账户的增加，应记其贷方；另一方面引起负债要素中"应付账款"账户的减少，应记其借方。记录结果如图4-9所示。

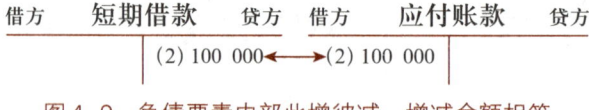

图4-9 负债要素内部此增彼减，增减金额相等

（3）9月16日，中淮公司接受亨达公司投入的设备一套，价值200 000元。

该项经济业务的发生，一方面引起资产要素中"固定资产"账户的增加，应记其借方；另一方面引起所有者权益中"实收资本"账户的增加，应记其贷方。记录结果如图4-10所示。

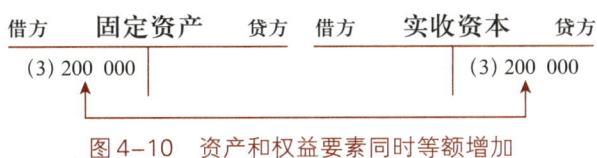

图 4-10　资产和权益要素同时等额增加

（4）9月22日，中淮公司以银行存款偿还到期的短期借款 500 000 元。

该项经济业务的发生，一方面引起资产要素中"银行存款"账户的减少，应记其贷方；另一方面引起负债要素中"短期借款"账户的减少，应记其借方。记录结果如图 4-11 所示。

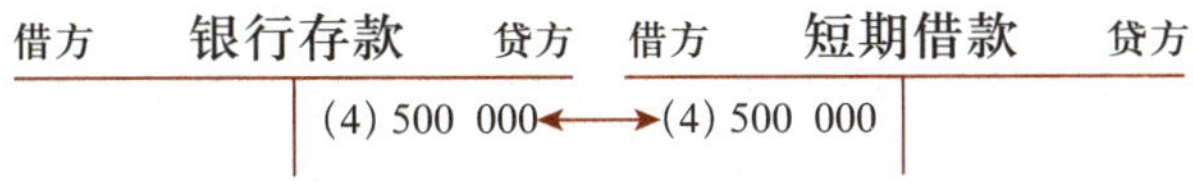

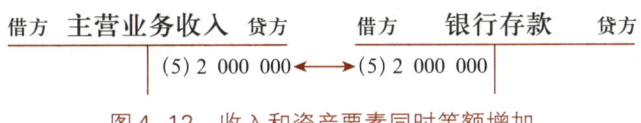

图 4-11　资产和负债要素同时等额减少

（5）9月30日，中淮公司本月销售产品取得收入 2 000 000 元，存入银行；另外，本月以银行存款支付各种期间费用 1 600 000 元。（假定本月销售产品系9月30日发生，本月支付的期间费用系9月30日发生，其中管理费用 700 000 元，销售费用 900 000 元）

该项经济业务由两部分组成。第一部分经济业务的发生，一方面引起收入要素中"主营业务收入"账户的增加，应记其贷方；另一方面引起资产要素中"银行存款"账户的增加，应记其借方。记录结果如图 4-12 所示。第二部分经济业务的发生，一方面引起资产要素中"银行存款"账户的减少，应记其贷方；另一方面引起费用要素中"管理费用"账户和"销售费用"账户的增加，应记其借方。记录结果如图 4-13 所示。

图 4-12　收入和资产要素同时等额增加

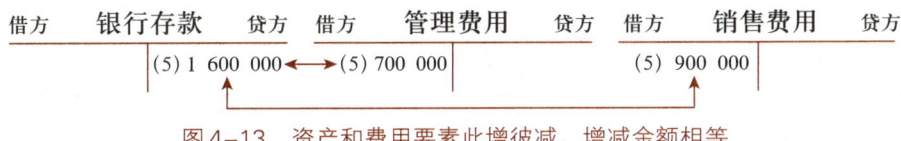

图 4-13　资产和费用要素此增彼减，增减金额相等

通过上述五种类型经济业务的账务处理可以看出，在借贷记账法下，不论发生哪种类型的经济业务，记入账户时总是遵循"有借必有贷，借贷必相等"的记账规则。

4. 试算平衡

试算平衡（Trial Balance）是指根据借贷记账法的记账规则与会计等式的平衡

关系，通过汇总计算和比较，检查某一会计期间账户记录是否正确、完整的一种方法。试算平衡的方法包括"账户发生额试算平衡法"和"账户余额试算平衡法"两种。

（1）账户发生额试算平衡法。采用借贷记账法，由于每一笔经济业务发生后，在记入一个或几个账户借方的同时，又以相等的金额记入另一个或几个账户的贷方，因此，当一定会计期间内的全部经济业务都记入有关账户后，所有账户的借方发生额合计数与贷方发生额合计数必然相等。具体试算平衡公式如下：

全部账户借方发生额合计 = 全部账户贷方发生额合计

（2）账户余额试算平衡法。会计期末，资产类和成本类账户一般为借方余额，表示期末资产总额；负债类和所有者权益类账户一般为贷方余额，表示期末权益总额；损益类账户期末没有余额。因此，根据会计等式"资产 = 负债 + 所有者权益"的平衡关系，可以得出：所有账户的借方余额合计数应与所有账户的贷方余额合计数相等，用公式表示如下。

全部账户期初（期末）借方余额合计 = 全部账户期初（期末）贷方余额合计

在日常会计核算中，账户记录的试算平衡，一般是在月末通过编制"试算平衡表"（见表4-8）来进行的。会计人员在每月月末，结出所有账户本期发生额及余额后，将所有账户的本期发生额和余额过入试算平衡表，并分别计算出"期初余额""本期发生额"和"期末余额"借、贷方各自的合计数，验证账户记录是否存在发生额及余额的平衡关系。

表 4-8　试算平衡表
年　　月　　日

金额单位：

账户名称	期初余额		本期发生额		期末余额	
	借方	贷方	借方	贷方	借方	贷方
合计						

如果试算不平衡，可以肯定账户记录或计算有错误，应查明原因，予以纠正。如果试算平衡了，也并不意味着账户记录完全正确，因为有一些错误的出现并不影响借、贷方的平衡，如重复登记或漏记整笔经济业务、一笔业务中借方和贷方账户都以相等但不正确的金额进行记账、错记账户、记反借贷方向等。所以，要保证账户记录的正确性，还必须通过其他方法进行核对和检查。

> **【提示】**
>
> 试算平衡是针对全部总分类账户进行的，编制"试算平衡表"时不能有遗漏，而且不能涉及明细分类账户。试算平衡只是期末对账工作的一项内容，对账工作还包括总分类账户记录与明细分类账户记录之间的核对等多项核对内容，这些将在后续项目中介绍。

5. 账户的对应关系和会计分录

（1）账户的对应关系。运用借贷记账法对每一项经济业务进行账务处理时，都会在两个或两个以上账户中相互联系地进行登记，这样就会使两个或两个以上账户间形成相互依存的关系，账户之间的这种相互依存的关系就是账户的对应关系。存在着对应关系的账户，称为对应账户（Corresponding Account）。

如项目 3 中淮公司 2025 年 9 月 6 日发生的经济业务中，"银行存款"账户和"原材料"账户之间就存在着相互对应的关系，"银行存款"账户和"原材料"账户就是互为对应账户。

> **【提示】**
>
> 账户的对应关系是相对于某笔具体的经济业务而言的，并非指某个账户与某个账户是固定的对应账户。

（2）会计分录。会计分录（Accounting Entry）是指标明某项经济业务应借或应贷账户的名称、方向和金额的一种记录。会计分录包括三个要素，即账户的名称、记账方向和记账金额。在实际工作中，会计分录编写在记账凭证上；在教学过程中，则采用下列格式书写会计分录：

借：账户名称　　　　　　　　　×××
　　贷：账户名称　　　　　　　　　　　×××

利用上述格式书写会计分录时，应符合以下要求：

先借后贷，贷方记录写在借方记录的下面一行；借、贷要分行写，并且文字和金额都要错开一到两个字节；每行先写"借""贷"，再写账户名称，最后写金额；金额后不要写计量单位；在多借或多贷的情况下，要求借方或贷方账户的文字和金额数字必须分别对齐；若有二、三级明细分类账户，应在总分类账户后依次划杠书明。

会计分录有简单分录和复合分录两种。简单分录（Simple Entry）是指一笔会计分录中，只有一个借方账户和一个贷方账户，即一借一贷的会计分录。复合分录（Compound Entry）是指在一笔会计分录中，有两个以上账户的分录，即一借多贷、

一贷多借或**多借多贷**的分录。由于会计分录中的借方账户和贷方账户存在着对应关系，因此在编制复合分录时，账户的对应关系一定要明确，不能将不同性质的经济业务合并编制复合分录。在实际工作中，除非业务反映的需要，一般不编制多借多贷的会计分录。

> **【提示】**
>
> 　　一笔经济业务是编制简单分录还是复合分录，这要视经济业务本身的繁简情况而定，不能人为地将多笔简单分录合并为一笔复合分录，也不能人为地将一笔复合分录分拆成多笔简单分录。

　　运用借贷记账法编制会计分录，一般按以下步骤进行：

　　分析发生的经济业务所涉及的账户名称；确定涉及账户的金额是增加还是减少；根据涉及账户的结构，确定增加或减少的金额应记入账户的借方还是贷方；根据经济业务确定应记入账户的金额。

> **【职业判断与任务操作】**
>
> 　　针对本任务引例分析如下：
>
> 　　第一，中淮公司应采用的记账方法是借贷记账法。
>
> 　　第二，中淮公司 2025 年 9 月发生的部分经济业务，涉及的账户以及在账户中的登记情况如下：
>
> 　　（1）从银行提取现金 1 000 元。该项经济业务的发生，一方面引起资产要素中库存现金的增加，应在"库存现金"账户的借方登记 1 000 元；另一方面引起资产要素中银行存款的减少，应在"银行存款"账户的贷方登记 1 000 元。
>
> 　　（2）以现金支付办公费 800 元。该项经济业务的发生，一方面引起费用要素中管理费用的增加，应在"管理费用"账户的借方登记 800 元；另一方面引起资产要素中库存现金的减少，应在"库存现金"账户的贷方登记 800 元。
>
> 　　（3）公司销售商品取得收入 150 000 元，存入银行。该项经济业务的发生，一方面引起资产要素中银行存款的增加，应在"银行存款"账户的借方登记 150 000 元；另一方面引起收入要素中商品销售收入的增加，应在"主营业务收入"账户的贷方登记 150 000 元。
>
> 　　（4）以银行存款偿还前欠亨达公司货款 18 000 元。该项经济业务的发生，一方面引起负债要素中应付账款的减少，应在"应付账款"账户的借方登记 18 000 元；另一方面引起资产要素中银行存款的减少，应在"银行存款"账户的贷方登记 18 000 元。

（5）向北辰公司购进原材料 16 000 元，货款未付。该项经济业务的发生，一方面引起资产要素中原材料的增加，应在"原材料"账户的借方登记 16 000 元；另一方面引起负债要素中应付账款的增加，应在"应付账款"账户的贷方登记 16 000 元。

【典型任务举例】

中淮公司 2025 年 10 月 31 日有关总分类账户的余额如表 4-9 所示。

表 4-9　总分类账户余额表　　　　金额单位：元

账户名称	借方余额	账户名称	贷方余额
库存现金	2 500	短期借款	41 500
银行存款	70 000	应付账款	38 000
应收账款	25 000	应交税费	13 000
库存商品	58 500	实收资本	305 500
原材料	62 000		
固定资产	180 000		
合计	398 000	合计	398 000

该公司 11 月份发生下列经济业务：

（1）2 日，投资人兴发公司投入新设备一台，价值 80 000 元。

（2）8 日，以银行存款支付上月未交税费款 13 000 元。

（3）10 日，第一车间生产 A 产品领用原材料 35 000 元。

（4）12 日，收到亨达公司前欠货款 20 000 元，存入银行。

（5）17 日，职工高洋出差预借差旅费 1 500 元，以现金支付。

（6）25 日，向银行借入短期借款 20 000 元，直接归还前欠北辰公司货款。

（7）28 日，购入原材料 65 000 元，用银行存款支付。

要求：

（1）根据表 4-9 设置总分类账户并登记期初余额（用"T"形账户）。

（2）根据上述经济业务编制会计分录。

（3）根据会计分录登记各账户。

（4）期末进行试算平衡。

➡ 工作过程：

步骤 1：设置并登记各账户期初余额。

借	库存现金		贷
期初余额	2 500		
		11.17	1 500
		本期发生额	1 500
期末余额	1 000		

借	银行存款		贷
期初余额	70 000		
11.12	20 000	11.8	13 000
		11.28	65 000
本期发生额	20 000	本期发生额	78 000
期末余额	12 000		

借	应收账款		贷
期初余额	25 000		
		11.12	20 000
		本期发生额	20 000
期末余额	5 000		

借	库存商品		贷
期初余额	58 500		
期末余额	58 500		

借	原材料		贷
期初余额	62 000		
11.28	65 000	11.10	35 000
本期发生额	65 000	本期发生额	35 000
期末余额	92 000		

借	固定资产		贷
期初余额	180 000		
11.2	80 000		
本期发生额	80 000		
期末余额	260 000		

借	短期借款		贷
		期初余额	41 500
11.25	20 000		
		本期发生额	20 000
		期末余额	61 500

借	应付账款		贷
		期初余额	38 000
11.25	20 000		
本期发生额	20 000		
		期末余额	18 000

借	应交税费		贷
		期初余额	13 000
11.8	13 000		
本期发生额	13 000		
		期末余额	0

借	实收资本		贷
		期初余额	305 500
		11.2	80 000
		本期发生额	80 000
		期末余额	385 500

借	生产成本		贷
11.10	35 000		
本期发生额	35 000		
期末余额	35 000		

借	其他应收款		贷
11.17	1 500		
本期发生额	1 500		
期末余额	1 500		

步骤2：编制会计分录。

11月2日：

借：固定资产　　　　　　　　　　　　　　　80 000

　　贷：实收资本——兴发公司　　　　　　　　　　　　　80 000

11月8日：

借：应交税费　　　　　　　　　　　　　　　13 000

　　贷：银行存款　　　　　　　　　　　　　　　　　　　13 000

11月10日：

借：生产成本——A产品　　　　　　　35 000
　　贷：原材料　　　　　　　　　　　　　　　　35 000

11月12日：

借：银行存款　　　　　　　　　　　　20 000
　　贷：应收账款——亨达公司　　　　　　　　　20 000

11月17日：

借：其他应收款——高洋　　　　　　　 1 500
　　贷：库存现金　　　　　　　　　　　　　　　 1 500

11月25日：

借：应付账款——北辰公司　　　　　　20 000
　　贷：短期借款　　　　　　　　　　　　　　　20 000

11月28日：

借：原材料　　　　　　　　　　　　　65 000
　　贷：银行存款　　　　　　　　　　　　　　　65 000

步骤3：根据会计分录登记各相应账户，如上述各"T"形账户。

步骤4：11月30日，结算各账户，如上述各"T"形账户。

步骤5：11月30日，根据账户记录编制"试算平衡表"，如表4-10所示。

表4-10　试算平衡表

2025年11月30日　　　　　　　　　　　　　　金额单位：元

账户名称	期初余额		本期发生额		期末余额	
	借方	贷方	借方	贷方	借方	贷方
库存现金	2 500			1 500	1 000	
银行存款	70 000		20 000	78 000	12 000	
应收账款	25 000			20 000	5 000	
其他应收款	—		1 500		1 500	
原材料	62 000		65 000	35 000	92 000	
生产成本	—		35 000		35 000	
库存商品	58 500				58 500	
固定资产	180 000		80 000		260 000	
短期借款		41 500		20 000		61 500
应付账款		38 000	20 000			18 000

续表

账户名称	期初余额		本期发生额		期末余额	
	借方	贷方	借方	贷方	借方	贷方
应交税费		13 000	13 000			—
实收资本		305 500		80 000		385 500
合计	398 000	398 000	234 500	234 500	465 000	465 000

【项目小结】

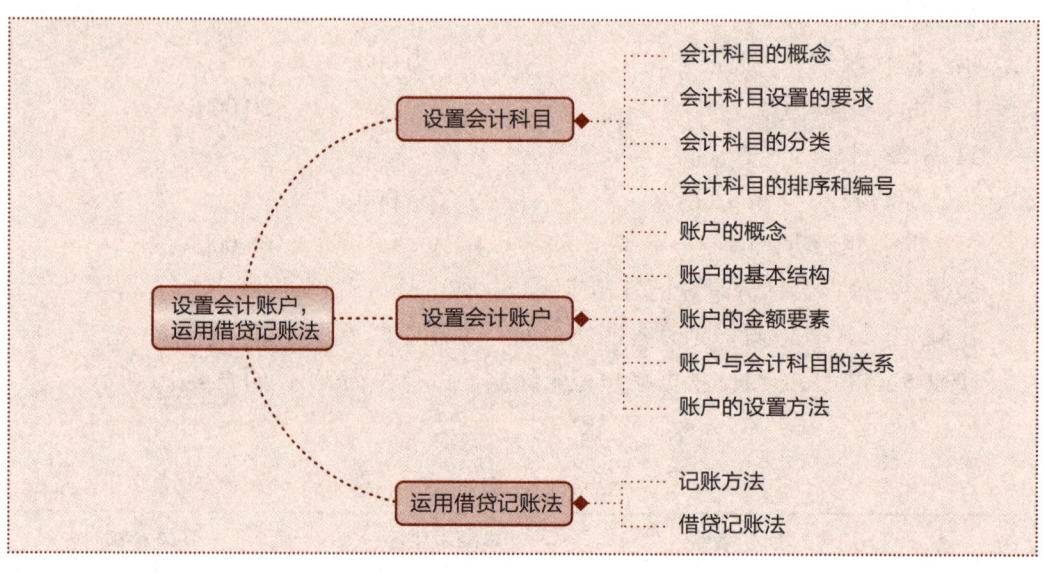

设置会计账户，运用借贷记账法
- 设置会计科目
  - 会计科目的概念
  - 会计科目设置的要求
  - 会计科目的分类
  - 会计科目的排序和编号
- 设置会计账户
  - 账户的概念
  - 账户的基本结构
  - 账户的金额要素
  - 账户与会计科目的关系
  - 账户的设置方法
- 运用借贷记账法
  - 记账方法
  - 借贷记账法

项目 5

核算企业主要经营过程的经济业务和成本计算

【职业能力目标】

素养目标
- 知行合一,培养较强的实践应用能力
- 培养自主学习新知识、新技术的终身学习能力

知识目标
- 理解实收资本和短期借款的概念、账户设置及其结构
- 了解固定资产的定义,明确固定资产成本的构成
- 明确材料采购成本的构成,掌握供应过程的核算
- 明确产品生产成本的构成,掌握生产过程的核算
- 明确产品销售成本的构成,掌握销售过程的核算
- 理解营业利润、利润总额和净利润的概念以及利润分配的原则
- 掌握财务成果形成和分配过程的核算

能力目标
- 能认知不同种类的原始凭证所反映的经济内容
- 会编制借款利息计算表
- 能计算外购材料的采购成本
- 会登记制造费用总账和生产成本明细账
- 会编制主营业务成本和其他业务成本计算表
- 能计算营业利润、利润总额和净利润

企业要从事正常的生产经营活动，首先必须拥有一定量的资金。资金筹集是企业生产经营资金运动的起点。企业筹集资金的渠道主要有投资者投入的资本和向银行等金融机构借入的款项。从经营过程来看，企业依次经过供应过程、生产过程和销售过程；从资金运动角度看，企业资金的占用形态依次从货币资金转化为储备资金、生产资金、成品资金和结算资金，最后又回到货币资金，从而完成一次资金循环（Capital Circulation）。周而复始的资金循环便形成资金周转（Capital Turnover）。在资金循环过程中，不同的经营过程会发生不同的经济业务，需要分析并掌握材料采购成本、产品生产成本和产品销售成本的组成内容及计算方法，理解并掌握营业利润、利润总额和净利润的构成、形成步骤以及有关利润分配的政策规定。

任务 5.1　核算资金筹集的经济业务

【任务引例】

中淮公司（增值税一般纳税人）2024 年 12 月 1 日收到银行收账通知（如表 5-1 所示），星光电机厂投资款 600 000 元已收款入账。中淮公司如何进行账务处理？

表 5-1

中国工商银行进账单（收账通知）第 3 号 2024年12月1日					
出票人	全称	星光电机厂	收款人	全称	中淮公司
	账号	720303859686894		账号	111001080648212321
	开户银行	工行江宁支行		开户银行	工行清江支行
金额	人民币（大写）	陆拾万元整	亿千百十万千百十元角分 ¥ 6 0 0 0 0 0 0 0		
票据种类		转账支票	中国工商银行 淮安市清江支行 2024.12.1 转讫 开户银行盖章		
票据张数		壹张			
单位主管　　复核　　记账					

【工作过程与岗位对照表】

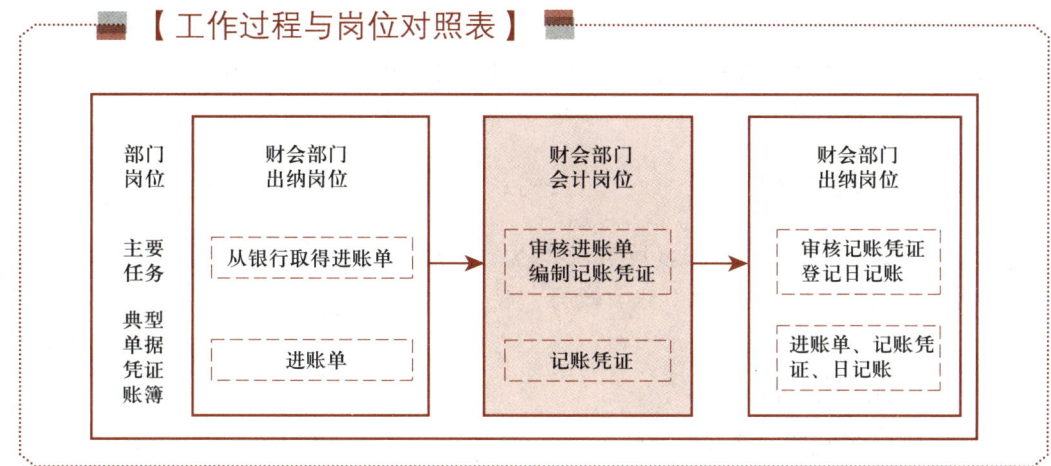

【知识准备】

资金筹集是企业进行生产经营活动的前提条件，是资金运动的起点。企业购建厂房设备、购买材料物资、支付职工薪酬、偿还到期债务、缴纳税费等，都需要拥有一定数量的资金。企业筹集资金的渠道主要有两个：一是投资者投入的资本，即所有者投资，也称为实收资本；二是从债权人那里筹集的资金，形成企业的负债，如向银行等金融机构借入的款项等。

一、实收资本的核算

（一）实收资本的概念

我国有关法律规定，投资者设立企业首先必须投入资本。《中华人民共和国企业法人登记管理条例》规定，企业申请开业，必须具备国家规定的与其生产经营和服务规模相适应的资金数额。企业**实收资本**（Paid-in Capital）是指投资者按照企业章程或合同、协议的约定，实际投入企业的资本，它是企业所有者权益中的主要部分。为了核算和监督投资者投入资本的增减变动情况，企业必须按照国家的统一要求进行实收资本的核算，真实地反映所有者投入企业资本的状况，维护所有者各方在企业的权益。

【提示】

企业对投资者投入的资本应当保全，除依法转让外，不得以任何方式抽回。

（二）实收资本核算的账户设置

为了核算和监督企业实收资本的增减变动情况，企业应设置"实收资本"等账户。

"实收资本"账户属于所有者权益类账户，用来核算投资者按照企业章程或合同、协议的约定投入企业的法定资本。其贷方登记实收资本的增加数额，借方登记实收资本的减少数额，期末贷方余额反映企业实有的资本数额。该账户可按投资者进行明细分类核算。

> 【提示】
>
> 由于企业组织形式不同，所有者投入资本核算的账户设置也有所不同。股份有限公司应将"实收资本"账户改为"股本"账户。

二、短期借款的核算

（一）短期借款的概念

企业向银行或其他金融机构借入的资金主要有短期借款和长期借款两种。本书仅介绍短期借款的核算。

短期借款（Short-term Loans）是指企业向银行或其他金融机构等借入的期限在一年以下（含一年）的各种借款。它主要用于弥补企业临时性经营周转或季节性等原因出现的资金不足。短期借款期限较短，归还短期借款时，不仅要归还借款本金，还应支付相应的利息。

（二）短期借款核算的账户设置

为了核算和监督企业短期借款的取得、偿还和结存情况，企业应设置"短期借款""财务费用"和"应付利息"三个主要账户。

"短期借款"账户属于负债类账户，用来核算企业借入的期限在一年以下（含一年）的各种借款。其贷方登记借入的短期借款本金数额，借方登记偿还的短期借款本金数额；期末余额在贷方，表示尚未偿还的短期借款。

"财务费用"账户属于损益类账户，用来核算企业为筹集生产经营所需资金等而发生的筹资费用。其借方登记企业发生的各项财务费用，贷方登记期末结转记入"本年利润"账户的金额，期末结转后该账户无余额。

> 【提示】
>
> "财务费用"账户的核算内容，包括利息支出（减利息收入）、汇兑损益以及相关的手续费、企业发生的现金折扣或收到的现金折扣等。

"应付利息"账户属于负债类账户，用来核算企业按照合同约定应支付的利息。其贷方登记资产负债表日按合同利率计算确定的应付未付利息，借方登记实际支付利息；期末余额在贷方，反映企业应付未付的利息。

【职业判断与任务操作】

针对本任务引例做如下工作：

（1）出纳到银行取得进账单。

（2）会计人员根据审核后的进账单，编制如下会计分录：

借：银行存款　　　　　　　　　　　　　　600 000
　　贷：实收资本——星光电机厂　　　　　　　　600 000

（3）出纳人员根据审核后的记账凭证登记银行存款日记账（此处略）。

【动脑筋】

如果星光电机厂投入的是机器设备，应如何进行核算？

【典型任务举例】

任务5-1：中淮公司2024年12月1日向银行借款120 000元，期限6个月，年利率5%，该借款到期一次还本付息，利息按月预提。借款利息费用计算表如表5-2所示。

表5-2

借款利息费用计算表

2024年12月31日　　　　　　　　　　　　　　　　　　　　　　　　单位：元

借款种类	借款金额	年利率	本月应计利息额
流动资金周转借款	120 000	5%	600
合　　计			600

财会主管：周海平　　会计：周芳　　复核：吴天行　　制表：贾晓红

→ **工作过程**：

步骤1：中淮公司2024年12月1日借入款项时，会计人员根据审核后的借款合同和借款凭证，编制如下会计分录。

借：银行存款　　　　　　　　　　　　　　120 000
　　贷：短期借款　　　　　　　　　　　　　　　120 000

步骤2：2024年12月31日，预提当月利息。会计人员根据审核后的借款利息费用计算表，编制如下会计分录。

借：财务费用　　　　　　　　　　　　　　600

贷：应付利息　　　　　　　　　　　　　　　　　　600

> **【提示】**
>
> 2025年1月末、2月末、3月末、4月末、5月末做相同的会计分录。

步骤3：2025年6月1日借款到期，一次性归还本金和偿付利息。会计人员根据还款相关凭证，编制如下会计分录。

借：应付利息　　　　　　　　　　　　　　　3 600
　　短期借款　　　　　　　　　　　　　　120 000
　　贷：银行存款　　　　　　　　　　　　　　　　123 600

任务5-2：中淮公司2024年12月30日向工商银行申请取得短期流动资金贷款500 000元，存入银行。中国工商银行借款凭证如表5-3所示。

表5-3

中国工商银行借款借据（收账通知）													
2024年12月30日　　　　　　　　　凭证号码：0154980													
借款人	中淮公司		账号	11100108064821232120								
贷款金额	人民币（大写）伍拾万元整		千	百	十	万	千	百	十	元	角	分
			¥	5	0	0	0	0	0	0	0
用途	流动资金周转借款		期限	约定还款日	2025年6月30日						
			6个月	贷款利率	5%（年）	借款合同号码	2024123001				
上列借款已批准发放，已转入你单位存款账户。 中国工商银行 淮安市清江支行 2024.12.30 银行盖章 转讫													
复核：杜利丽　　　　　　　　　　　　　　记账：蒋萍芝													

此联由银行签章后退回借款单位收执

➡ 工作过程：

步骤1：会计人员根据审核后的借款合同和借款凭证，编制如下会计分录。

借：银行存款　　　　　　　　　　　　　500 000
　　贷：短期借款　　　　　　　　　　　　　　500 000

步骤2：出纳人员根据审核后的借款凭证登记银行存款日记账（此处略）。

> **【动脑筋】**
>
> 中淮公司借入的款项，如果其利息是分月预提按季结算的，又将如何进行账务处理？

任务 5.2 核算供应过程的经济业务

【任务引例】

2024 年 12 月 3 日中淮公司（增值税一般纳税人）从道富公司购入甲材料 1 000 千克，单价 50 元，总计 50 000 元，增值税进项税额 6 500 元，运输费 1 000 元，增值税进项税额 90 元，款项已用银行存款支付，材料尚未验收入库。所涉及的原始凭证如表 5-4～表 5-6 所示。中淮公司如何进行账务处理？

表 5-4

电子发票（增值税专用发票）　　发票号码：24332000000092500002

开票日期：2024 年 12 月 03 日

购货方信息	名　称：中淮公司 统一社会信用代码/纳税识别号：112366005083346213					销货方信息	名　称：道富公司 统一社会信用代码/纳税识别号：230202167860312778		
项目名称	规格型号	单位	数量	单价	金额		税率/征收率		税额
*金属制品*甲材料		千克	1 000	50.00	50 000.00		13%		6 500.00
合计					¥50 000.00				¥6 500.00
价税合计（大写）		⊗伍万陆仟伍佰元整			（小写）		¥56 500.00		
备注									

开票人：张明

表 5-5

电子发票（增值税专用发票）　　发票号码：24332000000092500322

开票日期：2024 年 12 月 03 日

购货方信息	名　称：中淮公司 统一社会信用代码/纳税识别号：112366005083346213					销货方信息	名　称：杭州景通运输公司 统一社会信用代码/纳税识别号：230202115468274670		
项目名称	规格型号	单位	数量	单价	金额		税率/征收率		税额
*运输服务*运费					1 000.00		9%		90.00
合计					¥1 000.00				¥90.00
运输工具种类		运输工具牌号		起运地		到达地		运输货物名称	
其他运输工具		浙A66619		杭州市		淮安市		甲材料	
价税合计（大写）		⊗壹仟零玖拾元整			（小写）		¥1 090.00		
备注									

开票人：何方

表 5-6

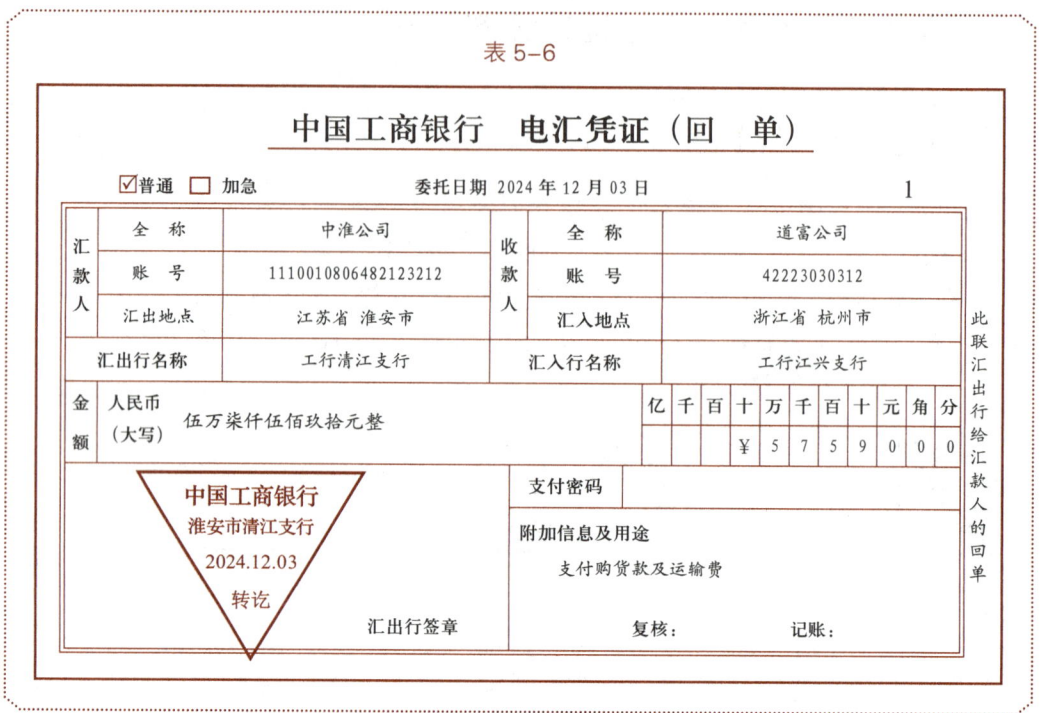

【工作过程与岗位对照表】

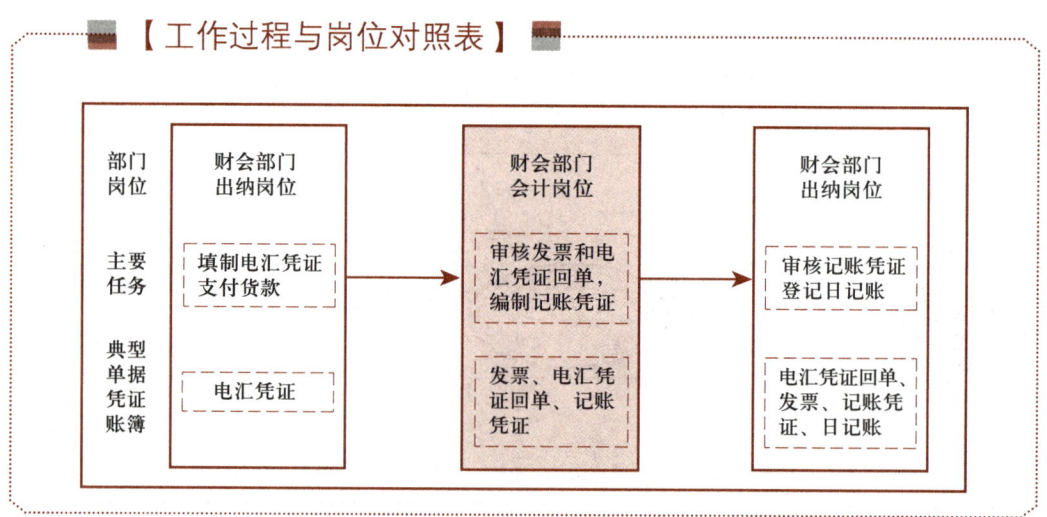

【知识准备】

供应过程是制造业企业经营活动的起点。在供应过程中，企业要用货币资金建造或购买厂房、机器设备和各种材料物资，完成生产准备过程。在这一过程中，企业要支付购买固定资产和材料物资的价税款，要支付采购费用，要与供货单位发生货款结算业务。资金形态由货币资金形态转化为储备资金形态。供应过程核算的内容主要包括固定资产购置和材料采购两个方面，同时要计算固定资产成本和材料采购成本。

一、固定资产的定义及成本的确定

（一）固定资产的定义

固定资产（Fixed Asset）是指同时具有以下特征的有形资产：① 为生产商品、提供劳务、出租或经营管理而持有的；② 使用寿命超过一个会计年度。

> **【提示】**
>
> 使用寿命是指企业使用固定资产的预计期间，或者该固定资产所能生产产品或提供劳务的数量。

（二）固定资产成本的确定

固定资产一般应按取得时的成本作为入账的价值。固定资产成本（Fixed Asset Cost）是指企业购建某项固定资产达到预定可使用状态前所发生的一切合理、必要的支出。这些支出包括直接发生的价税款、运输费、包装费和安装成本等，也包括间接发生的费用，如应承担的借款利息、外币借款折算差额以及应分摊的其他间接费用。

固定资产取得的成本应当根据具体情况分别确定，外购固定资产的成本包括购买价款，相关税费，使固定资产达到预定可使用状态前所发生的可归属于该项资产的运输费、装卸费、安装费和专业人员服务费等。

二、材料采购成本的计算

成本计算是会计核算的一种专门方法，是对企业生产经营过程中所发生的各种生产费用，根据成本计算原则按照一定对象和规定的标准进行归集和分配，以确定各该对象的总成本和单位成本。对于制造业企业来讲，供应过程需要计算材料的采购成本，生产过程需要计算产品的生产成本，销售过程需要计算产品的销售成本。其中，材料采购成本由买价和采购费用两部分组成；产品生产成本由生产产品的料、工、费组成；产品销售成本由已销产品的生产成本构成。

材料采购成本（Material Procurement Cost）的计算，就是把企业购买材料所支付的买价和采购费用按照材料的品种归集，计算每种材料的采购总成本和单位成本。材料采购成本包括：

（1）买价，指进货发票上所开列的货款金额。

（2）运杂费，包括运输费、装卸费、包装费、保险费、仓储费等。

（3）运输途中的合理损耗，指企业与供应或运输部门所签订的合同中规定的合理损耗或必要的自然损耗。

（4）入库前的挑选整理费用，指购入的材料在入库前需要挑选整理而发生的费用，包括挑选过程中所发生的工资、费用支出和必要的损耗，但要扣除下脚残料的价值。

（5）购入材料负担的税金（如关税等）和其他费用等。

材料采购成本的计算公式如下：

$$某种材料采购成本 = 该材料的买价 + 应负担的采购费用$$

$$材料单位成本 = 材料采购成本 \div 材料数量$$

$$采购费用分配率 = \frac{采购费用总额}{各种材料的重量（或体积、买价）之和}$$

$$某种材料应负担的采购费用 = 该材料的重量（或体积、买价）\times 采购费用分配率$$

三、供应过程核算的账户设置

为了核算和监督供应过程的经济业务，企业应设置的账户主要有"固定资产""材料采购""原材料""应付账款""预付账款""应交税费"等账户。

"固定资产"账户属于资产类账户，用来核算企业固定资产的原始价值。其借方登记增加的固定资产原始价值，贷方登记减少的固定资产原始价值，期末余额在借方，反映企业现有固定资产的原始价值。该账户可按固定资产的类别和项目进行明细分类核算。

"材料采购"账户属于资产类账户，用来核算企业购入材料、商品等的采购成本。其借方登记购入材料物资的买价和采购费用，贷方登记已验收入库材料物资的实际成本，期末若有借方余额表示已经付款但尚未验收入库的在途材料物资的实际成本。该账户应按材料物资的类别、品种或规格设置明细账，进行明细分类核算。

"原材料"账户属于资产类账户，用来核算企业库存各种材料的收入、发出和结存情况。其借方登记已验收入库材料物资的实际成本，贷方登记发出材料物资的实际成本，期末借方余额表示库存材料物资的实际成本。该账户应按材料物资的类别、品种或规格设置明细账，进行明细分类核算。

"应付账款"账户属于负债类账户，用来核算企业因购买材料、商品和接受劳务供应等而应付给供应单位的款项。其贷方登记应付供应单位的款项，借方登记已经实际偿还的款项，期末贷方余额表示企业尚未支付的应付账款。该账户应按供应单位设置明细账，进行明细分类核算。

"预付账款"账户属于资产类账户，用来核算企业按照购货合同规定预付给供应单位的款项。其借方登记按照合同规定预付给供应单位的货款和补付的款项，贷方登记收到所购货物的货款和退回多付的款项，期末借方余额表示企业预付的款项；期末如为贷方余额，表示企业尚未补付的款项。该账户应按供应单位设置明细账，进行明细分类核算。

"应交税费"账户属于负债类账户，用来核算企业应交纳的各种税费，如增值税、消费税、所得税、城市维护建设税及教育费附加等。其贷方登记应交纳的各种税费，借方登记实际交纳的税费，期末贷方余额表示企业尚未交纳的税费；期末余额如在借方，则表示企业多交或尚未抵扣的税费。该账户应按税费的种类设置明细账，进行明细分类核算。

> **【知识拓展】**
>
> 　　增值税是指对在我国境内销售货物、服务、无形资产、不动产（简称"应税交易"），以及进口货物的单位和个人（包括个体工商户）的增值额征收的一种流转税。销售货物、服务、无形资产、不动产，是指有偿转让货物、不动产的所有权，有偿提供服务，有偿转让无形资产的所有权或者使用权。

　　按照纳税人的经营规模及会计核算的健全程度，增值税纳税人分为一般纳税人和小规模纳税人。一般纳税人发生应税交易，应当按照一般计税方法，通过销项税额抵扣进项税额来计算应纳税额。在会计核算上，为了核算企业应交增值税的发生、抵扣、交纳、退税及转出等情况，应在"应交税费"账户下设置"应交增值税"明细科目，并在"应交增值税"明细账内设置"进项税额""已交税金""销项税额""进项税额转出"等专栏。应纳税额的计算公式如下：

应纳税额＝当期销项税额－当期进项税额

小规模纳税人发生应税交易，可以按照销售额和征收率计算应纳税额的简易计税方法，计算缴纳增值税。应纳税额的计算公式如下：

应纳税额＝销售额 × 征收率

> **【知识拓展】**
>
> 　　小规模纳税人，是指年应征增值税销售额未超过 500 万元的纳税人。小规模纳税人会计核算健全，能够提供准确税务资料的，可以向主管税务机关办理登记，按照一般计税方法计算缴纳增值税。

> **【提示】**
>
> 　　本教材有关增值税的会计核算均按照一般纳税人的规定处理，暂不涉及小规模纳税人。

> **【职业判断与任务操作】**
>
> 　　针对本任务引例处理如下：
> 　　（1）出纳人员根据审核后的付款申请单填制银行电汇凭证付款。

（2）采购部门取得增值税专用发票并交财会部门。

（3）会计人员根据审核后的增值税专用发票和电汇凭证回单，编制如下会计分录：

借：材料采购——甲材料　　　　　　　　　　　51 000
　　应交税费——应交增值税（进项税额）　　　　6 590
　　　贷：银行存款　　　　　　　　　　　　　　　　57 590

（4）出纳人员根据审核后的记账凭证，登记银行存款日记账（此处略）。

【典型任务举例】

任务 5-3：假设在本任务引例中，中淮公司所购甲材料款项尚未支付（原始凭证略）。

→ **工作过程**：

会计人员根据审核后的增值税专用发票，编制如下会计分录：

借：材料采购——甲材料　　　　　　　　　51 000
　　应交税费——应交增值税（进项税额）　　6 590
　　　贷：应付账款——道富公司　　　　　　　　57 590

任务 5-4：承接本任务引例，中淮公司在 12 月 5 日将所购甲材料验收入库。其收料单如表 5-7 所示。

表 5-7

收 料 单

材料科目：原材料　　　　　　　　　　　　　　　编　　号：007
材料类别：原料及主要材料　　　　　　　　　　　收料仓库：3号仓库
供应单位：道富公司　　　　2024 年 12 月 5 日　　发票号码：03071031

材料编号	材料名称	规格	计量单位	数量		实际价格			
				应收	实收	单价	发票金额	运输费	合计
010	甲材料		千克	1 000	1 000	50	50 000	1 000	51 000
备注									

采购员：毛云　　检验员：李冰　　记账员：　　保管员：王伟

→ **工作过程**：

步骤 1：仓管人员填制收料单，并将其中一联交与财会部门。

步骤2：会计人员根据审核后的收料单，编制如下会计分录。

借：原材料——甲材料　　　　　　　　　51 000
　　贷：材料采购——甲材料　　　　　　　　　　　　51 000

任务 5-5：12月10日，中淮公司从东风工厂购入丙材料10 000千克，买价98 000元；购入丁材料2 400千克，买价47 520元；购入戊材料15 000千克，买价72 000元。增值税进项税额28 277.60元，用银行存款支付，材料尚未到达。12月12日，中淮公司用银行存款支付丙、丁、戊三种材料运输费5 480元，增值税进项税额493.20元，运输费按三种材料重量比例分配，丙、丁、戊三种材料验收入库并结转材料采购成本。相关凭证如表5-8～表5-12所示。

➡ 工作过程：

步骤1：12月10日，出纳人员填写电汇凭证，采用电汇结算方式支付材料价税款。

步骤2：12月10日，会计人员根据增值税专用发票和电汇凭证回单，编制如下会计分录。

借：材料采购——丙材料　　　　　　　　　98 000
　　　　　　——丁材料　　　　　　　　　47 520
　　　　　　——戊材料　　　　　　　　　72 000
　　应交税费——应交增值税（进项税额）　28 277.60
　　贷：银行存款　　　　　　　　　　　　　　　　245 797.60

表 5-8

电子发票（增值税专用发票）　　　发票号码：24332000000092501254
　　　　　　　　　　　　　　　　　开票日期：2024年12月10日

购货方信息	名称：中淮公司			销货方信息	名称：东风工厂			
	统一社会信用代码/纳税识别号：11236600508334 6213				统一社会信用代码/纳税识别号：467833687886391414			
项目名称	规格型号	单位	数量	单价	金额	税率/征收率	税额	
*金属制品*丙材料		千克	10 000	9.80	98 000.00	13%	12 740.00	
*金属制品*丁材料		千克	2 400	19.80	47 520.00	13%	6 177.60	
*金属制品*戊材料		千克	15 000	4.80	72 000.00	13%	9 360.00	
合计					¥217 520.00		¥28 277.60	
价税合计（大写）		⊗贰拾肆万伍仟柒佰玖拾柒元陆角整（小写）　¥245 797.60						
备注								

开票人：丁声光

表 5-9

电子发票（增值税专用发票）

发票号码：24332000001292500005

开票日期：2024年12月12日

购货方信息	名 称：中淮公司				销货方信息	名 称：杭州景通运输公司			
	统一社会信用代码/纳税识别号：11236005083346213					统一社会信用代码/纳税识别号：230202115468274670			
项目名称	规格型号	单位	数量	单价	金额	税率/征收率		税额	
*运输服务*运费					5 480.00	9%		493.20	
合 计					¥5 480.00			¥493.20	
运输工具种类	运输工具牌号		起运地		到达地		运输货物名称		
其他运输工具	浙A66725		杭州市		淮安市		丙材料、丁材料、戊材料		
价税合计（大写）	⊗伍仟玖佰柒拾叁元贰角整 （小写）								¥5 973.20
备注									

开票人：何方

表 5-10

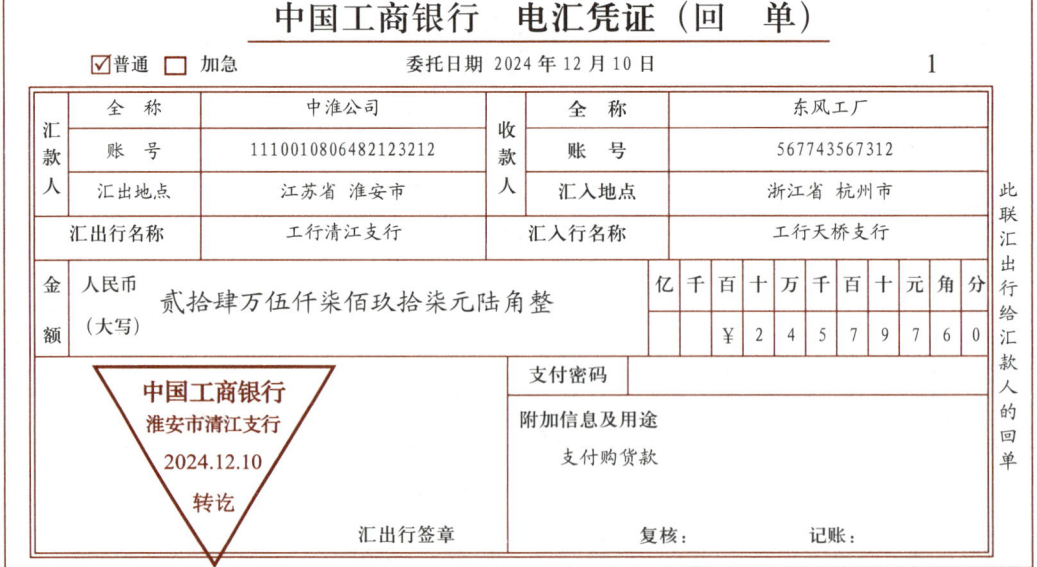

表5-11

中国工商银行　电汇凭证（回　单）

汇款人	全　称	中淮公司		收款人	全　称	杭州景通运输公司
	账　号	11100108064821232112			账　号	42223032568
	汇出地点	江苏省 淮安市			汇入地点	浙江省 杭州市
	汇出行名称	工行清江支行			汇入行名称	工行江兴支行

☑普通　□加急　　委托日期 2024 年 12 月 12 日　　　　1

金额　人民币（大写）　伍仟玖佰柒拾叁元贰角整　　￥5 973.20

中国工商银行
淮安市清江支行
2024.12.12
转讫

支付密码

附加信息及用途
支付运输费

汇出行签章　　复核：　　记账：

此联汇出行给汇款人的回单

表5-12

收　料　单

材料科目：原材料　　　　　　　　　　　　　编　号：016
材料类别：原料及主要材料　　　　　　　　　收料仓库：3号仓库
供应单位：东风工厂　　2024 年 12 月 12 日　　发票号码：03077849

材料编号	材料名称	规格	计量单位	数量		实际价格			
				应收	实收	单价	发票金额	运输费	合计
012	丙材料		千克	10 000	10 000	9.80	98 000	2 000	100 000
013	丁材料		千克	2 400	2 400	19.80	47 520	480	48 000
014	戊材料		千克	15 000	15 000	4.80	72 000	3 000	75 000
备注									

采购员：毛云　　检验员：李冰　　记账员：　　保管员：王伟

步骤3：12月10日，出纳人员根据审核后的记账凭证，登记银行存款日记账（此处略）。

步骤4：12月12日，出纳人员填写电汇凭证，采用电汇结算方式支付运输费。

步骤5：会计人员计算运输费分配率，并计算丙、丁、戊三种材料各自负担的运输费。

$$运输费分配率 = 5\,480 \div (10\,000 + 2\,400 + 15\,000) = 0.2$$

$$丙材料应负担的运输费 = 10\,000 \times 0.2 = 2\,000（元）$$

$$丁材料应负担的运输费 = 2\,400 \times 0.2 = 480（元）$$

戊材料应负担的运输费 = 15 000 × 0.2 = 3 000（元）

步骤6：会计人员根据分配计算的结果，编制如下会计分录。

借：材料采购——丙材料　　　　　　　2 000
　　　　　　——丁材料　　　　　　　480
　　　　　　——戊材料　　　　　　　3 000
　　应交税费——应交增值税（进项税额）　493.20
　　贷：银行存款　　　　　　　　　　　　　　5 973.20

步骤7：会计人员计算材料采购成本。

丙材料采购成本 = 98 000 + 2 000 = 100 000（元）
丁材料采购成本 = 47 520 + 480 = 48 000（元）
戊材料采购成本 = 72 000 + 3 000 = 75 000（元）

步骤8：会计人员根据审核后的收料单，编制如下会计分录。

借：原材料——丙材料　　　　　　　100 000
　　　　　——丁材料　　　　　　　48 000
　　　　　——戊材料　　　　　　　75 000
　　贷：材料采购——丙材料　　　　　　　　　100 000
　　　　　　　——丁材料　　　　　　　　　48 000
　　　　　　　——戊材料　　　　　　　　　75 000

【动脑筋】

如果中淮公司购买的丙、丁、戊三种材料所发生的运输费按买价分配，运输费分配率应如何计算？丙、丁、戊材料的采购成本又是多少？

任务5-6：12月16日，中淮公司从华兴工厂购入不需要安装就可投入使用的交换机一台，取得的增值税专用发票上注明的设备价款为100 080元，增值税税额为13 010.40元，以银行存款转账支付。该设备已验收。相关凭证如表5-13～表5-15所示。

→ **工作过程**：

步骤1：出纳人员开具转账支票支付货款。

步骤2：资产交验部门验收设备，接管部门接收设备，填制固定资产验收交接单。

步骤3：会计人员根据支票存根，编制如下会计分录。

借：固定资产　　　　　　　　　　　100 080
　　应交税费——应交增值税（进项税额）　13 010.40
　　贷：银行存款　　　　　　　　　　　　　113 090.40

步骤4：出纳人员根据审核后的记账凭证，登记银行存款日记账（此处略）。

【动脑筋】

若购入的是需要安装的设备应如何进行账务处理？

表 5-13

电子发票（增值税专用发票）

发票号码：24322123500092502388
开票日期：2024年12月16日

购货方信息	名称：中淮公司 统一社会信用代码/纳税识别号：112366005083346213	销货方信息	名称：华兴工厂 统一社会信用代码/纳税识别号：467833687834567921

项目名称	规格型号	单位	数量	单价	金额	税率/征收率	税额
*机床*交换机	JSY2000-06	台	1	100 080.00	100 080.00	13%	13 010.40
合计					¥100 080.00		¥13 010.40
价税合计（大写）	⊗壹拾壹万叁仟零玖拾元肆角整 （小写）						¥113 090.40
备注							

开票人：王建

表 5-14

中国工商银行
转账支票存根（苏）

$\dfrac{B}{0}\ \dfrac{Y}{2}$ 5571232

附加信息

出票日期 2024 年 12 月 16 日
收款人：华兴工厂
金　额：¥113 090.40
用　途：付交换机购置费
单位主管　　　会计

表 5-15

固定资产验收交接单

2024 年 12 月 16 日　　　　第 08 号

资产编号	资产名称	型号规格或结构面积	计量单位	数量	设备价值或工程造价	设备基础及安装费用	合计
764	交换机	JSY2000-06	台	1	100 080		100 080
资产来源			耐用年限			主要附属设备	1.
制造厂名		华兴工厂	估计残值				2.
制造日期及编号		2024.10	基本折旧率				3.
使用部门			复杂系数				4.

交验部门主管：赵健　　　点交人：王建民　　　接管部门主管：欧阳云　　　接管人：徐庆国

任务 5-7：12 月 18 日，中淮公司以银行存款 25 000 元向光华工厂预付购买乙材料款。支票存根如表 5-16 所示。

➡ **工作过程：**

步骤 1：出纳人员开具转账支票预付货款。

步骤 2：会计人员根据支票存根，编制如下会计分录。

借：预付账款——光华工厂　　　　　　25 000
　　贷：银行存款　　　　　　　　　　　　　　25 000

步骤 3：出纳人员根据审核后的记账凭证，登记银行存款日记账（此处略）。

表 5-16

任务 5-8：12 月 22 日，向光华工厂购入乙材料 4 000 千克，单价 8 元，买价 32 000 元，增值税税额 4 160 元，材料已验收入库。不足款项开出转账支票付讫。相关凭证如表 5-17 ~ 表 5-19 所示。

➡ **工作过程：**

步骤 1：采购部门将增值税发票交与财会部门。

步骤 2：出纳人员签发转账支票补付货款。

步骤 3：会计人员根据上述原始凭证，编制如下会计分录。

借：原材料——乙材料　　　　　　　32 000
　　应交税费——应交增值税（进项税额）　4 160
　　　贷：预付账款——光华工厂　　　　　　　36 160
借：预付账款——光华工厂　　　　　11 160
　　贷：银行存款　　　　　　　　　　　　　11 160

步骤 4：出纳人员根据审核后的记账凭证登记银行存款日记账（此处略）。

表 5-17

电子发票（增值税专用发票）

发票号码：24322035500092502002
开票日期：2024年12月22日

购货方信息	名　称：中淮公司 统一社会信用代码/纳税识别号：112366005083346213	销货方信息	名　称：光华工厂 统一社会信用代码/纳税识别号：345833600386447121

项目名称	规格型号	单位	数量	单价	金额	税率/征收率	税额
*金属制品*乙材料		千克	4 000	8.00	32 000.00	13%	4 160.00
合计					¥32 000.00		¥4 160.00
价税合计（大写）		⊗叁万陆仟壹佰陆拾元整　　（小写）　　¥36 160.00					
备注							

开票人：唐辉

表 5-18

收 料 单

材料科目：原材料　　　　　　　　　　　　　　　编　号：007
材料类别：原料及主要材料　　　　　　　　　　　收料仓库：3号仓库
供应单位：光华工厂　　　2024年12月22日　　　　发票号码：03057680

材料编号	材料名称	规格	计量单位	数量		实际价格			
				应收	实收	单价	发票金额	运杂费	合计
011	乙材料		千克	4 000	4 000	8	32 000		32 000
备注									

采购员：毛云　　检验员：李冰　　记账员：　　保管员：王伟

表 5-19

```
中国工商银行
转账支票存根  （苏）
B/0 Y/2 5571247

附加信息
_____
_____

出票日期  2024 年 12 月 22 日
收款人：光华工厂
金　额：¥11 160.00
用　途：补付材料款
单位主管            会计
```

任务 5.3　核算生产过程的经济业务

【任务引例】

中淮公司（增值税一般纳税人）2024 年 12 月 5 日生产产品领用原材料一批，具体材料名称、数量、金额和用途如表 5-20 所示。中淮公司应如何进行账务处理？

表 5-20　发料凭证汇总表

2024 年 12 月 5 日　　　　　　　　　　　金额单位：元

用途	甲材料		乙材料		丙材料		合计
	数量	金额	数量	金额	数量	金额	
生产 A 产品耗用	1 600	81 600	6 000	48 000	400	4 000	133 600
生产 B 产品耗用	1 800	91 800	3 000	24 000	200	2 000	117 800
车间一般耗用	60	3 060			100	1 000	4 060
行政管理部门耗用			400	3 200			3 200
合计	3 460	176 460	9 400	75 200	700	7 000	258 660

【工作过程与岗位对照表】

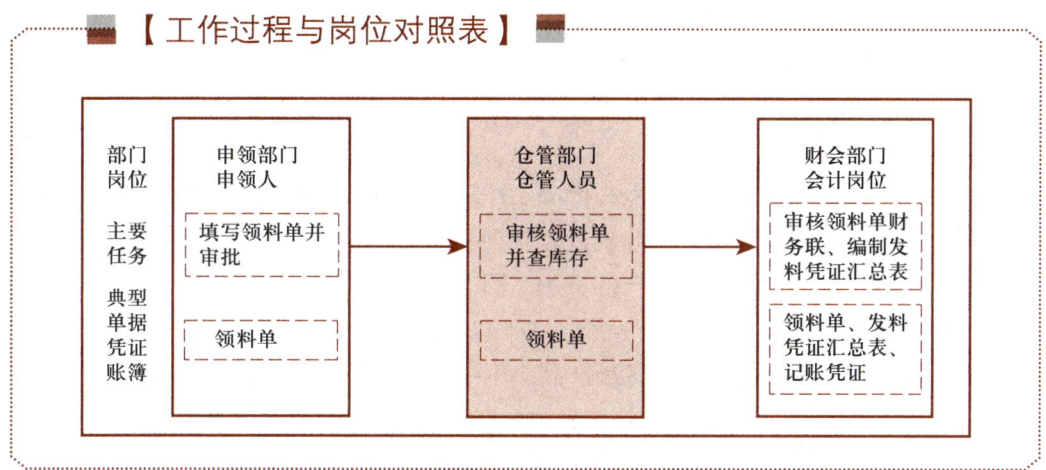

【知识准备】

生产过程是企业资金周转的第二个阶段。在生产过程中，一方面生产工人需要借助机器设备对各种原材料进行加工，制造出各种产品，发生材料消耗的材料费、固定资产磨损的折旧费、生产工人劳动耗费的人工费等；同时，还要发生企业与工人之间的工资结算关系、与有关单位之间的劳务结算关系等。虽然这些费用具有不同的经济用途，发生在生产过程的不同环节，但均需要按照产品的种类进行归集和分配，最终计算出产品的生产成本。在价值形态上，资金形态相应地由储备资金、货币资金等形态转化为生产资金形态，产品完工入库后，资金形态又从生产资金形态转化为成品资金形态。

一、产品生产成本的构成

产品生产成本（Production Cost）是指产品在其生产过程中所发生的各种生产费用。计入产品成本的生产费用按其用途不同可划分为若干个项目，这些项目作为产品成本的构成内容，会计上称为**成本项目**。成本项目一般可分为直接材料、直接人工和制造费用等。

（1）**直接材料**（Direct Material）指用于产品生产，构成产品实体的原材料、主要材料、燃料以及有助于产品形成的辅助材料等。

（2）**直接人工**（Direct Labor）指直接从事产品生产人员的工资及其他职工薪酬。

（3）**制造费用**（Manufacturing Costs）指企业各生产单位为组织和管理生产所发生的各项间接费用，包括各生产单位管理人员工资和福利费、折旧费、机物料消耗、办公费、水电费、保险费、劳动保护费、季节性和修理期间的停工损失等。

【提示】

企业的行政管理部门为组织和管理生产活动也会发生各项费用，这些费用不构成产品的制造成本,而是形成期间费用的一部分,计入管理费用。

二、制造费用的分配

在计算产品生产成本时,一般将产品生产过程中发生的各项生产费用按产品名称或类别分别进行归集和分配,以分别计算各种产品的总成本和单位成本。由于直接材料和直接人工是直接用于产品生产的费用,因而一般可以直接计入各种产品的生产成本中;而制造费用在其发生时,一般难以分清应由哪种产品承担,因而应先归集,然后按照一定的标准分配后再计入各种产品成本中。制造费用分配有关计算公式如下:

$$制造费用分配率 = \frac{制造费用总额}{生产工人工资(或工时)总额}$$

$$某产品应分摊的制造费用 = 该产品生产工人工资(或工时) \times 制造费用分配率$$

【提示】

如果某企业只生产一种产品,制造费用应在其发生时直接计入该产品生产成本,无须分配。

制造业企业费用核算的一般程序如图5-1所示。

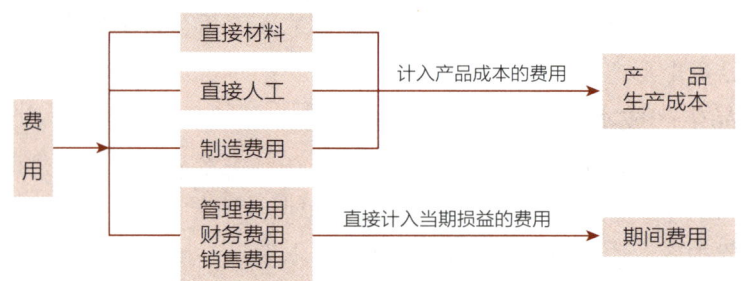

图5-1 费用核算的一般程序

三、生产过程核算的账户设置

为了核算和监督生产过程的经济业务,企业应设置的账户主要有"生产成本""制造费用""应付职工薪酬""累计折旧""库存商品""管理费用"等账户。

"生产成本"账户属于成本类账户,用来核算企业为进行产品生产所发生的各项生产费用。其借方登记企业在产品制造过程中所发生的全部生产费用,包括直接材料、直接人工、其他直接费用以及期末按照一定的标准分配计入产品生产成本的制造费用,贷方登记结转完工入库产品的生产成本,期末借方余额表示尚未完工的各种在产品的实际生产成本。该账户一般按产品的品种或类别设置明细科目,进行明细分类核算。

"制造费用"账户属于成本类账户,用来核算企业各生产车间为生产产品和提供劳务而发生的各项间接费用。其借方登记企业在产品制造过程中发生的车间管理人员工资和福利费、折旧费、办公费、水电费、机物料消耗、劳动保护费、季节性和修理期间的停工损失等各项制造费用,贷方登记月度终了经分配转入"生产成本"账户的制造费用,除季节性的生产性企业外,该账户期末应无余额。

"应付职工薪酬"账户属于负债类账户,用来核算企业根据有关规定应付给职工的各种薪酬。其贷方登记已分配计入有关成本费用项目的职工薪酬的数额,借方登记实际发放职工薪酬的数额,期末贷方余额表示企业应付未付的职工薪酬。该账户应当按照"工资""职工福利费""非货币性福利""社会保险费""住房公积金""工会经费""职工教育经费""带薪缺勤""利润分享计划""设定提存计划""设定受益计划义务""辞退福利"等职工薪酬项目设置明细账进行明细核算。

【知识拓展】

2014年1月27日财政部印发修订后的《企业会计准则第9号——职工薪酬》规定,职工薪酬包括短期薪酬、离职后福利、辞退福利和其他长期职工福利。企业提供给职工配偶、子女、受赡养人、已故员工遗属及其他受益人等的福利,也属于职工薪酬等。企业为职工缴纳的医疗保险费、工伤保险费、养老保险费等社会保险费和住房公积金,以及按规定提取的工会经费和职工教育经费,应当在职工为其提供服务的会计期间,根据规定的计提基础和计提比例计算确定相应的职工薪酬金额,并确认相应负债,计入当期损益或相关资产成本。

"累计折旧"账户属于资产类账户,是"固定资产"账户的抵减账户,用来核算企业固定资产的累计折旧。其贷方登记企业按月计提的固定资产的折旧数,借方登记企业由于出售、报废、毁损及盘亏固定资产等原因而相应减少的折旧数,期末贷方余额表示企业现有固定资产已提取的折旧累计数。该账户可按固定资产的类别或项目进行明细分类核算。

"库存商品"账户属于资产类账户,用来核算企业库存的各种商品的实际成本。其借方登记企业生产完工并验收入库产成品的实际成本,贷方登记发出各种产品的实际成本,期末借方余额表示企业各种库存商品的实际成本。该账户应按库存商品的品种、类别和规格设置明细科目,进行明细分类核算。

"管理费用"账户属于损益类账户,用来核算企业为组织和管理生产经营活动而发生的各项管理费用。其借方登记企业发生的各项管理费用,贷方登记期末转入"本年利润"账户的结转数,结转后该账户应无余额。

【提示】

管理费用包括企业的董事会和行政管理部门在企业的经营管理中发生的，或者应由企业统一负担的公司经费，如行政管理部门职工薪酬、修理费、物料消耗、低值易耗品摊销、办公费和差旅费、业务招待费、工会经费、咨询费等。

【职业判断与任务操作】

针对本任务引例，处理如下：

（1）申领部门申请人填写领料单。
（2）仓管部门仓管人员审核领料单并核查库存。
（3）会计人员审核领料单（财务联），编制如下会计分录：

借：生产成本——A 产品　　　　　133 600
　　　　　　　——B 产品　　　　　117 800
　　制造费用　　　　　　　　　　　　4 060
　　管理费用　　　　　　　　　　　　3 200
　　贷：原材料——甲材料　　　　　　　　　176 460
　　　　　　　　——乙材料　　　　　　　　　75 200
　　　　　　　　——丙材料　　　　　　　　　7 000

【典型任务举例】

任务 5-9：2024 年 12 月 9 日，中淮公司张建采购办公用品 600 元，开出转账支票支付。相关凭证如表 5-21 ~ 表 5-23 所示。

表 5-21

江苏省淮安市国家税务局通用机打发票					
开票日期：2024-12-9	行业分类：商业		发票代码 232050772464 发票号码 01242523 机打号码：		
付款方名称：中淮公司 付款方地址：			付款方识别号：112366005083346213 付款方电话：		
开票项目	规格/型号	单位	数量	单价	金额
计算器		个	5	120.00	600.00
金额总计：￥600.00			金额大写：陆佰元整		
收款方名称：淮安新意公司 收款方银行名称：工行淮海支行 收款方电话： 查验码：1320836629508206854820828 查验网址：			收款方识别号：320400086981611093 收款方银行账号：1110010806465430000 收款方地址： 开票人：王宏		
开具金额合计限壹万元（含壹万元以下有效）					

表 5-22

```
中国工商银行    （苏）
转账支票存根
B  Y  5570439
0  2
附加信息
_____
_____

出票日期 2024 年 12 月 9 日
收款人：淮安新意公司
金　额：¥600.00
用　途：购买办公用品
单位主管      会计 王宏伟
```

表 5-23

办公用品领用表
2024年12月09日

领用部门	品名	计量单位	数量	单价	金额（万千百十元角分）	备注
生产部门	计算器	个	3	120	3 6 0 0 0	
行政管理部门	计算器	个	2	120	2 4 0 0 0	
合　计					¥ 6 0 0 0 0	

审核人：吴建立　　　　制表人：张建

➡ **工作过程：**

步骤1：张建将发票交与财会部门。

步骤2：出纳人员签发转账支票支付办公用品款。

步骤3：生产车间、行政管理部门领用办公用品。

步骤4：会计人员根据上述原始凭证，编制如下会计分录。

借：制造费用　　　　　　　　　　　360
　　管理费用　　　　　　　　　　　240
　　　贷：银行存款　　　　　　　　　　　　600

步骤5：出纳人员根据审核后的记账凭证登记银行存款日记账（此处略）。

任务 5-10：2024 年 12 月 20 日，中淮公司以库存现金预付采购员刘磊的差旅费 800 元。借款单如表 5-24 所示。

表 5-24

借 款 单

借款日期：2024年12月20日　　　　　　　　　　第 10 号

单位或部门	供应科	部门领导指示	同意	借款事由	差旅费
申请借款金额	金额（大写）捌佰元整				￥800.00
批准金额	金额（大写）捌佰元整				￥800.00
部门领导	李益均	会计主管	周海平	借款人	刘磊

（现金付讫）

➡ 工作过程：

步骤 1：刘磊填写借款单，并经相关人员审批后交与财会部门。

步骤 2：出纳人员根据审核后的借款单支付现金。

步骤 3：会计人员根据上述原始凭证，编制如下会计分录。

借：其他应收款——刘磊　　　　　　800

　　贷：库存现金　　　　　　　　　　　　　　800

步骤 4：出纳人员根据审核后的记账凭证登记现金日记账（此处略）。

任务 5-11：2024 年 12 月 24 日，采购员刘磊出差归来报销差旅费 754 元，余款以现金收回。差旅费报销单如表 5-25 所示。

➡ 工作过程：

步骤 1：刘磊填写差旅费报销单，并经相关人员审批后交与财会部门。

步骤 2：出纳人员根据审核后的差旅费报销单予以报销，收回多余现金。

微课：差旅费的报销之预借差旅费

微课：差旅费的报销之整理粘贴原始单据

微课：差旅费的报销之报销差旅费

表 5-25

差旅费报销单

2024 年 12 月 24 日　　　　　　　　　　　　　　　　单位：元

单位名称	中淮公司			部门领导签字	同意 李益均 2024.12.24		
出差事由	采购出差		出差人：刘磊				
地点	上海			出差日期	2024年12月21日至2024年12月23日共3天		
项目	交通工具			卧铺补贴	旅馆补贴	伙食补助	其他
	火车	汽车	市内交通包干费				
	298.00				300	60	96
报销总额				人民币（大写）柒佰伍拾肆元零角零分			
预借旅费	￥800.00			补领金额			
				退还金额	￥46.00		

步骤3：会计人员根据上述原始凭证，编制如下会计分录。

借：管理费用 754
　　库存现金 46
　　贷：其他应收款——刘磊 800

步骤4：出纳人员根据审核后的记账凭证登记现金日记账（此处略）。

任务5-12：中淮公司2024年12月31日，结算本月应付职工工资86 000元，其中生产A产品工人工资22 000元，生产B产品工人工资42 000元，车间管理人员工资12 000元，行政管理人员工资10 000元。职工工资分配汇总表如表5-26所示。

表5-26 职工工资分配汇总表

2024年12月31日　　　　　　　　　　　　　　　　单位：元

项　　目	工 资 合 计
生产A产品工人	22 000
生产B产品工人	42 000
小计	64 000
车间管理人员	12 000
行政管理人员	10 000
合计	86 000

财会主管：周海平　　　会计：周芬　　　复核：吴天行　　　制表：贾晓红

➡ 工作过程：

会计人员根据审核后的职工工资分配汇总表，编制如下会计分录：

借：生产成本——A产品 22 000
　　　　　　——B产品 42 000
　　制造费用 12 000
　　管理费用 10 000
　　贷：应付职工薪酬——工资 86 000

任务5-13：2024年12月31日，中淮公司编制的固定资产分类折旧计算表如表5-27所示。

表5-27 固定资产分类折旧计算表

2024年12月31日　　　　　　　　　　　　　　　　单位：元

固定资产类别	使用部门	月折旧额
房屋建筑物	生产车间	4 000
	行政管理部门	2 000
	小计	6 000

续表

固定资产类别	使用部门	月折旧额
设备	生产车间	5 820
	行政管理部门	1 000
	小计	6 820
合计		12 820

财会主管：周海平　　　会计：周芬　　　复核：吴天行　　　制表：贾晓红

➡ **工作过程：**

步骤1：会计人员编制固定资产分类折旧计算表。

步骤2：会计人员根据审核后的固定资产分类折旧计算表，编制如下会计分录。

借：制造费用　　　　　　　　　　9 820
　　管理费用　　　　　　　　　　3 000
　　贷：累计折旧　　　　　　　　　　　　12 820

任务5-14：2024年12月31日，中淮公司将本月发生的制造费用按本月发生的生产工人的工资比例分配记入A、B两种产品成本。制造费用总分类账和制造费用分配汇总表如表5-28、表5-29所示。

表5-28

制造费用　　总分类账

2024年		凭证号数	摘要	页数	借方	贷方	借或贷	余额
月	日							
12	5		耗用材料		4 060 00		借	4 060 00
	9		车间办公用品费		360 00		借	4 420 00
	31		车间管理人员工资		12 000 00		借	16 420 00
	31		车间固定资产折旧		9 820 00		借	26 240 00
	31		分配转出制造费用			26 240 00	平	0

表5-29　制造费用分配汇总表

2024年12月31日　　　　　　　　　　　金额单位：元

产品名称	生产工人工资	分配率	分配金额
A产品	22 000		9 020

续表

产品名称	生产工人工资	分配率	分配金额
B 产品	42 000		17 220
合计	64 000	0.41	26 240

财会主管：周海平　　会计：周芬　　复核：吴天行　　制表：贾晓红

【提示】

制造费用分配率 = 26 240 ÷（22 000 + 42 000）= 0.41
A 产品应分摊的制造费用 = 22 000 × 0.41 = 9 020（元）
B 产品应分摊的制造费用 = 42 000 × 0.41 = 17 220（元）

工作过程：

步骤 1：会计人员编制制造费用分配汇总表，如表 5-29 所示。

步骤 2：会计人员根据审核后的制造费用分配汇总表，编制如下会计分录。

借：生产成本——A 产品　　　　　　9 020
　　　　　　——B 产品　　　　　　17 220
　　贷：制造费用　　　　　　　　　　　　　26 240

任务 5-15：2024 年 12 月 31 日，中淮公司根据产品成本明细账资料，编制产品成本计算单，结转本月完工产品成本。12 月份投产 A 产品 2 000 件，B 产品 1 000 件全部完工，计算 A 产品、B 产品生产总成本和单位成本，并结转 A 产品、B 产品的生产成本。其中 A 产品期初在产品成本为 15 880 元（直接材料 12 400 元、直接人工 3 000 元、制造费用 480 元），B 产品无期初在产品。

工作过程：

步骤 1：财会部门依据本月发生的经济业务先登记 A 产品和 B 产品"生产成本"明细账，如表 5-30、表 5-31 所示，以确定生产费用总额。

表 5-30

生产成本　明细账　　科目名称：基本生产成本
　　　　　　　　　　　　　产品名称：A 产品

2024年		凭证		摘要	借方发生额	成本项目		
月	日	种类	号数			直接材料	直接人工	制造费用
12	1			期初余额	15 880.00	12 400.00	3 000.00	480.00
	5	略		领用材料	133 600.00	133 600.00		
	31			分配工资	22 000.00		22 000.00	
	31			分配制造费用	9 020.00			9 020.00
12	31			本月合计	180 500.00	146 000.00	25 000.00	9 500.00
12	31			结转完工产品成本	180 500.00	146 000.00	25 000.00	9 500.00

表 5-31

生产成本明细账

科目名称：基本生产成本
产品名称：B产品

2024年		凭证		摘要	借方发生额	成本项目		
月	日	种类	号数			直接材料	直接人工	制造费用
12	5	略		领用材料	117 800 00	117 800 00		
	31			分配工资	42 000 00		42 000 00	
	31			分配制造费用	17 220 00			17 220 00
12	31			本月合计	177 020 00	117 800 00	42 000 00	17 220 00
12	31			结转完工产品成本	177 020 00	117 800 00	42 000 00	17 220 00

步骤 2：财会部门根据 A、B 产品生产成本明细账，编制 A 产品、B 产品生产成本计算单，如表 5-32、表 5-33 所示。

表 5-32

A产品生产成本计算单

成本项目	A产品（2 000件）	
	总 成 本	单位成本
直接材料	146 000	73.00
直接人工	25 000	12.50
制造费用	9 500	4.75
产品生产成本	180 500	90.25

财会主管：周海平　　会计：周芬　　复核：吴天行　　制表：贾晓红

表 5-33

B产品生产成本计算单

成本项目	B产品（1 000件）	
	总 成 本	单位成本
直接材料	117 800	117.80
直接人工	42 000	42.00
制造费用	17 220	17.22
产品生产成本	177 020	177.02

财会主管：周海平　　会计：周芬　　复核：吴天行　　制表：贾晓红

步骤3：由于A产品、B两种产品月末全部完工，会计人员根据上述有关凭证，编制如下会计分录。

借：库存商品——A产品　　　　　　　　　　　180 500
　　　　　　——B产品　　　　　　　　　　　177 020
　　贷：生产成本——A产品　　　　　　　　　　　　　180 500
　　　　　　　　——B产品　　　　　　　　　　　　　177 020

任务5.4　核算销售过程的经济业务

【任务引例】

中淮公司（增值税一般纳税人）2024年12月15日按合同向大连元开公司发出A产品1 000件，单位售价300元，货款300 000元，增值税税率13%，增值税税额39 000元，价税合计339 000元。开出增值税专用发票，产品已托运，收到大连元开公司汇来的货款。相关凭证如表5-34、表5-35所示。中淮公司如何进行账务处理？

表5-34

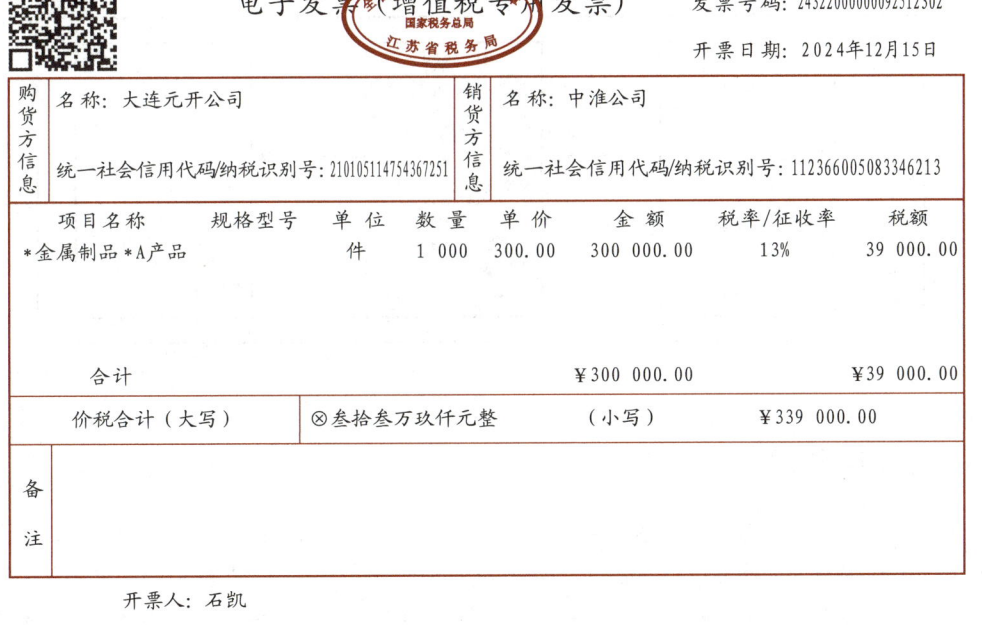

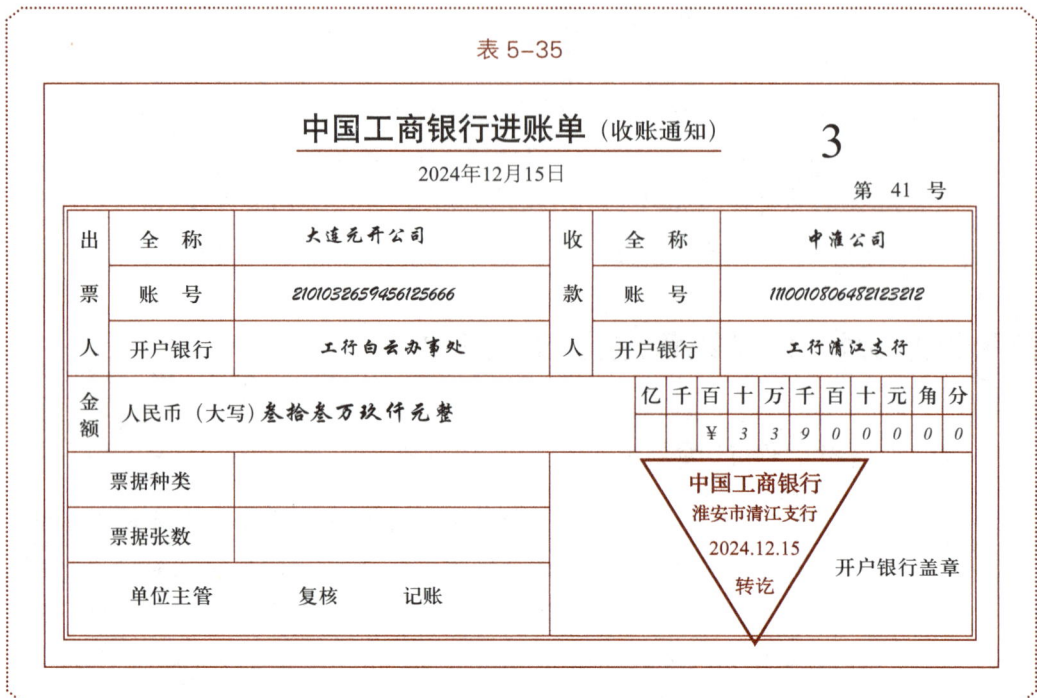

表 5-35

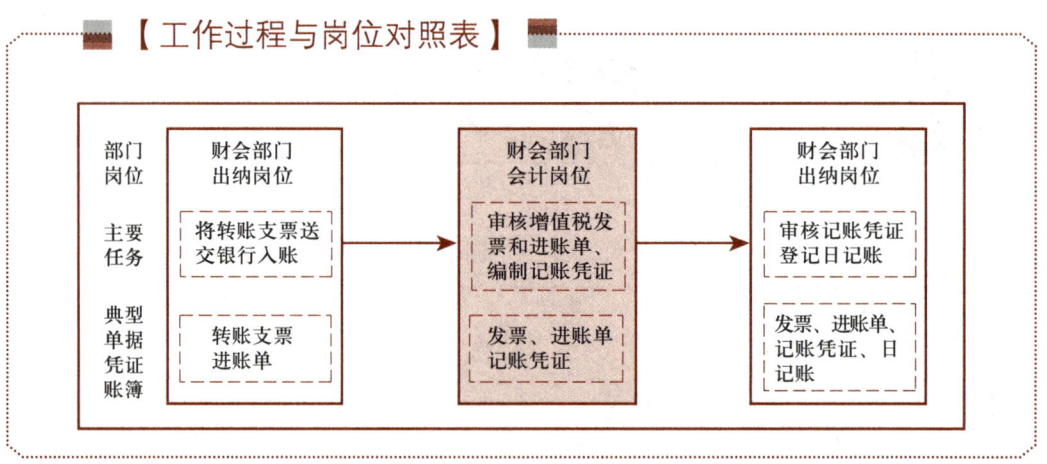

【知识准备】

产品销售过程是企业资金周转的第三个阶段，也是企业产品价值和经营成果的实现过程。在产品销售过程中，企业要将所生产的产品对外销售，同时办理结算并及时收回货款。资金形态由成品资金形态又转化为货币资金形态，完成了一次资金循环。在这一过程中，企业在取得商品销售收入的同时，还会发生销售成本和销售费用。产品销售后还要按规定依法缴纳税费。

一、商品销售收入的概念

商品销售收入（Revenue of Merchandise Sold）是指企业在销售商品等日常活动中所形成的经济利益的总流入。收入只有在经济利益很可能流入从而导致企业资产增加或者负债减少，且经济利益的流入能够可靠计量时才能予以确认。

> 【提示】
>
> 企业销售其他存货如原材料、包装物等也视同销售商品。

二、商品销售成本的计算

商品销售成本（Cost of Merchandise Sold）是指与销售商品收入相关的销售成本，即已售商品的制造成本。产品销售成本的计算，实质上是已售产品生产成本的结转。产品销售成本的计算公式如下：

$$\text{本期应结转的产品销售成本} = \text{本期销售商品的数量} \times \text{单位产品生产成本}$$

> 【提示】
>
> 在通常情况下，各批完工产品的生产成本是不相同的，因而，计算结转产品销售成本的关键是如何确定已售产品的单位生产成本，此时应考虑期初库存的产品成本和本期入库的产品成本情况，可以分别采用先进先出法、加权平均法或者个别计价法确定发出存货的实际成本，方法一经确定，不得随意变更。上述这些计价方法，将在以后的专业会计课程中介绍。

三、销售过程核算的账户设置

为了核算和监督销售过程的经济内容，企业应设置的账户主要有"主营业务收入""主营业务成本""税金及附加""其他业务收入""其他业务成本""销售费用""应收账款"等账户。

"主营业务收入"账户属于损益类账户，用来核算企业在销售商品、提供劳务等主营业务中所产生的收入。其贷方登记确认实现的主营业务收入，借方登记期末结转到"本年利润"账户的数额，期末结转后无余额。该账户可按主营业务的种类进行明细分类核算。

"主营业务成本"账户属于损益类账户，用来核算企业确认销售商品、提供劳务等主营业务收入时应结转的成本。其借方登记已经实现销售的商品成本，贷方登记期末结转到"本年利润"账户的数额，期末结转后无余额。该账户可按主营业务的种类进行明细分类核算。

"税金及附加"账户属于损益类科目，用来核算企业经营活动发生的消费税、城市维护建设税、资源税、教育费附加、房产税、城镇土地使用税、车船税、印花税等相关税费。其借方登记企业本期按规定税率计算应缴纳的税金及附加等相关税费，贷方登记期末结转到"本年利润"账户的数额，期末结转后无余额。

"销售费用"账户属于损益类账户，用来核算企业在销售过程中所发生的各项费用。其借方登记销售商品过程中发生的保险费、包装费、展览费、广告费、商品维修费、预计产品质量保证损失、运输费、装卸费等以及为销售本企业商品而专设的销售机构（含销售网点、售后服务网点等）的职工薪酬、业务费、折旧费等各项费用，贷方登记期末结转到"本年利润"账户的数额，期末结转后无余额。该账户可按费用项目进行明细分类核算。

> 【提示】
>
> 企业发生的与专设销售机构相关的固定资产修理费用等后续支出，也在"销售费用"账户内核算。

"应收账款"账户属于资产类账户，用来核算企业因销售商品、产品、提供劳务等应向购货单位或接受劳务单位收取的款项。其借方登记发生的应收款项，贷方登记收回的应收款项，期末借方余额表示尚未收回的应收款项。该账户应按不同的购货单位设置明细科目，进行明细分类核算。

> 【提示】
>
> 不单独设置"预收款项"账户的企业，预收的账款也在"应收账款"账户内核算。

"其他业务收入"账户属于损益类账户，用来核算企业除主营业务活动以外的其他经营活动实现的收入。其贷方登记企业获得的其他业务收入，借方登记期末结转到"本年利润"账户的已实现的其他业务收入，期末结转以后该账户应无余额。

"其他业务成本"账户属于损益类账户，用来核算企业确认的除主营业务活动以外的其他经营活动所发生的支出。其借方登记其他业务所发生的各项支出，贷方登记期末结转到"本年利润"账户的其他业务支出，期末结转以后该账户应无余额。

【职业判断与任务操作】

针对本任务引例，处理如下：

（1）出纳人员取回进账单。

（2）会计人员根据增值税专用发票和进账单，编制如下会计分录：

借：银行存款　　　　　　　　　　　339 000
　　贷：主营业务收入——A产品　　　300 000
　　　　应交税费——应交增值税（销项税额）　39 000

（3）出纳人员根据审核后的记账凭证登记银行存款日记账（此处略）。

【典型任务举例】

任务5-16：2024年12月20日，中淮公司（增值税一般纳税人）按合同向沈阳远力公司发出B产品1 000件，单位售价500元，增值税税率13%，货款500 000元，增值税税额65 000元，价税合计565 000元。开出增值税专用发票，产品已托运，中淮公司向银行办妥托收手续。相关凭证如表5-36、表5-37所示。

表5-36

电子发票（增值税专用发票）

发票号码：24322000012092526888

开票日期：2024年12月20日

购货方信息	名称：沈阳远力公司				销货方信息	名称：中淮公司			
	统一社会信用代码/纳税识别号：210105114785236616					统一社会信用代码/纳税识别号：112366005083346213			
项目名称	规格型号	单位	数量	单价	金额		税率/征收率	税额	
*金属制品*B产品		件	1 000	500.00	500 000.00		13%	65 000.00	
合计					¥500 000.00			¥65 000.00	
价税合计（大写）		⊗伍拾陆万伍仟元整			（小写）　¥565 000.00				
备注									

开票人：石凯

表 5-37

中国工商银行托收凭证（受理回单）

委托日期　2024 年 12 月 20 日

| 业务类型 | 委托收款 | □邮划、□电划 | 托收承付 | □邮划、☑电划 |

付款人	全　称	沈阳远力公司	收款人	全　称	中淮公司
	账　号	21010326594561200000		账　号	1110010806482123212
	地址	辽宁省沈阳市	开户行	工商银行	地址	江苏省淮安市	开户行	工商银行

金额：人民币（大写）伍拾陆万伍仟元整　　¥ 5 6 5 0 0 0 0 0（亿千百十万千百十元角分）

| 款项内容 | 货款 | 托收凭据名称 | 增值税专用发票 | 附寄单证张数 | 1 |

| 商品发运情况 | 货物已托运 | 合同名称号码 | |

备注：　　　款项收妥日期

中国工商银行股份有限公司
淮安市清江支行
2024年12月20日
受理凭证章

收款人开户行签章
年　月　日

此联为收款人开户银行给收款人的受理回单

➡ **工作过程：**

会计人员根据审核后的发票和托收凭证，编制如下会计分录：

借：应收账款——沈阳远力公司　　　　565 000
　　贷：主营业务收入——B 产品　　　　　　500 000
　　　　应交税费——应交增值税（销项税额）　65 000

任务 5-17：中淮公司（增值税一般纳税人）2024 年 12 月 20 日向佳乐公司销售一批不需用的丁材料 50 千克，单价 40 元，价款共计 2 000 元，增值税税额 260 元，开出增值税专用发票，收到佳乐公司的转账支票送存银行。相关凭证如表 5-38、表 5-39 所示。

➡ **工作过程：**

步骤 1：出纳人员将转账支票送交银行入账，取回进账单。

步骤 2：会计人员根据增值税专用发票和进账单，编制如下会计分录。

借：银行存款　　　　　　　　　　　2 260
　　贷：其他业务收入——销售材料　　　　　2 000

应交税费——应交增值税（销项税额）　　　　260

步骤3：出纳人员根据审核后的记账凭证登记银行存款日记账（此处略）。

表 5-38

电子发票（增值税专用发票）

发票号码：24322000220092526001
开票日期：2024年12月20日

购货方信息	名　称	佳乐公司			销货方信息	名　称	中淮公司		
	统一社会信用代码/纳税识别号：210105114738790018					统一社会信用代码/纳税识别号：112366005083346213			
项目名称	规格型号	单位	数量	单价		金额	税率/征收率		税额
*金属制品*丁材料		千克	50	40.00		2 000.00	13%		260.00
合计						￥2 000.00			￥260.00
价税合计（大写）		⊗贰仟贰佰陆拾元整			（小写）		￥2 260.00		
备注									

开票人：石凯

表 5-39

中国工商银行进账单（收账通知）　　　3
2024年12月20日　　　第 46 号

出票人	全　称	佳乐公司	收款人	全　称	中淮公司
	账　号	2101032659456125267		账　号	1110010806482123212
	开户银行	工行淮海支行		开户银行	工行清江支行
金额	人民币（大写）　贰仟贰佰陆拾元整			亿千百十万千百十元角分 ￥　　　　2 2 6 0 0 0	
票据种类	转账支票		中国工商银行 淮安市清江支行 2024.12.20 转讫		
票据张数	壹张				
单位主管	复核　　　记账			开户银行盖章	

任务 5-18：2024年12月28日，中淮公司签发转账支票一张，支付产品广告费9 000元。相关凭证如表5-40、表5-41所示。

➡ **工作过程：**

步骤 1：出纳人员开具转账支票支付广告费。

步骤 2：会计人员根据审核后的发票和转账支票存根，编制如下会计分录。

借：销售费用　　　　　　　　　　　　　　9 000
　　贷：银行存款　　　　　　　　　　　　　　　9 000

步骤 3：出纳人员根据审核后的记账凭证登记银行存款日记账（此处略）。

表 5-40

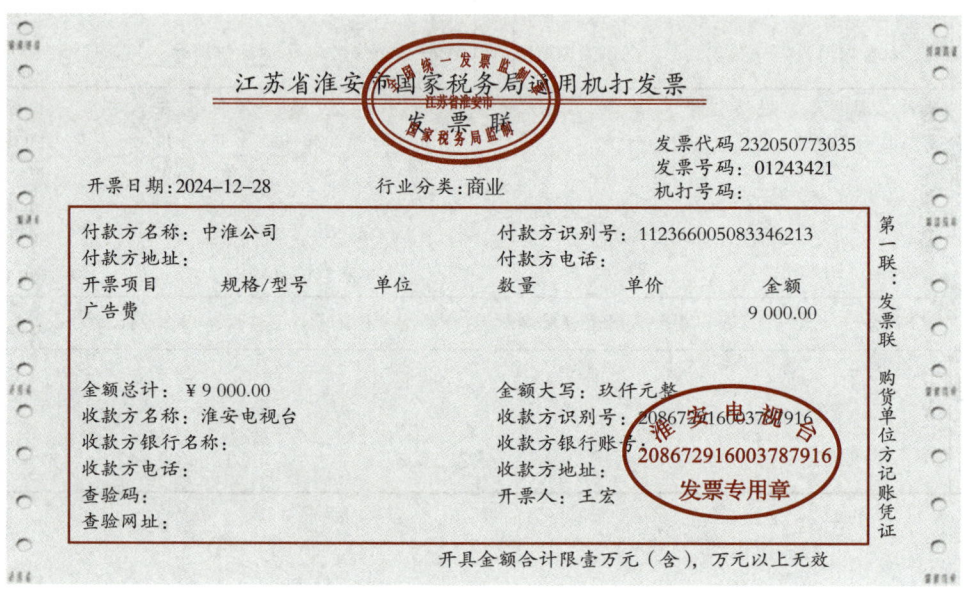

表 5-41

任务 5-19：2024 年 12 月 26 日，中淮公司收到银行转来的收款通知，沈阳远力公司支付的货款已经收妥入账。相关凭证如表 5-42 所示。

表 5-42

中国工商银行托收凭证（收款通知）	4

委托日期 2024年12月20日　　　　　　　　付款期限 2024年12月26日

业务类型	委托收款 邮划□、电划□		托收承付 邮划□、电划☑		
付款人	全 称	沈阳远力公司	收款人	全 称	中淮公司
	账 号	2101032659456120000		账 号	1110010806482123212
	地 址	辽宁省沈阳市　开户行 工商银行		地 址	江苏省淮安市　开户行 工商银行
金额	人民币（大写）伍拾陆万伍仟元整			￥ 亿千百十万千百十元角分 　　　 5 6 5 0 0 0 0 0	
款项内容	货款		托收凭据名称	增值税专用发票	附寄单证张数 1
商品发运情况		货物已托运	合同名称号码		
备注：		上列款项已划回收入方账户 收款人开户银行签章 2024年12月26日		中国工商银行 淮安市清江支行 2024.12.26 转讫	
复核　　　记账					

➡ **工作过程：**

步骤1：出纳人员到银行取得收款通知。

步骤2：会计人员根据审核后的收款通知，编制如下会计分录。

借：银行存款　　　　　　　　　　　　565 000
　　贷：应收账款——沈阳远力公司　　　　　 565 000

步骤3：出纳人员根据审核后的记账凭证登记银行存款日记账（此处略）。

任务 5-20：中淮公司结转本月已销售 A 产品 1 000 件、B 产品 1 000 件的实际成本。（A产品单位生产成本90.25元，B产品单位生产成本177.02元。）相关凭证如表5-43～表5-45所示。

表 5-43

产品出库单（财务联）

合同编号：032　　　　　　　　　　　　　　　　　　　　　　　第 121 号

客户编号：166　　　　　联 系 人：欧阳清

客　　户：大连元开公司　联系电话：0411-39553052　　送货日期：2024年12月15日

序	产品名称	规格	计量单位	数量	单价	金额	备注
1	A产品		件	1 000	90.25	90 250	
2							
3							
	合计			1 000		90 250	

主管：　　　　验货：周洲　　　经办人：张莉　　　业务：　　　填单人：王建

表 5-44

产品出库单（财务联）

合同编号：036　　　　　　　　　　　　　　　　　　　　　　　　　第 122 号
客户编号：131　　　　　联 系 人：庞澈
客　　户：沈阳远力公司　　联系电话：024-23342587　　送货日期：2024 年 12 月 20 日

序	产品名称	规格	计量单位	数量	单价	金额	备注
1	B产品		件	1 000	177.02	177 020	
2							
3							
	合计			1 000		177 020	

主管：　　　　验货：周洲　　　经办人：张莉　　　业务：　　　　　填单人：王建

表 5-45　主营业务成本计算表

2024 年 12 月 31 日　　　　　　　　　　　　　　　金额单位：元

产品名称		A 产品	B 产品
本月销售产品	数量／件	1 000	1 000
	单位成本	90.25	177.02
	总成本	90 250	177 020

财会主管：周海平　　　　会计：周芬　　　　复核：吴天行　　　　制表：贾晓红

➡ 工作过程：

步骤 1：会计人员编制主营业务成本计算表，计算产品销售成本。

步骤 2：会计人员根据审核后的产品出库单和主营业务成本计算表，编制如下会计分录。

借：主营业务成本——A 产品　　　　　90 250
　　　　　　　　——B 产品　　　　　177 020
贷：库存商品——A 产品　　　　　　　　　　　90 250
　　　　　　——B 产品　　　　　　　　　　　177 020

任务 5-21：中淮公司结转本月已销售丁材料的实际成本（丁材料单位成本 20 元）。相关凭证如表 5-46、表 5-47 所示。

➡ 工作过程：

步骤 1：会计人员编制其他业务成本计算表，计算丁材料成本。

步骤 2：会计人员根据审核后的材料出库单和其他业务成本计算表，编制如下会计分录。

　　借：其他业务成本——丁材料　　　　　1 000
　　　　贷：原材料——丁材料　　　　　　　　　　1 000

表 5-46

材料出库单（财务联）

合同编号：034							第 123 号
客户编号：69		联系人：孙远					
客　　户：佳乐公司		联系电话：0517-8376326			送货日期：2024 年 12 月 20 日		
序	材料名称	规格	计量单位	数量	单价	金额	备注
1	丁材料		千克	50	20	1 000	
2							
3							
	合计			50		1 000	
主管：	验货：周洲		经办人：张莉		业务：	填单人：王建	

表 5-47　其他业务成本计算表

2024 年 12 月 31 日　　　　　　　　　　　　　　单位：元

材料名称		丁　材　料
本月销售材料	数量/千克	50
	单位成本	20
	总成本	1 000

财会主管：周海平　　会计：周芬　　复核：吴天行　　制表：贾晓红

任务 5-22：2024 年 12 月 31 日，中淮公司按照本月应交增值税额的 7% 提取城市维护建设税，按 3% 提取教育费附加。计算如表 5-48 所示。

表 5-48　城市维护建设税及教育费附加计算表

2024 年 12 月 31 日　　　　　　　　　　　　　　单位：元

项　　目	金　　额
销项税额	104 260
进项税额	52 531.20
应纳增值税额	51 728.80
应纳消费税额	—
流转税额合计	51 728.80

续表

项　　目	金　　额
应纳城市维护建设税额(7%)	3 621.02
应交教育费附加(3%)	1 551.86

财会主管：周海平　　　会计：周芬　　　复核：吴天行　　　制表：贾晓红

注：销项税额 = 39 000 + 65 000 + 260 = 104 260(元)

进项税额 = 6 590 + 28 277.60 + 493.20 + 13 010.40 + 4 160 = 52 531.20(元)

➡ 工作过程：

步骤1：会计人员编制城市维护建设税及教育费附加计算表，计算应交城市维护建设税和教育费附加。

步骤2：会计人员根据审核后的城市维护建设税及教育费附加计算表，编制如下会计分录。

借：税金及附加　　　　　　　　　　　　　　5 172.88
　　贷：应交税费——应交城市维护建设税　　　3 621.02
　　　　　　　　——应交教育费附加　　　　　1 551.86

任务5.5　核算财务成果形成与分配过程的经济业务

【任务引例】

中淮公司（增值税一般纳税人）2024年12月21日开出转账支票向希望工程捐款10 000元。相关凭证如表5-49、表5-50所示。中淮公司应如何进行账务处理？

表5-49

中国工商银行
转账支票存根　（苏）

$\dfrac{B}{0}\dfrac{Y}{2}$ 5571323

附加信息

出票日期　2024年12月21日
收款人：希望工程基金会
金　　额：¥10 000.00
用　　途：捐赠
单位主管　　　　会计

表 5-50

■【工作过程与岗位对照表】■

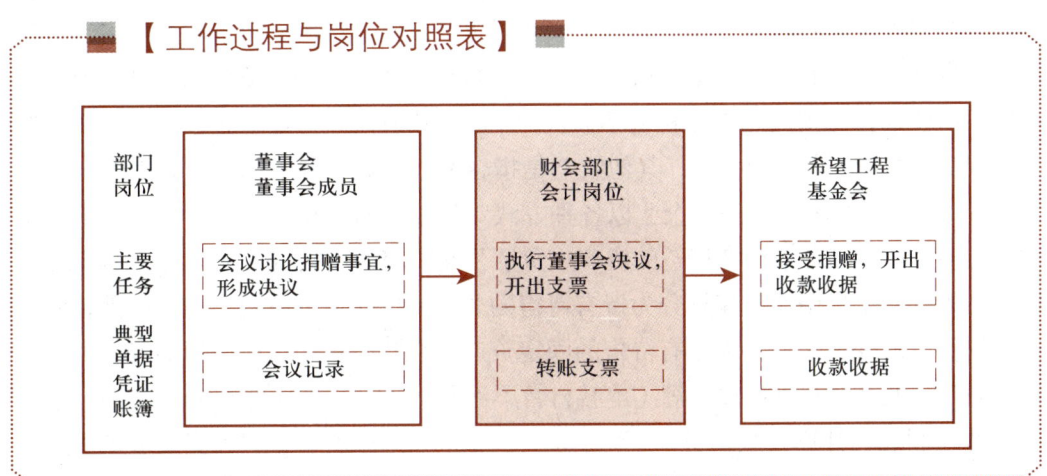

■【知识准备】■

一、财务成果形成的核算

（一）利润的形成

利润是指企业在一定会计期间的经营成果，包括收入减去费用后的净额、直接计入当期利润的利得和损失等。利润金额取决于收入和费用、直接计入当期利润的利得和损失金额的计量。

■【提示】■

直接计入当期利润的利得和损失，是指应当计入当期损益、会导致所有者

> 权益发生增减变动的、与所有者投入资本或者向所有者分配利润无关的利得或者损失。

企业的利润有营业利润、利润总额和净利润三种。

1. 营业利润

营业利润（Operating Profit）是指营业收入减去营业成本、税金及附加、销售费用、管理费用、研发费用、财务费用、信用减值损失、资产减值损失，加上其他收益、投资收益、公允价值变动收益、资产处置收益后的金额。

其中，营业收入是指企业经营主要业务和其他业务所确认的收入总额；营业成本是指企业经营主要业务和其他业务所发生的成本总额；税金及附加是指企业经营业务所负担的消费税、城市维护建设税、教育费附加、资源税、土地增值税、房产税、车船税、城镇土地使用税、印花税等税费；销售费用是指企业在销售商品过程中发生的包装费、广告费等费用；管理费用是指企业为组织和管理生产经营活动而发生的管理费用；研发费用是指企业进行研究与开发过程中发生的费用化支出，以及计入管理费用的自行开发无形资产的摊销（本教材暂不涉及）；财务费用是指企业为筹集生产经营所需资金等发生的筹资费用；信用减值损失是指企业计提的各项金融工具减值准备所形成的预期信用损失（本教材暂不涉及）；资产减值损失是指企业各项资产发生的减值损失（本教材暂不涉及）；其他收益是指企业计入其他收益的政府补助等（本教材暂不涉及）；投资收益是指企业以各种方式对外投资所获得的收益；公允价值变动收益是指企业应当计入当期损益的资产或负债公允价值变动收益（本教材暂不涉及）；资产处置收益是指企业出售划分为持有待售的非流动资产或处置组时确认的处置利得或损失，以及处置未划分为持有待售的固定资产、在建工程、生产性生物资产及无形资产而产生的处置利得或损失等（本教材暂不涉及）。

营业利润的计算公式为：

营业利润 = 营业收入 − 营业成本 − 税金及附加 − 销售费用 − 管理费用 − 研发费用 − 财务费用 − 信用减值损失 − 资产减值损失 + 其他收益 + 投资收益（− 投资损失）+ 公允价值变动收益（− 公允价值变动损失）+ 资产处置收益（− 资产处置损失）

式中：

营业收入 = 主营业务收入 + 其他业务收入

营业成本 = 主营业务成本 + 其他业务成本

> **【提示】**
>
> 营业利润是企业利润的主要来源。

2. 利润总额

利润总额（Total Profit）是指营业利润加上营业外收入减去营业外支出后的金额。其中，营业外收入是指企业发生的与其日常活动无直接关系的各项利得；营业外支出是指企业发生的与其日常活动无直接关系的各项损失。

利润总额的计算公式为：

$$利润总额 = 营业利润 + 营业外收入 - 营业外支出$$

3. 净利润

净利润（Net Profit）是指利润总额减去所得税费用后的金额。其中，所得税费用是指企业应计入当期损益的所得税费用。它是企业按照税法规定，就其生产经营所得和其他所得计算并缴纳的一种税金。

净利润的计算公式为：

$$净利润 = 利润总额 - 所得税费用$$

其中：所得税费用 = 应纳税所得额 × 适用税率

> **【提示】**
>
> 按照税法规定，应将企业实现的利润总额调整为应纳税所得额。为简化计算，本教材所讲的利润总额无须进行调整，即为应纳税所得额。

（二）财务成果形成核算的账户设置

为了核算和监督财务成果的形成，企业应设置的账户主要有"投资收益""营业外收入""营业外支出""所得税费用""本年利润"等账户。

"投资收益"账户属于损益类账户，用来核算企业确认的对外投资所取得的收益或发生的损失。其贷方登记对外投资所取得的收益，借方登记对外投资发生的损失，期末将余额结转到"本年利润"账户，期末结转后无余额。该账户可按投资项目进行明细分类核算。

"营业外收入"账户属于损益类账户，用来核算企业发生的与其生产经营无直接关系的各项收入。其贷方登记企业发生的与其生产经营无直接关系的各项收入，借方登记期末结转到"本年利润"账户的数额，期末结转后无余额。该账户可按营业外收入项目进行明细分类核算。

> **【提示】**
>
> "营业外收入"账户核算的内容主要包括非流动资产毁损报废收益、与企业日常活动无关的政府补助、盘盈利得、捐赠利得。

"营业外支出"账户属于损益类账户，用来核算企业发生的与其生产经营无直接关系的各项支出。其借方登记企业发生的与其生产经营无直接关系的各项支出，贷方登记期末结转到"本年利润"账户的数额，期末结转后无余额。该账户可按营业外支出项目进行明细分类核算。

> **【提示】**
>
> "营业外支出"账户核算的内容主要包括非流动资产毁损报废损失、捐赠支出、盘亏损失、非常损失、罚款支出等。

"所得税费用"账户属于损益类账户，用来核算企业确认的按税法规定从当期利润总额中扣除的所得税费用。其借方登记企业按税法规定的应纳税所得额计算的应纳所得税额；贷方登记期末结转到"本年利润"账户的数额，期末结转后无余额。

"本年利润"账户属于所有者权益类账户，用来核算企业在本年度实现的净利润或发生的净亏损。其贷方登记期末"主营业务收入""其他业务收入""投资收益（净收益）""营业外收入"等账户转入的数额；借方登记"主营业务成本""税金及附加""其他业务成本""投资收益（净损失）""管理费用""财务费用""销售费用""营业外支出""所得税费用"等账户转入的数额。期末余额如在贷方，表示企业自年初至本期期末累计实现的净利润数额；期末余额如在借方，则表示企业自年初至本期期末累计发生的净亏损数额。年度终了，企业应将本年实现的净利润全部转入"利润分配——未分配利润"账户的贷方；如为净亏损，则做相反会计分录。年末结转后该账户无余额。

二、财务成果分配的核算

（一）利润分配的原则

利润分配（Profit Distribution）是指企业净利润的分配。企业实现的净利润，要按照国家有关法律、法规以及企业章程的规定，在企业和投资者之间进行分配。企业当期实现的净利润，加上年初未分配利润（或减去年初未弥补亏损）和其他转入后的余额，为可供分配的利润。企业实现的净利润，应首先按净利润的一定百分比提取法定盈余公积金。

> **【提示】**
>
> 如果不存在年初累计亏损，提取法定盈余公积的基数为当年实现的净利润；如果存在年初累计亏损，提取法定盈余公积的基数应为当年实现的净利润超过年初累计亏损的金额，当年实现的净利润低于或等于年初累计亏损时，不应计提盈余公积。

公司从税后利润中提取法定公积金后，经股东会或者股东大会决议，还可以从税后利润中提取任意公积金。公司弥补亏损和提取公积金后所余税后利润，可向投资者分配。

> 【提示】
>
> 公司公积金的用途是弥补公司的亏损、扩大公司生产经营或者转为增加公司资本。

> 【提示】
>
> 法定公积金转为资本时，所留存的该项公积金不得少于转增前公司注册资本的25%。

（二）财务成果分配核算的账户设置

为了核算和监督财务成果的分配，企业应设置的账户主要有"利润分配""盈余公积""应付利润"等账户。

"利润分配"账户属于所有者权益类账户，用来核算企业利润的分配（或亏损的弥补）和历年分配（或弥补）后的结存余额。其借方登记企业实际分配的利润额，包括提取的盈余公积、向投资者分配的利润以及年末从"本年利润"账户转入的全年净亏损额；贷方登记企业发生亏损的弥补数及年末从"本年利润"账户转入的全年实现的净利润额。该账户可设置"提取法定盈余公积""提取任意盈余公积""应付利润""未分配利润"等明细账户进行明细分类核算。年末，应将"利润分配"账户所属其他明细账户的余额转入本账户"未分配利润"明细账户。结转后，"利润分配"账户除"未分配利润"明细账户外，其他明细账户应无余额。年末，"利润分配——未分配利润"账户贷方余额表示累计未分配的利润，借方余额表示累计未弥补的亏损。

"盈余公积"账户属于所有者权益类账户，用来核算企业从净利润中提取的盈余公积。其贷方登记企业从净利润中提取的盈余公积，借方登记企业按规定弥补亏损或转增资本的盈余公积，期末贷方余额表示盈余公积的结余数额。该账户应分别对"法定盈余公积""任意盈余公积"进行明细分类核算。

"应付利润"账户属于负债类账户，用来核算企业经董事会或类似机构决议确定分配的利润。其贷方登记应付给投资者的利润，借方登记实际支付的利润，期末贷方余额表示企业尚未支付的利润。该账户可按投资者进行明细分类核算。

【职业判断与任务操作】

针对本任务引例，处理如下：

（1）董事会决议向希望工程捐款，会计人员根据董事会决议开出转账支票。

（2）会计人员根据审核后的转账支票存根和收款收据，编制如下会计分录：

借：营业外支出　　　　　　　　　　　　10 000

　　贷：银行存款　　　　　　　　　　　　　　　10 000

（3）出纳人员根据审核后的记账凭证登记银行存款日记账（此处略）。

【典型任务举例】

任务 5-23：2024 年 12 月 30 日，中淮公司收到美和公司违约罚款收入 2 400 元，存入银行。相关凭证如表 5-51、表 5-52 所示。

➡ 工作过程：

步骤 1：出纳人员开具收据，并将转账支票送交银行入账，取回进账单。

步骤 2：会计人员根据进账单，编制如下会计分录。

借：银行存款　　　　　　　　　　　　2 400

　　贷：营业外收入　　　　　　　　　　　　　2 400

步骤 3：出纳人员根据审核后的记账凭证登记银行存款日记账（此处略）。

表 5-51

中国工商银行进账单（收账通知）　　3

2024年12月30日　　　　　第 49 号

出票人	全称	美和公司	收款人	全称	中淮公司
	账号	2101032659456125398		账号	1110010806482123212
	开户银行	工商银行健康支行		开户银行	工行清江支行
金额	人民币（大写）	贰仟肆佰元整	亿千百十万千百十元角分 ￥ 2 4 0 0 0 0		
票据种类	转账支票		中国工商银行 淮安市清江支行 2024.12.30 转讫		开户银行盖章
票据张数	壹张				
单位主管		复核		记账	

表 5-52

收　　据

入账日期：2024 年 12 月 30 日

交款单位	美和公司	收款方式	转账支票

人 民 币（大写）　贰仟肆佰元整　　　　　￥2 400.00

收款事由　罚款

单位印章　　会计主管 周海平　　收款人 王宏伟　　经手人 张元

第一联 存根联

任务 5-24：中淮公司（增值税一般纳税人）2024 年 12 月 31 日期末结账前，各收支类账户的余额如表 5-53 所示。

表 5-53　损益类账户本月累计发生额汇总表

2024 年 12 月 31 日　　　　　　　　　　　　　　单位：元

项　目	金　额	项　目	金　额
主营业务收入	800 000	主营业务成本	267 270
其他业务收入	2 000	税金及附加	5 172.88
营业外收入	2 400	其他业务成本	1 000
投资收益	—	营业外支出	10 000
		销售费用	9 000
		管理费用	17 194
		财务费用	800
合计	804 400	合计	310 436.88

财会主管：周海平　　　会计：周芬　　　复核：吴天行　　　制表：贾晓红

➤ 工作过程：

步骤 1：会计人员根据表 5-53，将损益类账户中的收入类账户余额转入"本年利润"账户，编制如下会计分录。

借：主营业务收入　　　　　　　800 000
　　其他业务收入　　　　　　　 2 000
　　营业外收入　　　　　　　　 2 400
　　贷：本年利润　　　　　　　　　　　　804 400

步骤 2：会计人员根据表 5-53，将损益类账户中的费用类账户余额转入"本年利润"账户，编制如下会计分录。

借：本年利润　　　　　　　　　　　　310 436.88
　　贷：主营业务成本　　　　　　　　　267 270
　　　　税金及附加　　　　　　　　　　5 172.88
　　　　其他业务成本　　　　　　　　　1 000
　　　　营业外支出　　　　　　　　　　10 000
　　　　管理费用　　　　　　　　　　　17 194
　　　　销售费用　　　　　　　　　　　9 000
　　　　财务费用　　　　　　　　　　　800

12 月份营业利润 =（800 000 + 2 000）-（267 270 + 1 000）-
　　　　　　　　5 172.88 - 9 000 - 17 194 - 800
　　　　　　　　= 501 563.12（元）

12 月份利润总额 = 501 563.12 + 2 400 - 10 000 = 493 963.12（元）

任务 5-25：中淮公司（增值税一般纳税人）2024 年 12 月 31 日按税法规定 25% 的税率计算和结转应纳所得税额。假定应纳税所得额为 493 963.12 元。

➡ **工作过程：**

步骤 1：会计人员计算应纳所得税额，填制应交所得税计算表，如表 5-54 所示。

$$应纳所得税额 = 应纳税所得额 \times 适用税率$$
$$= 493\ 963.12 \times 25\% = 123\ 490.78（元）$$

表 5-54　应交所得税计算表

2024 年 12 月 31 日　　　　　　　　　　　　　　单位：元

应税项目	应税金额	税率	应交所得税税额	备注
税前会计利润	493 963.12	25%	123 490.78	无纳税调整事项
合计			123 490.78	

财会主管：周海平　　　　会计：周芬　　　　复核：吴天行　　　　制表：贾晓红

步骤 2：会计人员根据审核后的应交所得税计算表，编制如下会计分录。

借：所得税费用　　　　　　　　　　　123 490.78
　　贷：应交税费——应交所得税　　　　123 490.78

步骤 3：期末，会计人员结转所得税费用，编制如下会计分录。

借：本年利润　　　　　　　　　　　　123 490.78

贷：所得税费用　　　　　　　　　　　　　　　123 490.78

> 【提示】
> 中淮公司 2024 年 12 月净利润 = 493 963.12 − 123 490.78
> 　　　　　　　　　　　　　＝ 370 472.34（元）

任务 5-26：中淮公司（增值税一般纳税人）2024 年 12 月 31 日将本年实现的净利润 1 600 000 元转入"利润分配"账户（中淮公司 1—11 月份实现的净利润为 1 229 527.66 元）。

➡ **工作过程**：

会计人员根据账簿记录结转"本年利润"账户，编制如下会计分录：

借：本年利润　　　　　　　　　　　　　　　1 600 000

　　贷：利润分配——未分配利润　　　　　　　　　　1 600 000

任务 5-27：中淮公司（增值税一般纳税人）2024 年 12 月 31 日按净利润的 10% 提取法定盈余公积。

➡ **工作过程**：

步骤 1：会计人员填制盈余公积金计提表，如表 5-55 所示。

表 5-55　盈余公积金计提表

2024 年 12 月 31 日　　　　　　　　　　　　　　　　单位：元

项　　目	全年税后利润	提取比例	提取金额
法定盈余公积金	1 600 000	10%	160 000
合　　计			160 000

财会主管：周海平　　　会计：周芬　　　复核：吴天行　　　制表：贾晓红

步骤 2：会计人员根据盈余公积金计提表，编制如下会计分录。

借：利润分配——提取法定盈余公积　　160 000

　　贷：盈余公积——法定盈余公积　　　　　　160 000

任务 5-28：中淮公司（增值税一般纳税人）2024 年 12 月 31 日经股东大会批准，向投资者分配利润 576 000 元。

➡ **工作过程**：

会计人员根据股东大会决议等相关凭证，编制如下会计分录：

借：利润分配——应付利润　　　　576 000

　　贷：应付利润　　　　　　　　　　　　576 000

任务 5-29：2024 年 12 月 31 日，中淮公司（增值税一般纳税人）结转"利润分配"账户所属的明细账户。

→ **工作过程：**

期末，会计人员结转"利润分配"账户所属的明细账户，编制如下会计分录：

借：利润分配——未分配利润　　　　　　　　736 000
　　贷：利润分配——提取法定盈余公积　　　　　　160 000
　　　　　　　　——应付利润　　　　　　　　　　576 000

■【动脑筋】■

若中淮公司"利润分配——未分配利润"明细账户年初贷方余额为 400 000 元，那么结账后"利润分配——未分配利润"明细账户余额为多少？

【项目小结】

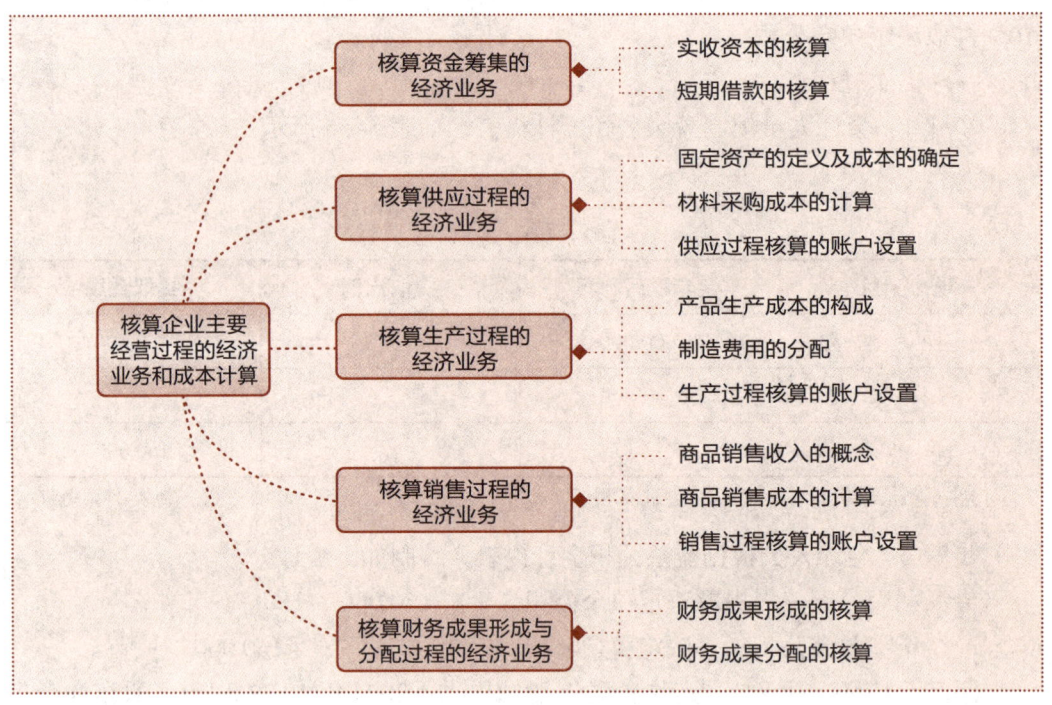

项目 6

填制和审核会计凭证

【职业能力目标】

素养目标
- 培养良好的心理素质、礼仪修养和社会责任感
- 遵纪守法，秉公办事，培养人际沟通和协作能力

知识目标
- 理解原始凭证和记账凭证的概念、基本分类
- 明确原始凭证和记账凭证的填制要求
- 掌握记账凭证的填制方法
- 了解原始凭证和记账凭证的审核内容
- 了解会计凭证的传递与保管

能力目标
- 能识别不同种类的原始凭证
- 能填制和审核原始凭证
- 能填制和审核记账凭证
- 学会会计凭证的传递与保管

会计凭证（Accounting Voucher）是指记录经济业务的发生和完成情况、明确经济责任、作为登记账簿依据的一种具有法律效力的书面证明文件。填制和审核会计凭证是会计核算工作的起点，也是会计核算的专门方法之一。会计凭证按照填制程序和用途不同，分为原始凭证和记账凭证。为了保证会计信息的真实性、准确性和完整性，会计主体发生的每一项经济业务都必须由有关经办人员填制或取得能够证明经济业务的内容、数量和金额的有关凭证，并在凭证上签名或盖章，以明确经济责任。企业取得或填制的会计凭证，还必须按一定的程序经有关人员进行严格的审核，只有确认无误后，才能作为登记账簿的依据。不同的企业由于经济业务和涉及的部门不同，会计凭证传递的程序和时间也不完全相同。期末，会计凭证应进行装订并作为重要的会计档案归档保管。

▮▮▮ 任务 6.1　填制和审核原始凭证

■【任务引例】■

中淮公司（增值税一般纳税人）2024 年 11 月 21 日收到淮安新意公司签发的转账支票一张（见表 6-1），支付所欠货款 58 500 元。中淮公司应如何审核所收到的转账支票并填写"进账单""收款收据"等原始凭证？

表 6-1

【工作过程与岗位对照表】

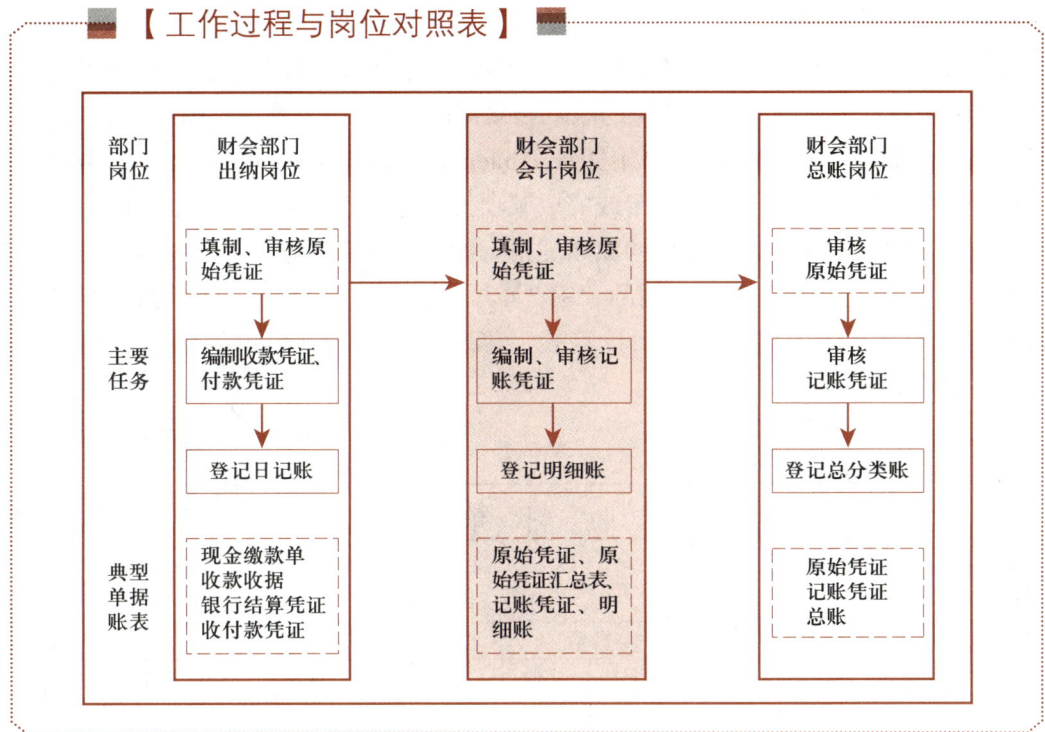

【知识准备】

一、原始凭证的概念和分类

（一）原始凭证的概念

原始凭证（Source Document）是指在经济业务发生时直接取得或填制的、用以记录经济业务的发生或完成情况的文字凭证。它是进行会计核算的重要原始资料，是记账的原始依据，是会计资料中最具有法律效力的一种书面证明文件，如购货发票、收料单等。凡是不能证明经济业务已经发生或完成的凭证、文件，如融资协议、购销合同、费用预算、派工单等，都不属于原始凭证，不能作为记账的原始依据。

【提示】

原始凭证的主要作用在于准确、及时、完整地反映经济业务的历史面貌，并可据以检查有关业务的真实性、合法性和合理性。

（二）原始凭证的分类

1. 原始凭证按其来源不同分为外来原始凭证和自制原始凭证

（1）外来原始凭证。外来原始凭证（Source Document from Outside）是指在经济业务完成时，从其他单位或个人处直接取得的凭证。如购买原材料从供货单位或个人处取得的发票、从物流公司取得的购销货物的运费单据、通过媒体发布广告收到的广告费收据以及从开户银行转来的收款通知、付款通知及其他结算凭证等。

（2）自制原始凭证。**自制原始凭证**（Internal Source Document）是指由本单位内部经办业务的部门和人员在执行或完成某项经济业务时，根据经济业务的内容自行填制的、仅供本单位内部使用的原始凭证。如仓库保管员验收材料时填制的"收料单"、生产部门领用材料时填制的"领料单"、人事部门填制的"工资薪酬结算表"、财务部门填制的"固定资产折旧计算表"等。收料单和领料单的格式及内容如表 6-2 和表 6-3 所示。

表 6-2

收 料 单

材料科目：　　　　　　　　　　　　　　　　　　　　　编　号：
材料类别：　　　　　　　　　　　　　　　　　　　　　收料仓库：
供应单位：　　　　　　　　　　年　月　日　　　　　发票号码：

材料编号	材料名称	规格	计量单位	数量		实际价格			
				应收	实收	单价	发票金额	运杂费	合计
备注									

采购员：　　　　　检验员：　　　　　记账员：　　　　　保管员：

表 6-3

领 料 单

领料单位：　　　　　　　　　　　　　　　　　　　　　发料编号：
用　途：　　　　　　　　　　　年　月　日　　　　　发料仓库：

材料编号	材料名称	规格	计量单位	数量		单价成本	金额	备注
				请领	实发			
备注								

发料人：　　　　　领料单位负责人：　　　　　领料人：

2. 原始凭证按其填制方法和手续的不同分为一次凭证、累计凭证和汇总凭证

（1）一次凭证。一次凭证（Single-record Document）是指一次填制完成、只记录一笔经济业务的原始凭证。一次凭证是一次有效的凭证，其填制手续一次完成，已填制的凭证不能再重复填制使用。所有的外来原始凭证和大部分的自制原始凭证都属于一次凭证，如发票、银行结算凭证、借款单、收料单、领料单等。

（2）累计凭证。累计凭证（Accumulation Document）是指在一定时期内多次记录若干同类经济业务、填制手续是分次完成的原始凭证。累计凭证是多次有效的原始凭证，能随时结出累计数及结余数，并按照费用限额进行费用控制，期末按实际发生额记账。它主要适用于一些经常重复发生的经济业务，如工业企业使用的限额领料单，它可以在核定的限额内多次领用材料，并可以多次记载有关的业务内容。限额领料单的格式及内容如表6-4所示。

（3）汇总凭证。汇总凭证（Summarized Document）又称原始凭证汇总表，是将记载同类经济业务的原始凭证按一定标准定期汇总而另行编制的一种自制原始凭证。由于汇总凭证合并了同类型经济业务，因而简化了记账工作量，如根据领料单定期编制发料凭证汇总表等。发料凭证汇总表的格式及内容如表6-5所示。

表6-4

限额领料单

领料部门： 编 号：
用 途： 年 月 日 发料仓库：

材料编号	材料名称规格	计量单位	计划投产量	单位消耗定额	领用限额	实 发		
						数量	单 价 十万千百十元角分	金 额 百十万千百十元角分

日期	领 用			退 料			限额结余数量
	数量	领料人	发料人	数量	退料人	收料人	
合计							

生产计划部门负责人： 供应部门负责人： 仓库保管员：

表 6-5 发料凭证汇总表

凭证编号：　　　　　　汇总期间：　　年　月　日 - 　日　　　　　　　　　附件：　　张
　　　　　　　　　　　　　　　　　　　　　　　　　　　　　　　　　　　　　单位：元

贷方科目	借方科目			
	生产成本	制造费用	管理费用	合计
原材料——A				
原材料——B				
……				
合计				

会计主管：　　　　　记账：　　　　　审核：　　　　　填制：

3. 原始凭证按其格式不同分为通用凭证和专用凭证

（1）通用凭证。通用凭证（General Voucher）是指由有关部门统一印制，在全国或某个地区、部门范围内使用的具有统一格式和使用方法的凭证。如全国统一使用的"商业汇票"，某一地区使用的"收款收据"等。

（2）专用凭证。专用凭证（Special Voucher）是指由单位自行印制、仅在本单位内部使用的具有特定内容和专门用途的原始凭证，如"领料单""差旅费报销单"等。

> 【提示】
>
> 上述各种原始凭证，一般都是以实际发生的经济业务为依据填制的。但也有一些原始凭证是根据账簿记录归类、整理而重新编制的，例如企业月末编制的"制造费用分配表"，就是根据生产车间各产品所消耗的工时或工资比例等相关记录，计算、分摊整理而编制的。

二、原始凭证的基本内容

原始凭证是会计核算的基础和起点，是记账的原始依据。任何一张原始凭证都必须同时具备一些相同的内容，这些内容被称为原始凭证的基本内容或基本要素。原始凭证的基本内容主要包括以下几个方面：

（1）原始凭证的名称。
（2）填制凭证的日期和编号。
（3）填制凭证单位的名称或填制人姓名。
（4）接受凭证的单位名称。
（5）经济业务的基本内容，包括经济业务的内容摘要、数量、单价、金额等。
（6）经办人员的签章。

在实际工作中，原始凭证除具有以上基本内容外，还可以根据经营管理和特殊业务的需要等补充一些必要的内容，如计划任务、工作令号、合同号数、预算项目等。有些特殊的原始凭证可不加盖公章，但这种凭证一般有固定的特殊标志，如中国国家铁路集团有限公司统一印制的火车票等。

> **【知识拓展】**
>
> 根据《国家税务总局关于推广应用全面数字化电子发票的公告》（国家税务总局公告2024年第11号），自2024年12月1日起，国家税务总局在全国正式推广应用数字化电子发票（简称"数电发票"）。数电发票是《中华人民共和国发票管理办法》中"电子发票"的一种，是将发票的票面要素全面数字化、号码全国统一赋予、开票额度智能授予、信息通过税务数字账户等方式在征纳主体之间自动流转的新型发票。数电发票为单一联次，以数字化形态存在。数电发票的票面基本内容包括：发票名称、发票号码、开票日期、购买方信息、销售方信息、项目名称、规格型号、单位、数量、单价、金额、税率/征收率、税额、合计、价税合计、备注、开票人等。

三、原始凭证的填制要求

原始凭证是记账的原始依据，为了保证原始凭证能够正确、及时、清晰地反映各项经济业务的真实情况，提高会计工作质量，原始凭证的填制必须符合下列基本要求。

（一）记录真实、内容完整

对经济业务发生或完成情况应如实地进行记录，不得弄虚作假。原始凭证上所填写的日期、经济业务的内容和有关数据，都必须真实可靠，符合实际情况，不可估计或匡算。

原始凭证应按规定的格式和内容逐项填列，不得遗漏和省略。项目填列不全的原始凭证，不能作为经济业务的合法证明，也不能作为编制记账凭证的依据和附件。

（二）计算准确、填制及时

原始凭证上记载的经济业务的数量、单价、金额，应当准确无误。一些计算费用分配、摊销的原始凭证，费用摊提的方法及依据应符合会计准则、会计制度的相关规定，分配率、分摊金额的计算应当正确。此外，经济业务发生后，单位应当及时填制凭证，并按规定的程序传递、审核，不得任意拖延或隔时补填。

> **【提示】**
>
> 一式几联的原始凭证，应当注明各联的用途，只能以一联作为报销凭证。一式几联的发票和收据，必须用双面复写纸（发票和收据本身具备复写纸功能

的除外）套写，并连续编号。作废时应当加盖"作废"戳记，连同存根一起保存，不得撕毁。

（三）书写清晰、手续完备

填制凭证时，应认真书写原始凭证上的数字和文字，字迹要清晰、工整，易于辨认，不得使用未经国务院公布的简化文字。如果填写过程中出现文字或数字错误，不得任意涂改、刮擦或挖补，应按规定的方法予以更正。对某些重要的凭证如支票填写错误，则不能更正，更不能撕毁，应办理作废手续后重新填写，作废的凭证要加盖"作废"戳记，按原编号顺序与其他存根联一起保存。使用印有编号的原始凭证，应按编号连续使用。原始凭证的填制，必须用钢笔或碳素笔书写。属于套写的凭证应一次套写清楚，做到不串格、不串行。凡填有大写和小写金额的原始凭证，大写与小写金额必须相符。阿拉伯数字应当一个一个地写，不得连笔书写。阿拉伯金额数字前面应当书写货币币种符号或者货币名称简写和币种符号；币种符号与阿拉伯金额数字之间不得留有空白。汉字大写数字金额如零、壹、贰、叁、肆、伍、陆、柒、捌、玖、拾、佰、仟、万、亿等，一律用正楷或者行书体书写，不得用〇、一、二、三、四、五、六、七、八、九、十等简化字代替。大写金额数字到元或者角为止的，在"元"或者"角"字之后应当写"整"字或者"正"字；大写金额数字有分的，分字后面不写"整"字或者"正"字。大写金额数字前未印有货币名称的，应当加填货币名称，货币名称与金额数字之间不得留有空白。

从外单位取得的原始凭证，必须盖有填制单位的公章；从个人处取得的原始凭证，必须有填制人员的签名或者盖章；对外开出的原始凭证，必须加盖本单位公章；购买实物的原始凭证，必须有验收证明；支付款项的原始凭证，必须有收款单位和收款人的收款证明；发生销货退回的，除填制退货发票外，还必须有退货验收证明；退款时，必须取得对方的收款收据或者汇款银行的凭证，不得以退货发票代替收据。所有经办人员和有关部门的负责人要在凭证上签名或盖章，对凭证的真实性和正确性负责。

> 【动脑筋】
>
> "¥106.50" "¥3 007.23" "¥70.00" 和 "¥4 900.00" 的大写金额应如何书写？

四、原始凭证的审核

任何原始凭证只有经过严格审核无误后，才能作为记账的依据。这既是会计的基础工作，也是会计监督的重要环节。原始凭证的审核主要包括以下几个方面的内容：

（一）合法性和合理性审核

审核原始凭证所反映的经济业务是否合法、合理，即是否符合有关政策、法令、制度、计划、预算和合同等规定，是否符合审批权限和手续，是否履行了规定的凭证传递程序，费用开支是否符合开支标准、是否符合节约原则等。对于违法乱纪、涂改、伪造冒领等非法行为，应扣留凭证，根据有关法规进行严肃处理。

> **【德技并修】**
>
> **虚开发票，偷逃税款**
>
> 2021年初，税务部门依托智慧稽查系统发现一起涉嫌虚开电子普通发票案件线索，警税联合成立专案组，并展开行动，最终打掉电子普通发票虚开团伙1个，抓获犯罪嫌疑人5名。初步查明，该犯罪团伙控制了580多家注册的空壳企业，采取异地开票的手段，对外虚开增值税普通发票15.8万余份，涉案金额10亿多元，等待相关违法人员的将是法律的严惩。所以，会计人员应树立正确的人生观和价值观，增强法律意识，辨别违法行为。虚开发票是违法行为，当事人一旦触犯法律，必将受到法律的严惩。

（二）完整性审核

审核原始凭证的项目内容是否填列齐全，手续是否完备，凭证联次是否正确，有关经办人员是否都已签名或盖章，是否经过有关主管人员审批同意等。若发现手续不完备、内容不全的凭证，如属于本单位填制的，应退回填制部门进行更正、补填或注销重新填制；如属于外单位来的，应拒绝接受，退回原单位。

（三）真实性和正确性审核

审核原始凭证所反映的内容有无掩盖、伪造、歪曲和颠倒。审核原始凭证的日期、摘要和业务内容是否填写清楚、易于辨认，数量、单价、金额、合计数等有无差错，大写与小写金额是否相符等。对于数字填写有差错的凭证，应退还经办人员进行更正后才能受理。

（四）及时性审核

审核经济业务发生或完成时是否及时填制了有关原始凭证，是否及时进行了凭证的传递。审核时应注意审查凭证的填制日期，尤其是支票、商业汇票等时效性较强的原始凭证，更应仔细验证其签发日期。

> **【提示】**
>
> 对于完全符合要求的原始凭证，应及时据以编制记账凭证入账。对于真实、合法、合理但内容不够完整、填写有错误的原始凭证，应退回给有关经办人员，由其负责将有关凭证补充完整、更正错误或重开后，再办理正式会计手续。对

于不真实、不合法的原始凭证，会计机构和会计人员有权不予以接受，并向单位负责人报告。从外单位取得的原始凭证遗失时，应取得原签发单位盖有公章的证明，并注明原始凭证的号码、金额、内容等，由经办单位会计机构负责人、会计主管人员和单位负责人批准后，才能代作原始凭证。若确实无法取得证明的，则应由当事人写明详细情况，由经办单位会计机构负责人、会计主管人员和单位负责人批准后，代作原始凭证。

收款收据和费用单据的审核：

（1）收款收据审核。收款收据是印有固定格式的用以确认应领、应收或借入款项已经收到的原始凭证。会计人员在出具或受理收款收据时，必须注意如下事项：① 应严格划清往来性收据与发票性收据的界限。凡属往来性收据性质的，均不得记入成本费用；凡属发票性收据性质的，除单位内部费用收付外，所用收据均必须套印主管财政机关的监制章，否则不得作为发票性收据使用或收受。② 应规范填写收据事由。填写收款事由时，应尽可能做到用语准确、详略适当，让使用者一看便能认定属于借、领、收、欠的具体性质；作为持据方，除审查收据的各要素项目外，应重点审查收款事由书写是否恰当，会不会在日后产生歧义而发生纠纷。如果事由书写不当，应拒绝收受，提请出据方重开。

（2）费用单据审核。费用单据报销审核要点包括：① 费用报销单各项目应用蓝色或黑色墨水笔据实填写齐全，不得涂改。② 部门经理负责本部门人员报销凭证的真实性审核工作，各部门经理应在审核的单据上注明"已核"或"属实"字样，并同时签名填写日期。③ 财会部门负责报销凭证的合法性和金额精确性的审核工作，并签署详细的审核意见。④ 注意费用单据不能跨年度报账，例如2024年12月的费用发票应当在2024年度入账，而不能在2025年入账。

【职业判断与任务操作】

针对本任务引例，处理如下：

（1）审核所收到的转账支票。审核的内容主要包括：收款人是否为本单位、支票的大小写金额是否一致相符、印鉴章是否齐全清晰、支票是否逾期等。

（2）填写"进账单"和"收款收据"等原始凭证。填写的"进账单"和"收款收据"如表6-6和表6-7所示。

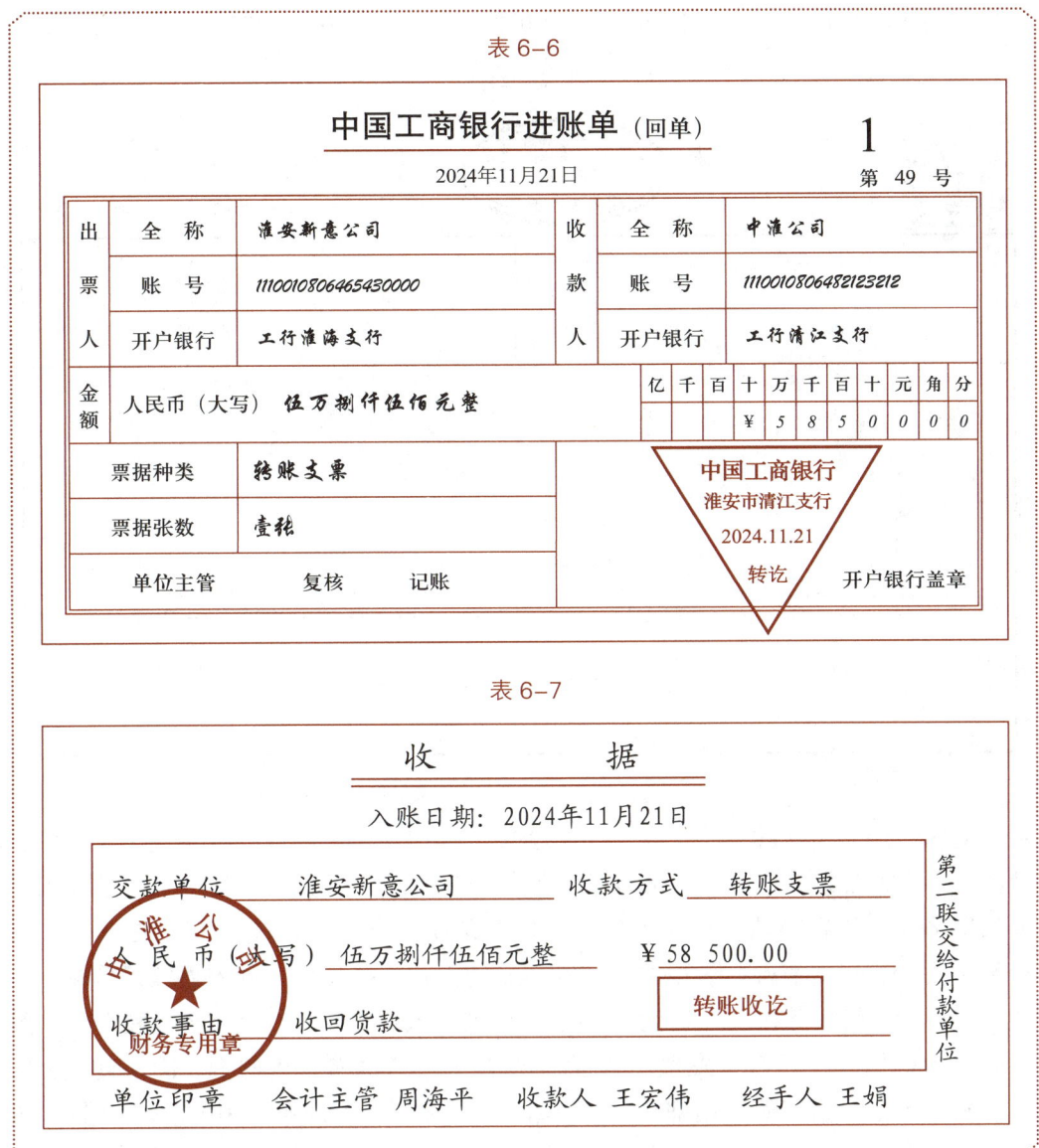

表 6-6 中国工商银行进账单（回单） 2024年11月21日 第49号

表 6-7 收据 入账日期：2024年11月21日

【动脑筋】

如何向付款单位开具"收款收据"？

【典型任务举例】

任务 6-1：中淮公司（增值税一般纳税人）2024 年 11 月 22 日销售给淮安新华公司甲产品 400 件，不含税销售单价 125 元/件，增值税税率 13%。会计人员开出的销售发票如表 6-8 所示。你作为中淮公司的复核人员，请对该张原始单据进行审核。

表 6-8

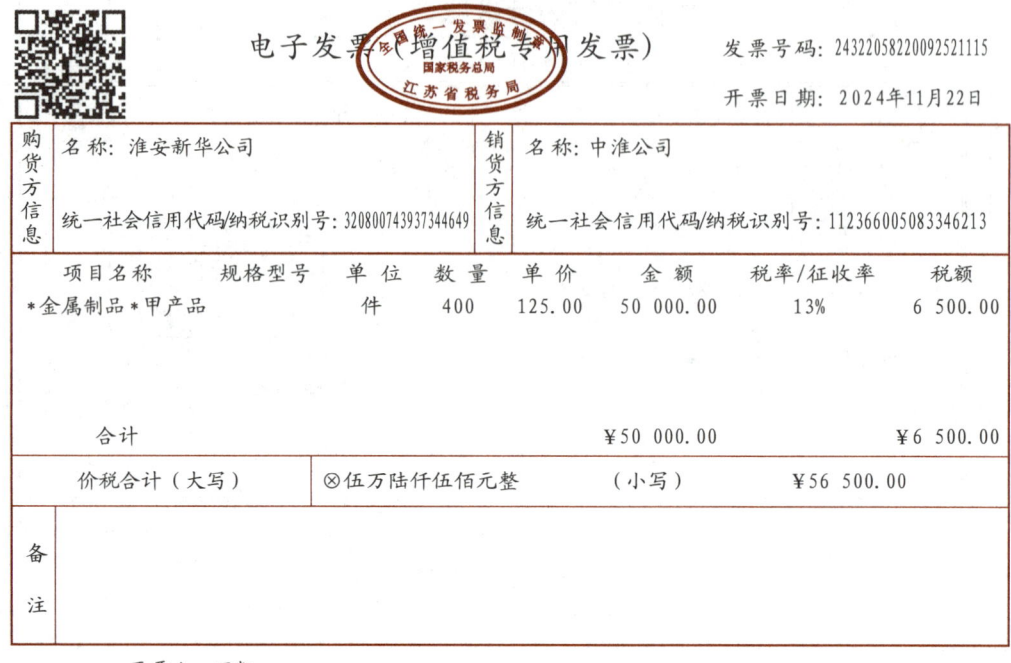

对于该原始单据的审核，主要从合法性、合理性、完整性、真实性、正确性和及时性等方面加以审核。尤其要注意，原始单据的手续要完备，凭证上的各项内容要填写齐全，不得有错。对于增值税专用发票使用范围的审核应主要关注：① 一般纳税人应通过增值税防伪税控系统开具专用发票；小规模纳税人需要开具专用发票的，可向主管税务机关申请代开。② 一般纳税人销售货物或者提供应税劳务、服务，应向购买方开具专用发票。③ 商业企业一般纳税人零售的烟、酒、食品、服装、鞋帽（不包括劳保专用部分）、化妆品等消费品不得开具专用发票。④ 销售免税货物不得开具专用发票，法律、法规及国家税务总局另有规定的除外。经审核，该原始单据填制是正确的。

任务 6.2　填制和审核记账凭证

【任务引例】

中淮公司（增值税一般纳税人）2024 年 11 月 21 日收到淮安新意公司签发的转账支票一张（见表 6-1），支付所欠货款 58 500 元，存入银行。中淮公司如何填制记账凭证？

【工作过程与岗位对照表】

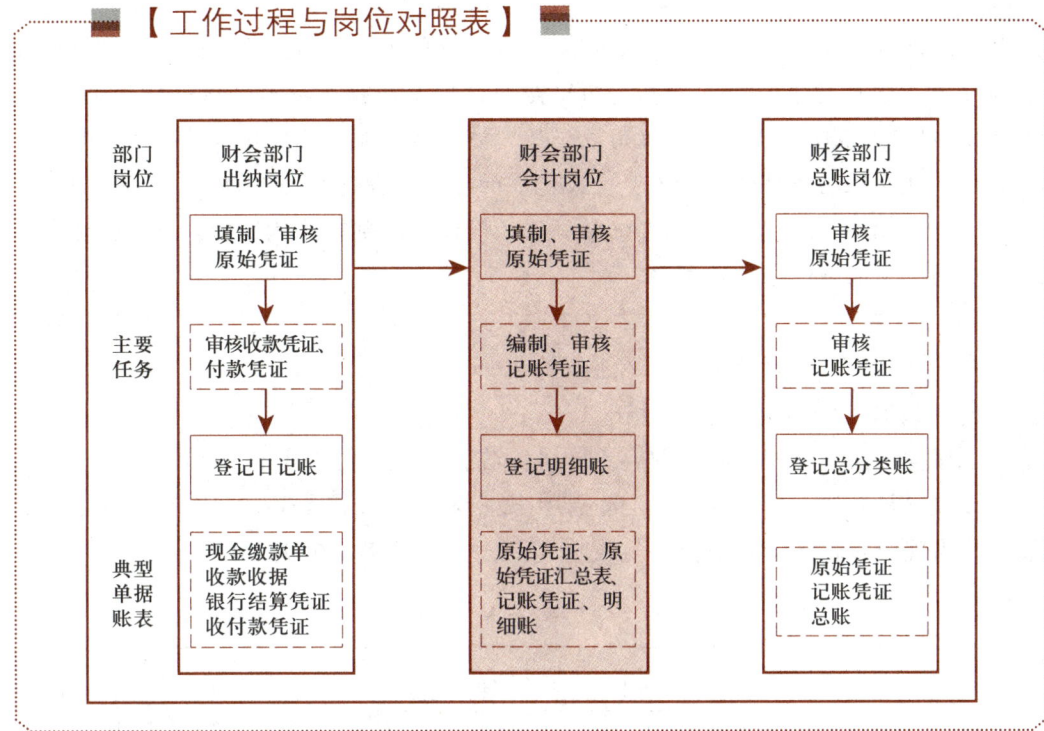

【知识准备】

一、记账凭证的概念和分类

（一）记账凭证的概念

记账凭证又称记账凭单，是指会计人员根据审核无误的原始凭证或原始凭证汇总表编制的，用以确定会计分录，直接作为登记账簿依据的一种会计凭证，如收款凭证（见表6-9）、付款凭证（见表6-10）等。记账凭证是介于原始凭证与账簿之间的中间环节，能够将原始凭证中的一般数据转化为会计语言，是登记日记账、明细分类账和总分类账的直接依据。

【提示】

记账凭证的主要作用在于根据原始凭证反映的经济内容加以归类整理，确定会计分录，减少记账差错，便于对账和查账，从而提高记账工作的质量和会计核算的效率。

【知识拓展】

原始凭证和记账凭证的区别：① 填制人员不同。原始凭证由经办人员填制，而记账凭证则一律由会计人员填制。② 填制依据不同。原始凭证是根据已经发生或完成的经济业务填制，而记账凭证则是根据审核后的原始凭证填制。③ 填制方式不同。原始凭证仅用以记录、证明经济业务已经发生或完成，而记账凭证则要依据会计科目对已发生或完成的经济业务进行初步归类、整理编制。④ 发挥作用不同。原始凭证是记账凭证的附件和填制记账凭证的依据，而记账凭证则是登记会计账簿的依据。

（二）记账凭证的分类

1. 按反映的经济内容不同划分

记账凭证按其反映的经济内容不同分为收款凭证、付款凭证和转账凭证。

收款凭证（Receipt Voucher）是指用来记录现金和银行存款收入业务的记账凭证，分为现金收款凭证和银行存款收款凭证，其格式如表6-9所示。

表6-9

| 借方科目：银行存款 | 收 款 凭 证 2024年11月21日 | 总字第___号 收字第 28 号 |

摘要	贷方科目		√	金额
	总账科目	明细科目		千百十万千百十元角分
收回货款	应收账款	淮安新意公司		5 8 5 0 0 0 0
人民币（大写）伍万捌仟伍佰元整				￥ 5 8 5 0 0 0 0

附单据2张

财务主管（签章）　　记账（签章）　　出纳（签章）王宏伟　　复核（签章）吴天行　　制单（签章）贾晓红

■ 【提示】 ■

该收款凭证反映的经济内容是：2024年11月21日，中淮公司收到淮安新意公司签发的转账支票58 500元，归还其前欠的货款。中淮公司开具收款收据，并将支票送存银行。

付款凭证（Disbursement Voucher）是指用来记录现金和银行存款付出业务的记账凭证，分为现金付款凭证和银行存款付款凭证，其格式如表6-10所示。

表 6-10

付款凭证													

贷方科目：库存现金　　2024年11月17日　　总字第___号　付字第_19_号

摘要	借方科目		√	金额									
	总账科目	明细科目		千	百	十	万	千	百	十	元	角	分
支付办公用品	管理费用	办公费						4	6	5	0	0	
人民币（大写）肆佰陆拾伍元整				¥				4	6	5	0	0	

附单据 2 张

财务主管(签章)　　记账(签章)　　出纳(签章) 王宏伟　　复核(签章) 吴天行　　制单(签章) 贾晓红

> 【提示】
>
> 该付款凭证反映的经济内容是：中淮公司2024年11月17日用现金465元支付本单位购买的零星办公用品。

> 【提示】
>
> 对于库存现金和银行存款之间的相互划转业务，为避免重复记账，只填付款凭证，不填收款凭证。

转账凭证（Transfer Voucher）是指用来记录不涉及现金和银行存款收付业务的其他经济业务的记账凭证，即用于记录转账业务的记账凭证，其格式如表6-11所示。

表 6-11

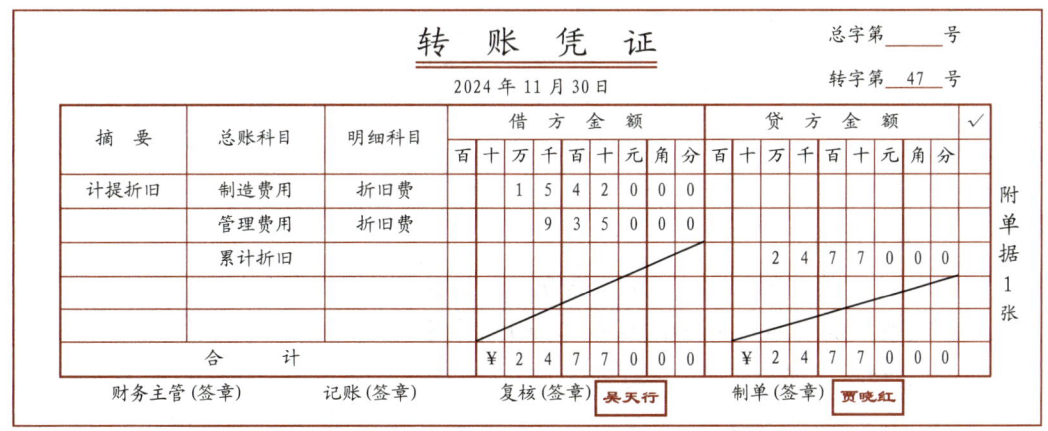

> **【提示】**
>
> 该转账凭证反映的经济内容是：中淮公司 2024 年 11 月 30 日应计提生产车间固定资产折旧费 15 420 元，厂部固定资产折旧费 9 350 元。

> **【提示】**
>
> 因为收款凭证、付款凭证和转账凭证是分别用于专门记录某一类经济业务的记账凭证，所以它们又统称为专用记账凭证。在实际工作中，为了便于区别这三种专用记账凭证，一般采用不同颜色的文字或纸张印刷。在一些经济业务比较简单的小型企业里，记账凭证通常不分收款、付款和转账三种凭证，而是统一使用一种通用记账凭证（General Purpose Entry Document），其格式与转账凭证基本相同，如表 6-12 所示。

表 6-12

记 账 凭 证

2024 年 11 月 3 日　　　　　　　第 21 号

摘要	总账科目	明细科目	借方金额	贷方金额	√
			百十万千百十元角分	百十万千百十元角分	
购买乙材料	材料采购	乙材料	2 0 0 0 0 0 0		附单据3张
	应交税费	应交增值税（进项税额）	2 6 0 0 0 0		
	银行存款			2 2 6 0 0 0 0	
合　　计			¥ 2 2 6 0 0 0 0	¥ 2 2 6 0 0 0 0	

财务主管(签章)　　记账(签章)　　复核(签章) 吴天行　　制单(签章) 贾晓红

> **【提示】**
>
> 该通用记账凭证反映的经济内容是：中淮公司 2024 年 11 月 3 日从北方公司购买乙材料，以银行存款支付买价 20 000 元，增值税税额 2 600 元。

2. 按填制的方式不同划分

记账凭证按其填制的方式不同分为单式记账凭证和复式记账凭证。

单式记账凭证（Single Entry Document）是指按每笔经济业务所涉及的每个会计科目分别填制的记账凭证，即一张凭证上只填制一个会计科目的记账凭证。其中，只记录借方账户的称为借项（或借方）记账凭证；只记录贷方账户的称为贷项（或贷方）记账凭证。采用单式记账凭证时每笔经济业务至少要填制在两张记账凭证上，其优点是便于分工记账和编制科目汇总表。但填制凭证的工作量较大，数量较多，且不能在一张凭证上完整地反映经济业务的全貌，也不便于查账。单式记账凭证的格式及内容如表 6-13 和表 6-14 所示。

复式记账凭证（Double Entry Document）是指能反映一笔完整经济业务的记账凭证，即凡属于同一笔经济业务的会计分录，不论涉及几个会计科目，一般都要填制在一张记账凭证上。表 6-9 ~ 表 6-12 均为复式记账凭证。复式记账凭证可以反映账户的对应关系，有利于了解经济业务的全貌，便于查账，同时还可以减少编制记账凭证的数量，但不便于分工记账及会计科目的汇总。

表 6-13

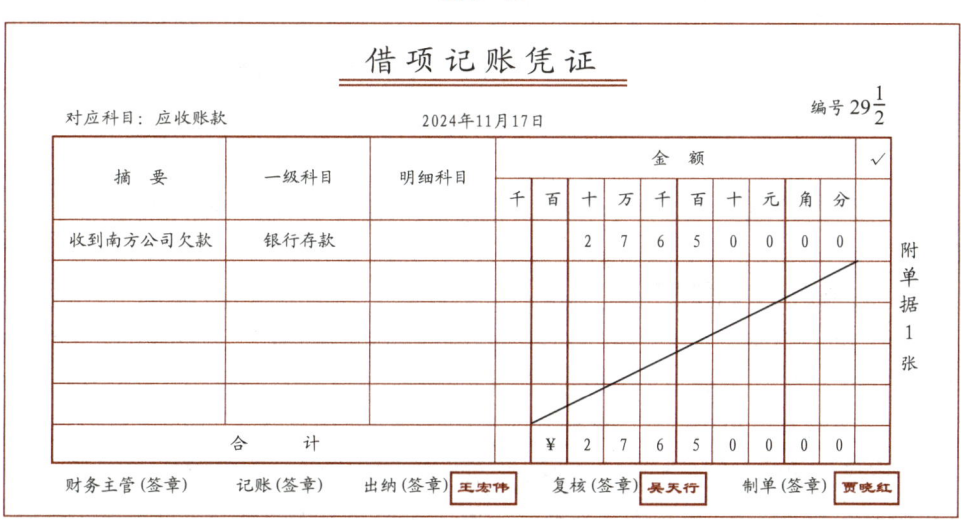

表 6-14

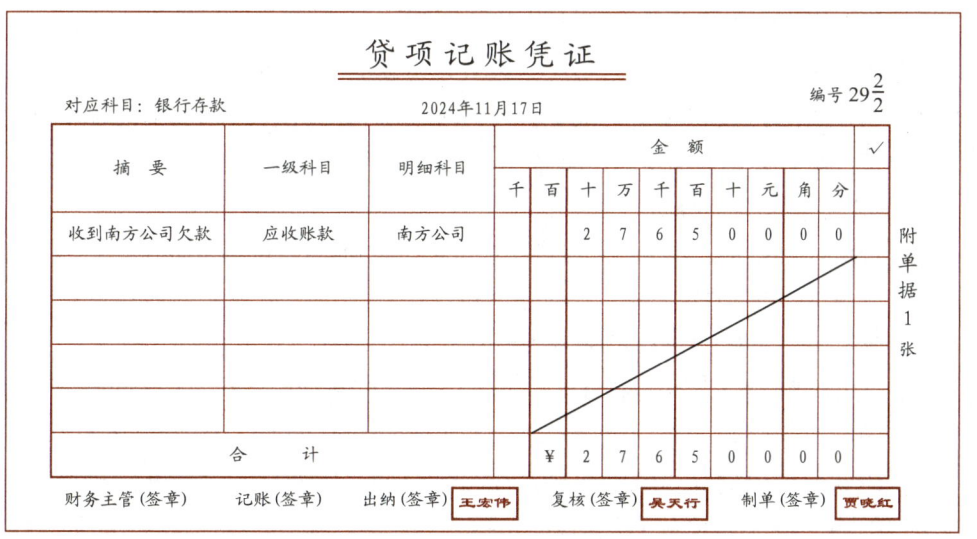

二、记账凭证的基本内容

记账凭证的种类很多,各种记账凭证分别反映不同类型的经济业务。但不论哪一种记账凭证,都必须具备以下基本内容(也称为记账凭证要素):

(1)记账凭证的名称。
(2)填制记账凭证的日期。
(3)记账凭证的编号。
(4)经济业务事项的内容摘要。
(5)经济业务事项所涉及的会计科目及其记账方向。
(6)经济业务事项的金额。
(7)记账标记。
(8)所附原始凭证张数。
(9)会计主管、记账、审核、出纳、制单等有关人员的签章。

> 【提示】
>
> 记账凭证上的日期是指编制凭证的日期,而不是经济业务发生的日期。

三、记账凭证的填制要求

记账凭证的填制,除必须做到记录真实、内容完整、填制及时、书写清楚规范和手续完备外,还应符合以下要求:

(一)正确确定应使用的记账凭证

使用专用记账凭证的单位,应根据经济业务的性质,先确定使用收款凭证、付款凭证还是转账凭证。对于涉及现金和银行存款之间的划转业务,例如以现金存入银行或从银行提取现金,一般只需填制付款凭证,以避免重复记账。

(二)恰当填写"摘要"栏

记账凭证中"摘要"栏的填写,一要真实准确,二要简明扼要。对于冲销或补充等更正错账事项,在其所编记账凭证"摘要"栏内应注明"注销某月某日某号凭证"或"订正某月某日某号凭证"字样。

(三)正确确定会计分录

按现行会计制度的规定和借贷记账法的记账规则正确确定会计分录,不得任意变更会计科目的名称和核算内容。会计科目应填写全称,不得简写或只写编号而不写名称。要写明必要的二级科目和明细科目。

(四)记账凭证必须连续编号

记账凭证编号必须连续,以便日后查考,避免凭证散失。在进行编号时,一般以一个结账期为号码的起讫期,分别从1号编起。采用通用记账凭证时,可按经济业务发生的顺序编号。采用专用记账凭证时,可采用"字号编号法",即收字第 ×

号、付字第 × 号和转字第 × 号。一笔经济业务需要填制两张及两张以上记账凭证时，可采用"分数编号法"。例如，一笔转账业务需要填制两张凭证，凭证的连续编号为9，则可编为"转字 $9\frac{1}{2}$ 号""转字 $9\frac{2}{2}$ 号"。每月末最后一张记账凭证的编号旁应加注"全"字。

> 【提示】
>
> 记账凭证无论采用哪一种编号，都不得采用按年或按季连续编号方法。

（五）不得随意汇编、拆编记账凭证

记账凭证可以根据每一张原始凭证填制，或者根据若干张同类原始凭证汇总填制，也可以根据原始凭证汇总表填制。但不得将不同内容和类别的原始凭证汇总填列在一张记账凭证上，也不能人为地把一笔经济业务任意分割填制在几张凭证上。

（六）要注明所附原始凭证的张数

每张记账凭证必须注明所附原始凭证的张数，以便日后查对。如果根据同一原始凭证填制几张记账凭证，可以把原始凭证附在一张主要的记账凭证后面，并在其他记账凭证"摘要"栏内注明附有该原始凭证的记账凭证的编号或者附原始凭证复印件。

> 【提示】
>
> 除结账和更正错误的记账凭证可以不附原始凭证外，其他记账凭证必须附有原始凭证。

> 【知识拓展】
>
> 原始凭证附件张数的计算方法有两种：一种是按构成记账凭证金额的原始凭证或原始凭证汇总表计算张数，原始凭证或原始凭证汇总表所附的单据只作为附件处理。如市内交通费、邮寄费、业务招待费等单据，因数量多，可粘贴在一张表上，作为一张原始凭证附件，但该表上同样要注明张数。另一种是以所附原始凭证的自然张数为准，有一张算一张。

（七）要正确处理填错的记账凭证

填制记账凭证时如发生错误，应当重新填制。如已登记入账，则按规定的方法进行更正，具体处理方法如下：

（1）已经登记入账的记账凭证在当年内发现会计科目填写错误时，可以用红

字填写一张与原内容相同的记账凭证,在摘要栏注明"注销某月某日某号凭证"字样,同时再用蓝字重新填写一张正确的记账凭证,注明"订正某月某日某号凭证"字样。

（2）如果会计科目没有错误只是金额错误,也可以将正确数字与错误数字之间的差额,另编制一张调整的记账凭证,调增金额用蓝字,调减金额用红字。

（3）发现以前年度记账凭证有错误的,应当用蓝字填制一张更正的记账凭证。

（八）"金额"栏填写要规范,空行要划线注销

填写金额时,阿拉伯数字要规范,写到格宽的1/2,并平行对准借贷栏次和科目栏次,防止串行。金额数字要写到分位,角分位没有数字要填上"00";角分位的数字或零要与元位的数字平行,不得上下错开。要在金额合计行填写合计金额,并在前面写上"￥"符号。不是合计金额,则不填写货币符号。记账凭证"金额"栏在填制完经济业务事项后,如有空行,应当自金额栏最后一笔金额数字下的空行处至合计数上的空行处划斜线或"S"形线注销。

（九）会计电算化的记账凭证要规范

实行会计电算化的单位,记账凭证的填制应该符合手工记账凭证的一切要求,打印出来的记账凭证要加盖有关单位的公章及相关人员的签章。

四、记账凭证的填制方法

（一）收款凭证的填制方法

收款凭证是根据现金或银行存款收款业务的原始凭证填制的。收款凭证上的日期填写填制凭证时的日期。"摘要"栏内应填写经济业务的简要说明。左上方"借方科目"后应填写"库存现金"或"银行存款"科目。"贷方科目"栏应填写与收入现金或银行存款相对应的一级科目和二级等明细科目。各一级科目的应贷金额应填入与本科目同一行的"总账科目金额"栏中,所属明细科目应贷金额应填入与各明细科目同一行的"明细科目金额"栏中。各一级科目应贷金额应等于所属各明细科目应贷金额之和。借方科目应借金额应为"合计"行的合计金额。"记账"栏注明记入总账或日记账、明细账的页次,也可以划"√"表示已登记入账。"附件张数"填写所附原始凭证的张数。收款凭证的填制如表6-15所示。

> 【提示】
>
> 在各种记账凭证中,记账栏一般是在根据记账凭证登记账簿时打"√"号加以标识,目的是防止账簿重登或漏登。

（二）付款凭证的填制方法

付款凭证是根据现金或银行存款付款业务的原始凭证填制的。左上方"贷方科目"后应填写"库存现金"或"银行存款"科目。"借方科目"栏应填写与付出

现金或银行存款相对应的一级科目和二级等明细科目。其他内容与收款凭证基本相同。付款凭证的填制如表 6-18 和表 6-19 所示。

> **【提示】**
>
> 出纳人员对于已经收讫的收款凭证和已经付讫的付款凭证，以及它们所附的相关原始凭证，都要加盖"收讫"和"付讫"的戳记，以免发生重收、重付等差错。

（三）转账凭证的填制方法

转账凭证是根据不涉及现金和银行存款收付的转账业务的原始凭证填制的。"会计科目"栏应分别填写应借应贷的一级科目和所属二级等明细科目。借方科目的应记金额，在与借方科目同一行的"借方金额"栏填记；贷方科目的应记金额，在与贷方科目同一行的"贷方金额"栏填记；"借方金额"栏合计数与"贷方金额"栏合计数应相等。其他内容的填制方法与收款凭证、付款凭证基本相同。转账凭证的填制如表 6-16 和表 6-17 所示。

（四）通用记账凭证的填制方法

通用记账凭证的填制方法与转账凭证的填制方法基本相同。通用记账凭证不设主体科目栏，经济业务涉及的会计科目全部填写在"会计科目"栏内，借方科目在先，贷方科目在后，借方科目的金额填入"借方金额"栏，贷方科目的金额填入"贷方金额"栏。通用记账凭证的填制如表 6-12 所示。

五、记账凭证的审核

记账凭证是登记账簿的依据。为了保证账簿记录的正确性，任何记账凭证在登记入账前都应由专人对其进行认真、严格的审核。记账凭证审核的主要内容有：

（一）记账凭证附件是否齐全

应当附有原始凭证的记账凭证是否附有原始凭证；所附原始凭证张数与记账凭证所填写的附件张数是否一致；所附原始凭证的经济内容是否与记账凭证的有关内容一致。

（二）记账凭证所使用的账户是否正确

记账凭证中应借、应贷账户的名称是否正确，所用的会计科目及其核算内容是否符合会计制度的有关规定；账户的对应关系是否清晰、合理。

（三）记账凭证的金额是否正确

记账凭证的借贷金额是否平衡；记账凭证的金额是否与所附原始凭证金额的合计相符。

（四）记账凭证手续是否完备

记账凭证中所列的各项内容是否填列齐全，有无错误，手续是否完备，制单、审核、记账、出纳等有关责任人员的签章是否齐备。

> **【提示】**
>
> 在审核过程中，如果发现记账凭证记录不全或有差错，应及时查明原因并按规定的方法予以更正或重新填制。只有经过审核无误的记账凭证，才能据以登记账簿。

> **【德技并修】**
>
> 严谨细致、求真务实
>
> 2022年11月1日，财政部公布了《会计人员职业道德规范（征求意见稿）》，提出了会计人员职业道德的三条要求，分别是坚持自律、守法奉公，坚持准则、守信敬业，坚持学习、守正创新（简称"三坚三守"），强调会计人员"坚"和"守"的职业特性和价值追求。
>
> 会计人员的日常工作离不开与数字打交道，其工作内容涉及每一项经济业务，牵涉到每一个部门。在工作中，会计人员应严格按照财务制度的有关规定处理账务，坚持会计人严谨细致的工作作风，求真务实，一丝不苟，对每一笔单据都要仔细核对，坚持原则、依法办事，确保账实、账账相符。

> **【职业判断与任务操作】**
>
> 针对本任务引例，处理如下：
>
> 中淮公司收到淮安新意公司归还的前欠销货款，应填制收款凭证。该收款凭证所附的两张原始凭证分别为"银行进账单（回单）"（见表6-6）、"收据"（见表6-7）。本任务引例要求编制的收款凭证如表6-9所示。

【典型任务举例】

任务6-2：中淮公司为增值税一般纳税人，2025年7月发生下列部分经济业务。要求按照收款、付款和转账三类编制相关记账凭证，并按业务的先后顺序对记账凭证进行编号。

（1）5日，向工商银行长城办借入期限为3个月的借款100 000元，年利率6%，借款到期还本付息，款项存入银行。

（2）12日，向南方公司购买A材料一批，价款400 000元，增值税税额52 000元。价税款合计签发一张期限为3个月的商业汇票抵付，材料已验收入库。

（3）15日，发出甲材料520 000元，其中生产A产品领用480 000元，车间一般耗用30 000元，管理部门耗用10 000元。

（4）20日，从银行提取现金20 000元备用。

（5）22日，以银行存款支付产品广告费30 000元。

中淮公司2025年7月发生的上述经济业务，编制的记账凭证分别如表6-15~表6-19所示。

表6-15

表6-16

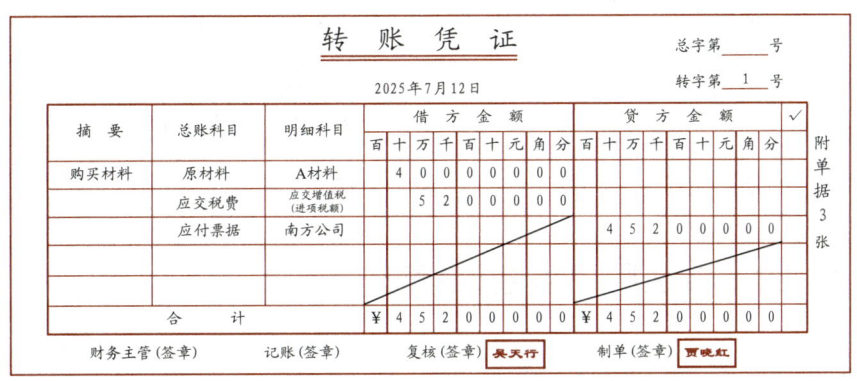

表6-17

表 6-18

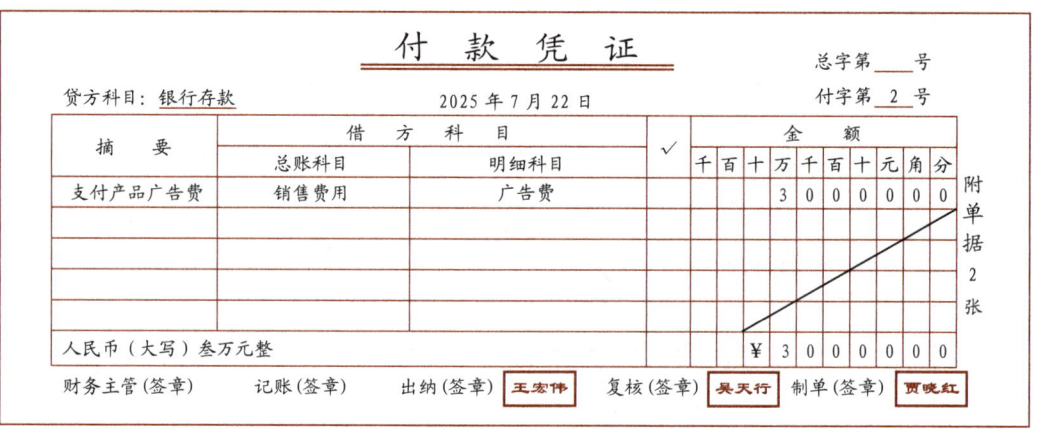

表 6-19

付 款 凭 证　　总字第___号　付字第_2_号

贷方科目：银行存款　2025 年 7 月 22 日

摘要	借方科目		√	金额
	总账科目	明细科目		千百十万千百十元角分
支付产品广告费	销售费用	广告费		3 0 0 0 0 0 0 0

人民币（大写）叁万元整　　　¥ 3 0 0 0 0 0 0 0

附单据 2 张

财务主管（签章）　记账（签章）　出纳（签章）王宏伟　复核（签章）吴天行　制单（签章）贾晓红

任务 6.3　传递和保管会计凭证

■【任务引例】■

中淮公司销售收款循环中的主要业务活动包括：① 接受顾客订单；② 批准赊销信用；③ 按销售单供货；④ 按销售单装运货物；⑤ 向顾客开具账单（销售发票）；⑥ 记录销售；⑦ 办理和记录现金、银行存款收入；⑧ 办理和记录退货、销货折扣与折让；⑨ 处理坏账。如何认知"销售单"这一凭证在企业销售收款循环中所经历的主要流程？在相关部门之间"销售单"如何进行传递？

【知识准备】

一、传递会计凭证

传递会计凭证（Transferring Accounting Vouchers）是指从会计凭证的取得或填制时起至归档保管过程中，在单位内部有关部门和人员之间的传送程序。传递会计凭证，一般包括传递程序和传递时间两个方面，要求能够满足内部控制制度的要求，使传递程序合理有效，同时尽量节约传递时间、减少传递的工作量。会计凭证按规定程序及时传递，是会计核算得以正常、有效进行的前提，是会计凭证处理的一个重要环节。

不同的企业由于经济业务不同、涉及的部门不同，传递会计凭证的程序和时间也不尽相同。任何单位对于经常发生的、需要有关部门办理的主要经济业务，如材料或产成品的收发、管理费用的发生、生产成本的计算等，都必须明确规定传递会计凭证的程序和时间，从而加强岗位责任制，提高工作效率。

正确组织会计凭证的传递，应遵循以下几点基本要求：

（一）合理规定各种会计凭证的联数和传递程序

应根据各项经济业务的特点，结合内部机构组织和人员分工的情况，以及有关部门和人员利用会计凭证进行经营管理的需要，并从完善内部牵制制度的角度出发，具体规定各种会计凭证的联数和传递程序，使经办业务的部门和人员既能按照规定的程序办理凭证手续，又能利用会计凭证了解经济业务完成的进程。应避免会计凭证传递流经不必要的环节，从而影响凭证的传递速度。

（二）合理规定会计凭证在各个处理环节上的停留时间

从保证会计核算的及时性出发，应明确规定各种会计凭证在流经有关部门和经办人员处理该项业务手续时所停留的最长时间。既要防止时间过紧而影响业务手续的完成，又要防止时间过松而造成不必要的耽搁，影响凭证的及时传递。

> 【提示】
> 一切会计凭证的传递和处理，必须在报告期内完成，不允许跨期，否则将影响会计核算的及时性和正确性。

（三）做好凭证传递的衔接手续

会计凭证传递过程中的衔接手续，应做到既完备严密，又简便易行，凭证的签发、交接应有明确的制度，以确保会计凭证的安全和完整。

> 【提示】
> 传递会计凭证程序和时间确定以后，有关部门和人员都必须严格遵守，自

觉执行。在执行过程中，如发现有不合理之处，可以随时根据实际情况加以修订。对于若干主要的经济业务，可以绘制原始凭证流程图，供有关人员使用。

二、保管会计凭证

会计凭证是重要的会计档案（Accounting Archives）和历史资料，各单位对会计凭证必须妥善保管，不得丢失或任意销毁。保管会计凭证是指会计凭证登记入账后的整理、装订、归档和存查工作。

一般来说，会计凭证在登记账簿后，应每日或定期对各种记账凭证连同所附原始凭证加以分类整理，按顺序编号，装订成册，并加具封面、封底，注明单位名称、凭证种类、册数、起讫日期、起讫编号、凭证张数等。为了防止故意拆装，应在装订处加贴封签，在封签处由装订人员和会计主管加盖骑缝章，以明确责任。会计凭证装订的封面如表 6-20 所示。

微课：装订会计凭证

表 6-20

凭 证 封 面	
年　月	
单位名称	
凭证名称	
册　　数	第　　册　共　　册
起讫编号	自第　　号至第　　号
起讫日期	自　　年　月　日至　月　日

主管_____　装订_____

【提示】

出纳人员不得兼管会计档案。

保管会计凭证，应做到以下几点：

（1）会计凭证应当及时传递，不得积压。

（2）会计凭证登记完毕后，应当按照分类和编号顺序保管，不得散乱丢失。

（3）记账凭证应当连同所附的原始凭证或者原始凭证汇总表，按照编号顺序，折叠整齐，按期装订成册，并加具封面，注明单位名称、年度、月份、起讫日期、凭证种类、起讫编号，由装订人在装订线封签外签名或者盖章。

对于数量过多的原始凭证，可以单独装订保管，在封面上注明记账凭证日期、编号、种类，同时在记账凭证上注明"附件另订"和原始凭证名称及编号。

各种经济合同、存出保证金收据以及涉外文件等重要原始凭证，应当另编目录，单独登记保管，并在有关的记账凭证和原始凭证上相互注明日期和编号。

（4）原始凭证不得外借，其他单位如因特殊原因需要使用原始凭证时，经本单位会计机构负责人、会计主管人员批准，可以复制。向外单位提供的原始凭证复制件，应当在专设的登记簿上登记，并由提供人员和收取人员共同签名或者盖章。

（5）从外单位取得的原始凭证如有遗失，应当取得原开出单位盖有公章的证明，并注明原来凭证的号码、金额和内容等，由经办单位会计机构负责人、会计主管人员和单位领导人批准后，才能代作原始凭证。如果确实无法取得证明的，如火车票、轮船票、飞机票等凭证，由当事人写出详细情况，由经办单位会计机构负责人、会计主管人员和单位领导人批准后，代作原始凭证。

（6）严格遵守凭证保管期限要求以及销毁的有关规定。严格遵守会计凭证的保管期限要求，期满前不得任意销毁。每年装订成册的会计凭证，在年度终了时可暂由单位会计机构保管一年，期满后即应移送本单位档案机构登记归档统一保管。未设立档案机构的，应当在会计机构内部指定专人保管。会计凭证的保管期限和销毁手续，应严格遵守会计制度的有关规定。

企业和其他组织会计档案保管期限表如表 6-21 所示。

文档：《会计档案管理办法》

表 6-21　企业和其他组织会计档案保管期限表

序号	档 案 名 称	保管期限	备　注
一	会计凭证		
1	原始凭证	30 年	
2	记账凭证	30 年	
二	会计账簿		
3	总账	30 年	
4	明细账	30 年	
5	日记账	30 年	
6	固定资产卡片		固定资产报废清理后保管 5 年
7	其他辅助性账簿	30 年	
三	财务会计报告		
8	月度、季度、半年度财务会计报告	10 年	
9	年度财务会计报告	永久	

续表

序号	档案名称	保管期限	备注
四	其他会计资料		
10	银行存款余额调节表	10 年	
11	银行对账单	10 年	
12	纳税申报表	10 年	
13	会计档案移交清册	30 年	
14	会计档案保管清册	永久	
15	会计档案销毁清册	永久	
16	会计档案鉴定意见书	永久	

文档：关于规范电子会计凭证报销入账归档的通知

■【知识拓展】■

为适应电子商务、电子政务发展，规范各类电子会计凭证的报销入账归档，财政部、国家档案局于 2020 年 3 月 23 日联合制定发布了《关于规范电子会计凭证报销入账归档的通知》（财会（2020）6 号）。

■【职业判断与任务操作】■

针对本任务引例，分析如下：

中淮公司"销售单"这一凭证在企业销售收款业务循环中所经历的主要流程是：① 企业销售管理部门审查顾客订单，批准销售，编制一式多联的"销售单"；② 企业信用管理部门根据企业的赊销政策和对该顾客已授权的信用额度，在销售单上签署是否同意赊销意见；③ 仓库按经批准的销售单供货；④ 装运部门按经批准的销货单装运发货；⑤ 会计部门依据销售单、装运凭证以及价目表授权的价格，向顾客开具销售发票；⑥ 会计部门依据连续编号的销售发票、批准的销售单、装运凭证，记录销售业务；⑦ 会计部门向顾客托收货款，记录现金、银行存款收入。"销售单"主要联次包括：销售管理部门、信用管理部门、仓库、装运部门以及会计部门等联次。

中淮公司"销售单"的传递程序为：销售管理部门开具一式多联的销售单，经信用管理部门赊销审批后，销售部门以经批准的销售单通知仓库备货、装运部门发货，最后会计部门依据销售单、装运凭证以及授权的价格开具销售发票，确认、记录销售业务，赊销快到期时向顾客托收货款。

【项目小结】

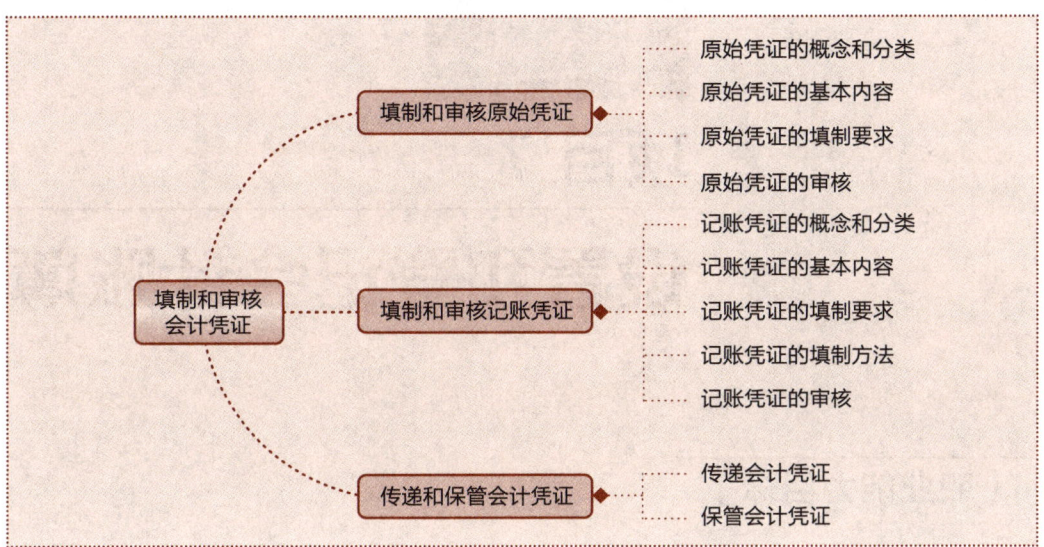

项目 7

设置和登记会计账簿

【职业能力目标】

素养目标
- 培养一丝不苟、耐心细致、吃苦耐劳的职业精神
- 遵循工作流程,锤炼坚强意志,培养合作精神

知识目标
- 掌握会计账簿的启用规则和记账规则
- 掌握现金日记账和银行存款日记账的登记
- 掌握总分类账和明细分类账的登记
- 理解总分类账和明细分类账平行登记的要点并掌握其登记方法
- 掌握对账、结账及错账更正方法
- 了解会计账簿更换和保管的有关规定

能力目标
- 能登记现金日记账和银行存款日记账
- 能登记总分类账和明细分类账
- 学会对账、结账及错账更正

会计账簿是记录会计信息的载体，是积累和储存经济活动情况的数据库。会计账簿的设置，包括账簿的种类、内容、格式和登记方法。会计账簿按其用途不同，分为序时账簿、分类账簿和备查账簿；按其账页格式不同，分为两栏式账簿、三栏式账簿、多栏式账簿和数量金额式账簿；按其外表形式不同，分为订本式账簿、活页式账簿和卡片式账簿。各类账簿的基本内容一般由封面、扉页、账页和封底组成。会计账簿的启用和记账必须遵守相应的规则和要求。日记账的格式主要有三栏式和多栏式两种；总分类账的格式一般采用借、贷、余三栏式；明细分类账的格式主要有三栏式、多栏式、数量金额式和横线登记式。为了保证账簿记录的正确性，应当建立定期对账制度，并定期办理结账工作。在记账过程中，如发生错账，应采用正确的方法予以更正。年度终了，大多数账簿都要结束旧账，启用新账。会计账簿作为重要的会计档案，应妥善保管。

任务 7.1　启用会计账簿

【任务引例】

中淮公司（增值税一般纳税人）2025 年 1 月 1 日启用新的账簿，该公司 1 月 1 日各总账账户期初余额如表 7-1 所示，部分明细分类账户期初余额如表 7-2 所示。请按要求设置、启用和登记有关账簿，填写账簿启用及经管人员一览表和账户目录。

表 7-1　总账账户期初余额表　　　　　　　　　　单位：元

账户名称	借方余额	贷方余额
库存现金	4 000	
银行存款	200 000	
应收账款	60 000	
原材料	240 000	
固定资产	2 000 000	
短期借款		640 000
应付账款		264 000
实收资本		1 600 000
合计	2 504 000	2 504 000

表 7-2　部分明细分类账户期初余额表　　　　　　　　单位：元

总账账户名称	明细账户名称	数量/千克	单位成本	金额
原材料	甲材料	1 000	100	100 000
	乙材料	700	200	140 000
小计				240 000
应付账款	鸿菲公司			160 000
	美达公司			104 000
小计				264 000

【工作过程与岗位对照表】

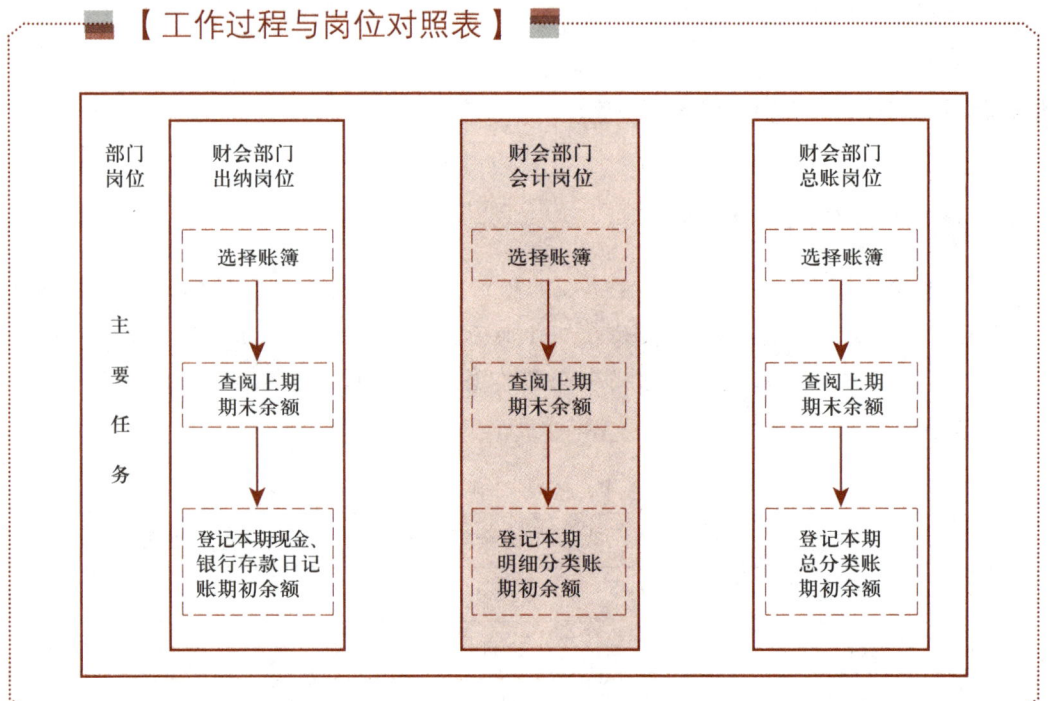

【知识准备】

一、会计账簿的概念

会计账簿（Accounting Book）又称账簿或账册，是指由具有一定格式、相互联系的账页组成，以审核无误的会计凭证为依据，用来全面、系统、连续地记录一个企业、单位各项经济业务的簿籍。设置和登记账簿是会计工作的一个重要环节。根据《会计法》的规定，各单位应当按照国家统一会计制度的规定和会计业务的需要设置会计账簿。科学地设置账簿和正确地登记账簿对于全面完成会计核算任务具有重要意义。

二、会计账簿的种类

（一）账簿按其用途不同，分为序时账簿、分类账簿和备查账簿

（1）**序时账簿**又称日记账（Journal），是指按照经济业务完成时间的先后顺序逐日逐笔进行登记的账簿。序时账簿按记录内容又分为两种：一种是把全部经济业务的会计分录都按照时间顺序记录在账中，称为分录簿或普通日记账；另一种是把性质相同的经济业务分别登记下来，称为特种日记账，如现金日记账、银行存款日记账和转账日记账等。

> **【知识拓展】**
>
> 在我国大多数单位，序时账一般只设置现金日记账和银行存款日记账，而不设置转账日记账和普通日记账。序时账必须以取得和填制的会计凭证按编号先后顺序逐日逐笔进行登记，每天结出余额，及时、详细地反映经济业务的发生和完成情况。

（2）**分类账簿**（Ledger）是指对全部经济业务按照会计要素的具体类别而设置的分类账户进行登记的账簿。按照总分类账户设置和分类登记经济业务的是总分类账簿，简称**总账**；按照明细分类账户设置和分类登记经济业务的是明细分类账簿，简称**明细账**。总账提供总括的会计信息，明细账提供详细的会计信息，二者相辅相成、互为补充。

> **【提示】**
>
> 分类账簿是账簿体系的主体，可以分别核算和监督各项资产、负债、所有者权益、收入、费用和利润的增减变动情况及其结果，其提供的核算信息是编制会计报表的主要依据。

（3）**备查账簿**又称辅助账簿（Memorandum），是指对某些在序时账簿和分类账簿等主要账簿中都不予登记或登记不够详细的经济业务进行补充登记时使用的账簿。备查账簿可以对某些经济业务的内容提供必要的详细参考资料，如租入固定资产登记簿，应收、应付票据登记簿等。

> **【提示】**
>
> 备查账簿属于备查性质的辅助登记，没有固定的格式，可根据实际需要加以设计。

（二）账簿按其账页格式不同，分为两栏式、三栏式、多栏式和数量金额式账簿

（1）两栏式账簿（Two-column Type Book）是指只有借方和贷方两个基本金额栏目的账簿。普通日记账和转账日记账一般采用两栏式。

（2）三栏式账簿（Three-column Type Book）是指设有借方、贷方和余额三个基本栏目的账簿。它适用于各种日记账、总分类账以及资本、债权、债务明细账等，如表 7-6 和表 7-7 所示。

（3）多栏式账簿（Multi-column Type Book）是指在账簿的两个基本栏目借方和贷方按需要分设若干专栏的账簿。它适用于收入、费用等明细账，如表 7-20 和表 7-24 所示。

（4）数量金额式账簿（Quantity Amount Type Book）是指账簿的借方、贷方和余额三个栏目内，在每个栏目下增设数量、单价和金额三小栏，用以反映财产物资的实物数量和价值量的账簿。它适用于原材料、库存商品等存货明细账，如表 7-27、表 7-28 和表 7-29 所示。

（三）账簿按其外表形式不同，分为订本账、活页账和卡片账

（1）订本账（Bound Ledger）是指在启用之前就已将账页固定装订在一起，并对账页进行了连续编号的账簿。其优点是可以避免账页散失或被蓄意抽换，更好地起到统驭、控制作用；缺点是一本账簿在同一时间只能由一人负责登记，不便于会计人员分工记账。同时，订本式账簿的账页固定并顺序编号，不能随意增减，因而在启用前，必须为每一个账户留出足够的空白账页，若预留账页不够，将影响账簿记录的连续性，预留过多又会造成不必要的浪费。它一般适用于总分类账、现金日记账和银行存款日记账。

（2）活页账（Loose Leaf Ledger）是指把零散的账页装在账夹中、可随时增添账页的账簿。使用活页账，当账簿登记完毕之后（通常是一个会计年度结束之后）才将账页装订成册，统一编号，加具封面后归档保管。其优点是可以根据核算和管理的需要随时添加、减少或重新排列账页，便于会计人员分工记账，提高工作效率；缺点是容易造成账页散失或被抽调、更换。各种明细分类账一般采用活页账形式。

（3）卡片账（Card Account）是指由许多具有专门格式的硬纸卡片组成，排列存放在卡片箱中的账簿。卡片账的每张卡片正反两面都设计一定格式，用以记录各种指标和内容。其优点是可以跨年度长期使用而无须更换，便于分类汇总和根据管理的需要转移账卡；缺点是容易散失或被抽换。在实际工作中，使用卡片时要按顺序编号，由有关人员在卡片上签章，置于卡片箱内由专人保管，使用完毕后应封扎归档保管，并重新编写页码，列出目录，以备日后查阅。在我国，企业一般只对固定资产明细账采用卡片账形式（见表 7-3），少数企业在材料核算中也使用材料卡片。

表 7-3

固定资产卡片

卡片编号				日期		
固定资产编号		固定资产名称				
类别编号		类别名称				
规格型号		部门名称				
增加方式		存放地点				
使用状况		使用年限		开始使用日期		
原值		净残值率		净残值		
折旧方法		已计提月数		尚可使用月数		
已提累计折旧额		尚可计提折旧额		折旧费用类别		
折旧额计算						
年份	年折旧额	年折旧率	月折旧额	月折旧率	累计折旧额	折余价值

三、会计账簿的基本内容和启用规则

（一）会计账簿的基本内容

会计账簿一般应包括以下基本内容：

（1）封面。主要标明账簿名称、记账单位名称和会计年度。

（2）扉页。主要标明会计账簿的使用信息，内容包括：单位名称；账簿名称；账簿编号；账簿页数；启用日期；经管人员；接交记录；账户目录等。账簿启用及经管人员一览表如表 7-4 所示，账户目录的格式与内容如表 7-5 所示。

表 7-4 账簿启用及经管人员一览表

单位名称									印章	
账簿名称			（第　　册）							
账簿编号										
账簿页数		本账簿共计　　页		本账簿页数		检点人盖章				
启用日期			年　　月　　日							
经管人员	负责人		主办会计		复核		记账			
	姓名	签章	姓名	签章	姓名	签章	姓名		签章	
接交记录	经管人员				接管			交出		
	职别		姓名		年	月	日	签章	年 月 日	签章
备注										

表 7-5 账 户 目 录

页数	科目	页数	科目	页数	科目	页数	科目

（3）账页。账簿根据经济业务事项内容的不同，其账页格式也有所不同，但基本内容主要包括：① 账户名称，包括一级会计科目、二级或明细科目名称；② 日期栏，包括年、月、日；③ 凭证号数栏，记录记账凭证的种类和号数；④ 摘要栏，即所记录的经济业务内容的简要说明；⑤ 金额栏，记录本账户发生增、减变化的金额及余额；⑥ 总页次、分户页次等。

（4）封底。封底一般没有具体内容，但它与封面共同起着保护整个账簿记录完整的作用。

（二）会计账簿的启用规则

（1）启用会计账簿时，应在账簿封面上写明单位名称和账簿名称。

（2）在账簿扉页上填制账簿启用及经管人员一览表，如表 7-4 所示。

（3）启用订本式账簿，应当从第一页到最后一页顺序编定页数，不得跳页、缺号。使用活页式账页，应当按账户顺序编号，并须定期装订成册，装订后再按实际使用的账页顺序编定页码，另在第一页前面加账户目录，如表 7-5 所示，记明每个账户的名称和页次。

【提示】

账户目录是由记账人员在账簿中开设账户户头后，按顺序将每个账户的名称和页数登记而形成的。对于活页账，在账簿启用时无法确定其页数，可以先把账户名称填好，等年度终了装订归档时再把页数填上。

（4）年度开始启用新账簿时，应将上年的年末余额结转到新账的第一行，并在摘要栏注明"上年结转"。

四、会计账簿的记账规则

（1）账簿记录准确完整。登记会计账簿必须以审核无误的会计凭证为依据，应当将会计凭证的日期、编号、业务内容摘要、金额和其他有关资料逐项记入账簿中，做到数字准确、摘要清楚、登记及时、字迹工整。

（2）注明记账符号。登记账簿后，要在记账凭证上签名或者盖章，并在记账凭证的专门栏目处注明所记账簿的页数，或划"√"，表示已经登记入账，以免重记或漏记。

（3）**文字和数字整洁清晰，准确无误**。账簿要保持整洁、清晰，记账的文字和数字要端正，文字和数字书写既要准确无误，又要符合规范。账簿中书写的文字和数字上面要留有适当空格，不要写满格，一般应占格距的 1/2，便于发生错账时进行更正。

> **【提示】**
>
> 在登记书写时，不要滥造简化字，不得使用同音异义字；数字要写在金额栏内，不得越格错位、参差不齐；文字、数字紧靠下线书写。记录金额时，如为没有角、分的整数，应分别在角分栏内写上"0"，不得省略不写或以"—"号代替。阿拉伯数字一般可自左向右适当倾斜，以使账簿记录整齐、清晰。

（4）**正常记账使用蓝黑墨水或碳素墨水**。登记账簿要用蓝黑墨水或者碳素墨水书写，不得使用铅笔或圆珠笔（银行的复写账簿除外）书写。

（5）**特殊记账使用红色墨水**。在账簿记录中，红字表示对蓝色或黑色数字的冲销、减少或者表示负数。下列几种情况，可以用红色墨水记账：①按照红字冲账的记账凭证，冲销错误记录；②在不设借贷等栏的多栏式账页中，登记减少数；③在三栏式账户的余额栏前，如未印明余额方向的，在余额栏内登记负数余额；④根据国家统一会计制度的规定可以用红字登记的其他会计记录。

（6）**顺序连续登记**。各种账簿应按页次顺序连续登记，不得跳行、隔页。如发生跳行、隔页，应在空行、空页处用红色墨水划线注销，或者注明"此行空白""此页空白"字样，并由记账人员签名或者盖章。

（7）**结出余额**。凡需要结出余额的账户，结出余额后，应当在"借或贷"栏内写明"借"或者"贷"等字样，表明余额的方向。没有余额的账户，应当在"借或贷"栏内写"平"字，并在"余额栏"内用"0"表示。

> **【提示】**
>
> 现金日记账和银行存款日记账必须每天结出余额。

（8）**过次页和承前页**。每一账页登记完毕结转下页时，应当结出本页合计数及余额，写在本页最后一行和下页第一行有关栏内，并在摘要栏内分别注明"过次页"和"承前页"字样；也可以将本页合计数及金额只写在下页第一行有关栏内，并在摘要栏内注明"承前页"字样。对需要结计本月发生额的账户，结计"过次页"的本页合计数应当为自本月初起至本页末止的发生额合计数；对需要结计本年累计发生额的账户，结计"过次页"的本页合计数应当为自年初起至本页末止的累计数；对既不需要结计本月发生额，也不需要结计本年累计发生额的账户，可以只将每页页末的余额结转次页。

（9）**不得刮擦涂改**。账簿记录发生错误，不准涂改、挖补、刮擦或者用药水消除字迹，不准重新抄写，应根据错误的具体情况，采用正确的方法予以更正。

【职业判断与任务操作】

针对本任务引例，处理如下：

（1）设置并登记总分类账簿，以固定资产为例，如表7-6所示。

表7-6

固定资产　总分类账

2025年		凭证号数	摘要	页数	借方	贷方	借或贷	余额
月	日				百十万千百十元角分	百十万千百十元角分		百十万千百十元角分
1	1		上年结转				借	2 0 0 0 0 0 0 0 0

（2）设置并登记现金日记账和银行存款日记账，如表7-7和表7-8所示。

表7-7

现金日记账

2025年		凭证		摘要	对应科目	借方	√	贷方	√	余额
月	日	类	号数			百十万千百十元角分		百十万千百十元角分		百十万千百十元角分
1	1			上年结转						4 0 0 0 0 0

表7-8

银行存款日记账

开户银行：　　　　　　　　　　　　　　　　　　　　　　　　　　　银行账号：

2025年		凭证		摘要	结算凭证		借方	√	贷方	√	余额
月	日	类	号数		类	号	百十万千百十元角分		百十万千百十元角分		百十万千百十元角分
1	1			上年结转							2 0 0 0 0 0 0 0

（3）设置并登记明细分类账簿，以原材料为例，如表7-9和表7-10所示。

表7-9

原材料　明细账

最高储存量　4 000
最低储存量
编号　3001　规格　　　　　　　　　　　　　　　　单位　千克　名称　甲材料

本账页数
本户页数

2025年		凭证		摘要	借方		贷方		结存	
月	日	种类	号数		数量 单价 百十万千百十元角分		数量 单价 百十万千百十元角分		数量	单价 百十万千百十元角分
1	1			上年结转					1 000	100　1 0 0 0 0 0 0 0

表7-10

原材料　明细账

最高储存量　3 000
最低储存量
编号　3002　规格　　　　　　　　　　　　　　　　单位　千克　名称　乙材料

本账页数
本户页数

2025年		凭证		摘要	借方		贷方		结存	
月	日	种类	号数		数量 单价 百十万千百十元角分		数量 单价 百十万千百十元角分		数量	单价 百十万千百十元角分
1	1			上年结转					700	200　1 4 0 0 0 0 0 0

【动脑筋】

根据表7-1和表7-2，请设置除固定资产以外的其他总账和应付账款明细账。

任务7.2　设置和登记现金、银行存款日记账

【任务引例】

中淮公司（增值税一般纳税人）2024年11月30日现金日记账余额为3 000元，银行存款日记账余额为250 000元。12月1日，中淮公司出纳人员王宏伟填制现金支票从开户银行提取2 000元现金备用，支票如表7-11所示。出纳人员王宏伟应如何进行账务处理并登记现金日记账和银行存款日记账？

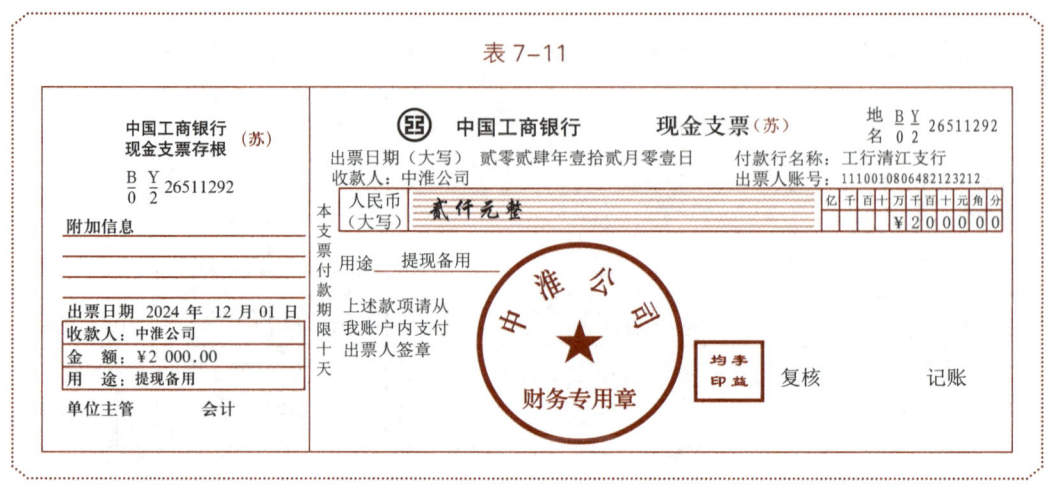

表 7-11

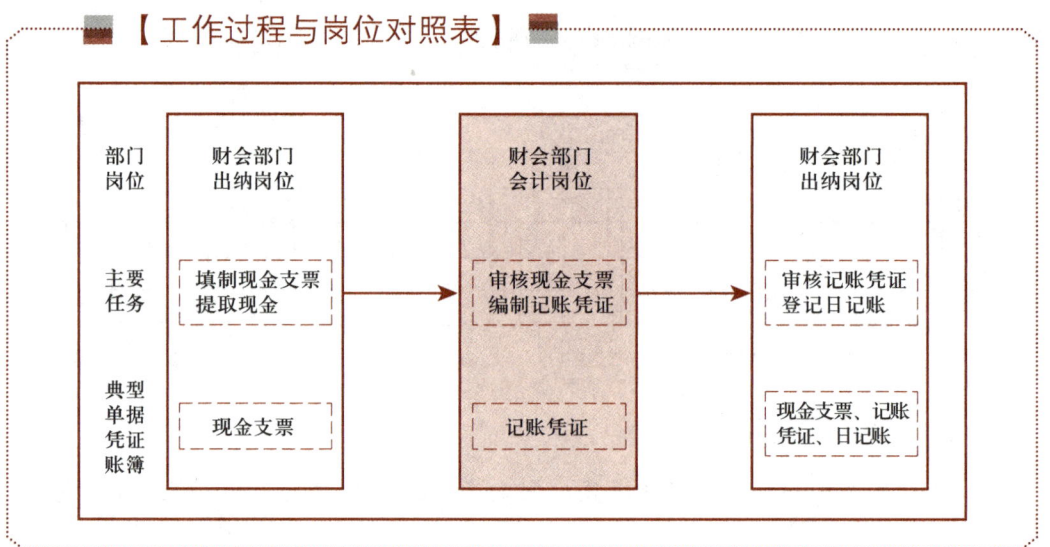

【工作过程与岗位对照表】

【知识准备】

一、现金日记账的格式和登记方法

（一）现金日记账的格式

现金日记账（Cash Journal）是指用来核算和监督库存现金每日的收入、支出和结余情况的账簿，其格式有三栏式和多栏式两种。三栏式现金日记账格式如表 7-12 所示，多栏式现金日记账格式如表 7-13 所示。

【提示】

无论是三栏式还是多栏式现金日记账，都必须采用订本式账簿，其目的是保证现金日记账的安全与完整。

表7-12
现金日记账

2025年		凭证		摘要	对应科目	借方	✓	贷方	✓	余额
月	日	类	号			百十万千百十元角分		百十万千百十元角分		百十万千百十元角分
1	1			上年结转						4 0 0 0 0 0
	1	现收	1	差旅费余款	其他应收款	5 0 0 0				4 0 5 0 0 0
	1	现付	1	预借差旅费	其他应收款			5 0 0 0 0		3 5 5 0 0 0

> **【提示】**
>
> 现金日记账可以到本日结束后结出余额,也可以在每笔经济业务登账后直接结出余额。

表7-13
现金日记账

2025年		凭单号	摘要	收入			支出			余额
				应贷科目		合计	应借科目		合计	
				银行存款			管理费用			
月	日			百十万千百十元角分	百十万千百十元角分	百十万千百十元角分	百十万千百十元角分	百十万千百十元角分	百十万千百十元角分	百十万千百十元角分
2	1		期初余额							3 8 0 0 0 0
	1	银1	提现备用	1 0 0 0 0 0		1 0 0 0 0 0				4 8 0 0 0 0
	1	现付1	购买办公用品				8 0 0 0 0		8 0 0 0 0	4 0 0 0 0 0

> **【提示】**
>
> 多栏式现金日记账的优点是所有的现金收、付业务集中在一张账页上,便于集中查阅,能反映科目之间的对应关系,有利于分析现金收支的合理性和合法性,有利于分析现金的流量;缺点是若对应科目太多,则容易造成账页篇幅过长,反而不便于记账、查账。因此,可将多栏式现金日记账分为多栏式现金收入日记账和多栏式现金支出日记账。

(二)现金日记账的登记方法

现金日记账由出纳人员根据审核无误的现金收款凭证、现金付款凭证和银行存款付款凭证(记录从银行提取现金的业务),按经济业务发生的时间先后顺序逐日逐笔进行登记。具体登记方法如下:

（1）日期栏。指填制记账凭证的日期，应与现金实际收付日期一致。

（2）凭证号数栏。指登记入账的收付款凭证的种类及号数。如"现金收款凭证"简写为"现收"，"现金付款凭证"简写为"现付"，"银行存款付款凭证"简写为"银付"；同时填写登记入账的凭证编号，以便于查账、对账。

（3）摘要栏。简要说明登记入账的经济业务的内容。

（4）对应科目栏。指现金收入的来源科目或现金支出的用途科目。如将现金存入银行业务，其对应科目为"银行存款"。通过该栏目可以了解现金收付业务的来龙去脉。

（5）收入栏。根据现金收款凭证和有关的银行存款付款凭证登记现金收入栏。

（6）支出栏。根据现金付款凭证登记现金支出栏。

（7）余额栏。每日收付完毕后，应分别计算现金收入和支出的合计数，根据"上日余额 + 本日收入 − 本日支出 = 本日余额"的公式，逐日结出现金账面余额，并将现金日记账的账面余额与库存现金实存数核对，以检查每日现金收付是否有误，即通常说的"日清"。如账款不符，应查明原因，报请领导批准及时处理。月终，计算当月现金收入、支出和结存的合计数，即通常说的"月结"。

> 【动脑筋】
>
> 多栏式现金日记账应如何登记？

二、银行存款日记账的格式和登记方法

（一）银行存款日记账的格式

银行存款日记账（Deposit Journal）是指用来核算和监督银行存款每日的收入、支出和结余情况的账簿。银行存款日记账应按企业在银行开立的账户和币种分别设置。银行存款日记账的格式与现金日记账的格式基本相同，其账页格式通常也是采用借、贷、余三栏式，并应按开户银行和其他金融机构分别设置。银行存款日记账格式如表 7–14 所示。

表 7–14

银行存款日记账

开户银行： 　　　　　　　　　　　　　　　　　　　　　　　　　　　银行账号：

2025年		凭证		摘要	结算凭证		借方	√	贷方	√	余额
月	日	类	号		类	号	百十万千百十元角分		百十万千百十元角分		百十万千百十元角分
1	1			上年结转							2 0 0 0 0 0 0 0
	1	银付	1	支付办公费					1 0 0 0 0 0		1 9 9 0 0 0 0 0
	1	银收	1	收到前欠货款			2 0 0 0 0 0 0				2 1 9 0 0 0 0 0

（二）银行存款日记账的登记方法

银行存款日记账的登记方法与现金日记账的登记方法基本相同。银行存款日记账由出纳人员根据审核无误的银行存款收款凭证、银行存款付款凭证和现金付款凭证（记录现金存入银行的业务），按经济业务发生的时间先后顺序逐日逐笔进行登记。根据银行存款收款凭证和有关的现金付款凭证登记银行存款收入栏；根据银行存款付款凭证登记银行存款支出栏；每日结出存款余额，并定期（一般每月一次）与银行对账单核对。

> **【职业判断与任务操作】**
>
> 针对本任务引例，其具体方法是：
>
> （1）设置现金日记账和银行存款日记账，并登记期初余额，如表7-15和表7-16所示。
>
> （2）12月1日，出纳人员王宏伟填制现金支票从开户银行提取2 000元现金备用，会计人员根据审核后的现金支票存根，编制银行存款付款凭证（银付1号），会计分录如下：
>
> 借：库存现金　　　　　　　　　　　2 000
> 　　贷：银行存款　　　　　　　　　　　　2 000
>
> （3）出纳人员根据审核后的银行存款付款凭证登记现金日记账和银行存款日记账，如表7-15和表7-16所示。

【典型任务举例】

任务7-1：12月1日，中淮公司向工商银行借入期限为3个月的借款60 000元，年利率6%，借款到期还本付息，款项存入银行。

（1）会计人员根据审核后的借款合同和借款借据，编制银行存款收款凭证（银收1号），会计分录如下：

借：银行存款　　　　　　　　　　　60 000
　　贷：短期借款　　　　　　　　　　　　60 000

（2）出纳人员根据审核后的银行存款收款凭证登记银行存款日记账，如表7-16所示。

> **【提示】**
>
> 本典型任务举例接任务7.2的"任务引例"，下同。

任务7-2：12月1日，中淮公司用现金支付销售产品的运杂费300元。

（1）会计人员根据审核后的运费结算单据，编制现金付款凭证（现付 1 号），会计分录如下：

  借：销售费用   300
    贷：库存现金   300

（2）出纳人员根据审核后的现金付款凭证登记现金日记账，如表 7-15 所示。

任务 7-3：12 月 1 日，中淮公司销售 A 产品一批，增值税专用发票注明价款为 40 000 元，增值税税额为 5 200 元，货款已收存银行。

（1）会计人员根据审核后的增值税专用发票和进账单，编制银行存款收款凭证（银收 2 号），会计分录如下：

  借：银行存款   45 200
    贷：主营业务收入——A 产品   40 000
      应交税费——应交增值税（销项税额） 5 200

（2）出纳人员根据审核后的银行存款收款凭证登记银行存款日记账，如表 7-16 所示。

任务 7-4：12 月 1 日，中淮公司购入甲材料一批，增值税专用发票注明价款为 50 000 元，增值税税额为 6 500 元，材料验收入库，货款已开出转账支票支付。

（1）会计人员根据审核后的增值税专用发票、收料单和转账支票存根，编制银行存款付款凭证（银付 2 号），会计分录如下：

  借：原材料——甲材料   50 000
    应交税费——应交增值税（进项税额） 6 500
    贷：银行存款   56 500

（2）出纳人员根据审核后的银行存款付款凭证登记银行存款日记账，如表 7-16 所示。

任务 7-5：12 月 1 日，中淮公司技术科王兰出差预借差旅费 2 000 元，以现金支付。

（1）会计人员根据审核后的预借差旅费单据，编制现金付款凭证（现付 2 号），会计分录如下：

  借：其他应收款——王兰   2 000
    贷：库存现金   2 000

（2）出纳人员根据审核后的现金付款凭证登记现金日记账，如表 7-15 所示。

任务 7-6：12 月 1 日，中淮公司开出转账支票偿还前欠华丰公司的货款 34 000 元。

（1）会计人员根据审核后的转账支票存根，编制银行存款付款凭证（银付 3 号），会计分录如下：

  借：应付账款——华丰公司   34 000

贷：银行存款　　　　　　　　　　　　　　34 000

（2）出纳人员根据审核后的银行存款付款凭证登记银行存款日记账，如表 7-16 所示。

任务 7-7：12 月 1 日，中淮公司用现金支付业务招待费 620 元。

（1）会计人员根据审核后的招待费发票，编制现金付款凭证（现付 3 号），会计分录如下：

借：管理费用——业务招待费　　　　620

　　贷：库存现金　　　　　　　　　　　　　620

（2）出纳人员根据审核后的现金付款凭证登记现金日记账，如表 7-15 所示。

任务 7-8：12 月 1 日，中淮公司开出转账支票支付广告费 8 000 元。

（1）会计人员根据审核后的广告费发票和转账支票存根，编制银行存款付款凭证（银付 4 号），会计分录如下：

借：销售费用——广告费　　　　　8 000

　　贷：银行存款　　　　　　　　　　　　8 000

（2）出纳人员根据审核后的银行存款付款凭证登记银行存款日记账，如表 7-16 所示。

任务 7-9：12 月 1 日，中淮公司收到江运公司前欠货款 40 000 元。

（1）会计人员根据审核后的进账单，编制银行存款收款凭证（银收 3 号），会计分录如下：

借：银行存款　　　　　　　　　　40 000

　　贷：应收账款——江运公司　　　　　　40 000

（2）出纳人员根据审核后的银行存款收款凭证登记银行存款日记账，如表 7-16 所示。

表 7-15

现 金 日 记 账

2024 年		凭证号数	摘要	对应科目	借方	√	贷方	√	余额
月	日								
12	1		期初余额						3 000 00
	1	银付1	提现备用	银行存款	2 000 00				5 000 00
	1	现付1	支付销售产品运杂费	销售费用			300 00		4 700 00
	1	现付2	王兰出差预借差旅费	其他应收款			2 000 00		2 700 00
	1	现付3	支付业务招待费	管理费用			620 00		2 080 00
	1		本日合计		2 000 00		2 920 00		2 080 00

表 7-16

银行存款日记账

2024年		凭证号数	摘要	对应科目	借方	√	贷方	√	余额
月	日				千百十万千百十元角分		千百十万千百十元角分		千百十万千百十元角分
12	1		期初金额						2 5 0 0 0 0 0
	1	银付1	提现备用	库存现金			2 0 0 0 0 0		2 4 8 0 0 0 0
	1	银收1	向银行借入短期借款	短期借款	6 0 0 0 0 0 0				3 0 8 0 0 0 0 0
	1	银收2	销售A产品	主营业务收入等	4 5 2 0 0 0 0				3 5 3 2 0 0 0 0
	1	银付2	购买甲材料	原材料等			5 6 5 0 0 0 0		2 9 6 7 0 0 0 0
	1	银付3	偿还华丰公司前欠货款	应付账款			3 4 0 0 0 0 0		2 6 2 7 0 0 0 0
	1	银付4	支付广告费	销售费用			8 0 0 0 0 0		2 5 4 7 0 0 0 0
	1	银收3	收到江远公司前欠货款	应收账款	4 0 0 0 0 0 0				2 9 4 7 0 0 0 0
	1		本日合计		1 4 5 2 0 0 0 0		1 0 0 5 0 0 0 0		2 9 4 7 0 0 0 0

任务7.3 设置和登记分类账

【任务引例】

2024年6月9日,中淮公司(增值税一般纳税人)行政部门张建采购办公用品1 200元,开出转账支票支付,相关凭证如表7-17、表7-18所示。会计人员应如何进行账务处理并登记管理费用总账和明细账?

表 7-17

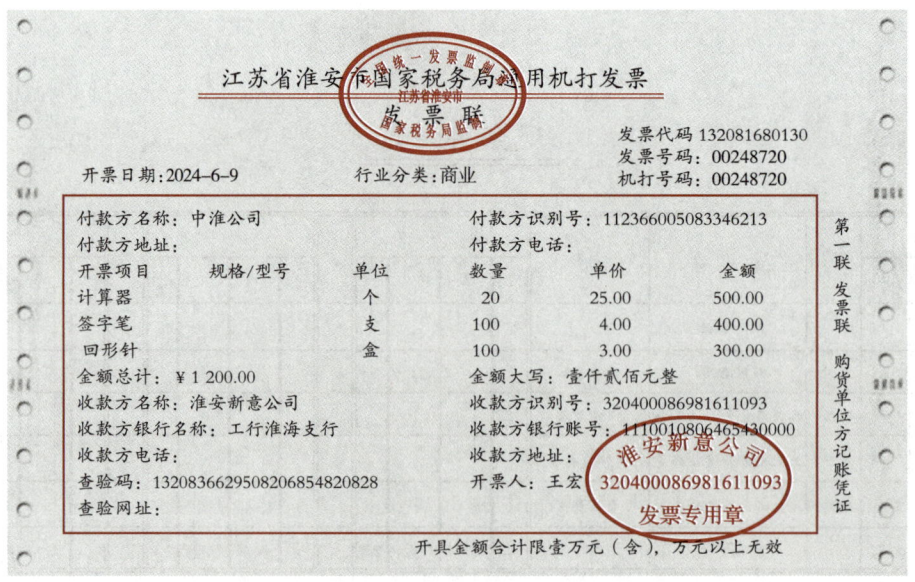

表 7-18

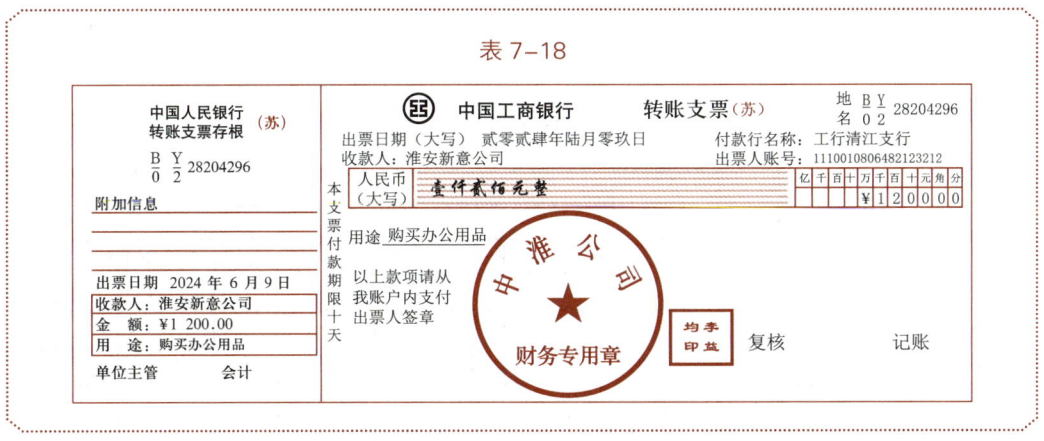

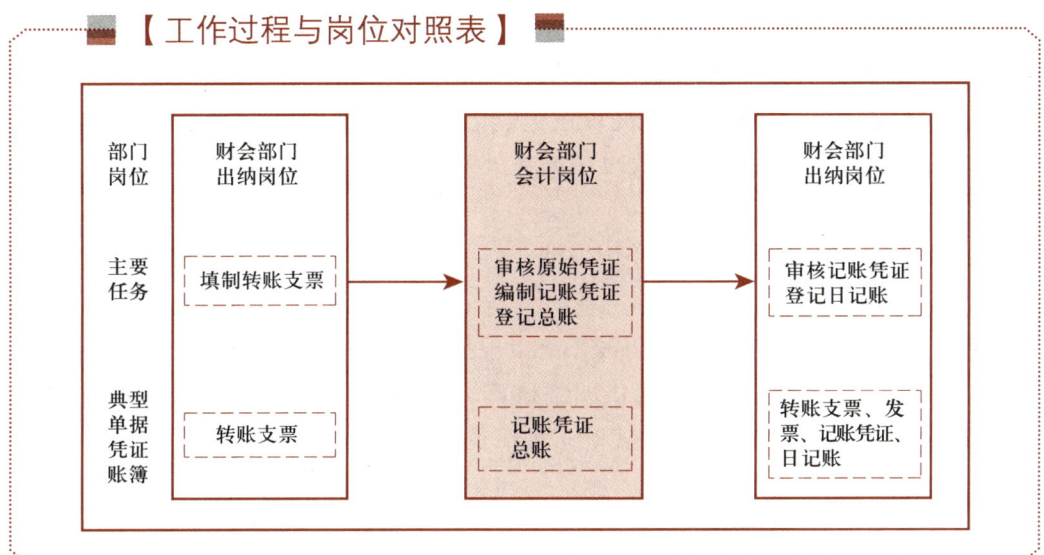

【知识准备】

一、总分类账的格式和登记方法

（一）总分类账的格式

总分类账（General Ledger）是指按照总分类账户分类登记以提供总括核算资料的账簿，其格式一般采用三栏式，如表 7-6 所示。

> 【提示】
>
> 总分类账也可采用多栏式日记总账格式。日记总账是指将总分类核算和序时核算相结合而设置的总账，其格式如表 7-19 所示。

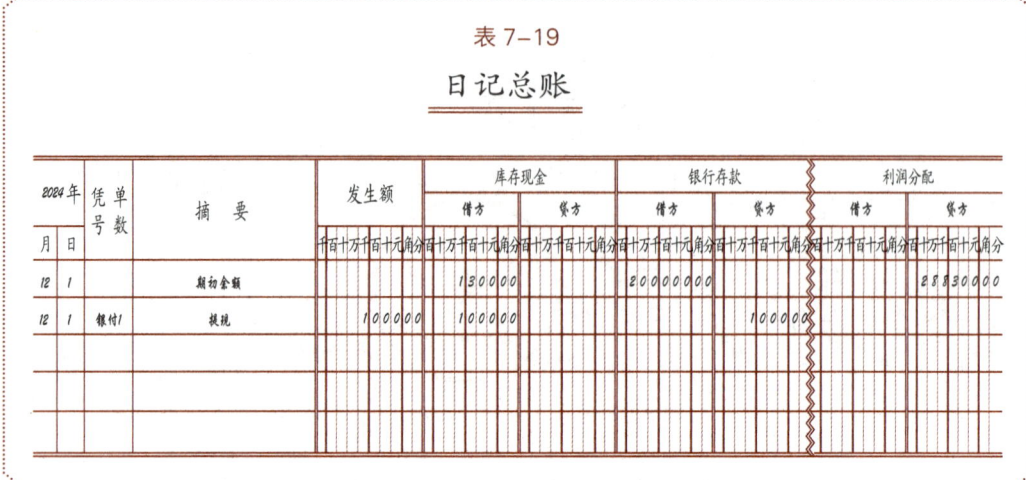

（二）总分类账的登记方法

总分类账可以直接根据记账凭证逐笔登记，也可以根据科目汇总表或汇总记账凭证等登记。总分类账的登记取决于账务处理程序，这部分内容将在本书项目 10 中介绍。

二、明细分类账的格式和登记方法

（一）明细分类账的格式

明细分类账（Subsidiary Ledger）是指根据二级账户或明细账户开设账页，分类、连续登记经济业务事项以提供明细核算资料的账簿，其格式可以采用三栏式、多栏式、数量金额式和横线登记式等多种账页格式。

1. 三栏式明细分类账

三栏式明细分类账的格式与三栏式总分类账的格式基本相同，它主要适用于只进行金额核算而不需要进行数量核算的资本、债权、债务账户的明细分类账核算。如"应收账款""应付账款""短期借款""应付职工薪酬"等明细分类账。其格式如表 7-30、表 7-31 和表 7-32 所示。

2. 多栏式明细分类账

多栏式明细分类账的格式是根据经济业务的特点和管理的需要，在同一账页内将属于同一总账科目的所有相关明细科目或项目集中起来，分设若干专栏予以登记和反映。按照明细分类账登记的经济业务的不同，多栏式明细分类账的账页又分为借方多栏式、贷方多栏式和借贷多栏式三种格式。

（1）借方多栏式明细分类账。借方多栏式明细分类账是指按照借方科目设置若干个专栏，用蓝字登记，若为贷方发生额则用红字在有关专栏内登记的明细分类账。它适用于借方需要设置多个明细科目或明细项目的账户，如"生产成本""管理费用""制造费用""财务费用""其他业务成本""营业外支出"等账户

微课：借贷余多栏式管理费用明细账的登记

的明细分类核算。其格式如表 7-23 所示。

（2）贷方多栏式明细分类账。贷方多栏式明细分类账是指按照贷方科目设置若干个专栏，用蓝字登记，若为借方发生额则用红字在有关专栏内登记的明细分类账。它适用于贷方需要设置多个明细科目或明细项目的账户，如"主营业务收入""其他业务收入""营业外收入"等账户的明细分类核算。其格式如表 7-20 所示。

表 7-20

主营业务收入　明细账

2024年		凭证号数	摘要	合计	贷方				
月	日				A产品	B产品	C产品	D产品	……
12	1		销售A产品	1000000	1000000				
	3		销售B产品	2800000		2800000			

（3）借贷多栏式明细分类账。借贷多栏式明细分类账是指按照借方和贷方科目分别设置若干个专栏进行登记的明细分类账。它适用于借方和贷方都需要设置多个明细科目或明细项目的账户，如"本年利润""应交税费——应交增值税"等账户的明细分类核算，其格式如表 7-21 所示。

表 7-21

应交税费——应交增值税　明细账

2024年		凭证号数	摘要	借方			贷方				余额
月	日			进项税额	已交税金	合计	销项税额	进项税额转出	出口退税	合计	
12	2		购货	680000							
	3		销售				1020000				

3. 数量金额式明细分类账

<u>数量金额式明细分类账</u>的账页分为"收入""发出"和"结存"三大栏，在每栏内又分设"数量""单价"和"金额"三小栏。它主要适用于既要进行金额核算又要进行数量核算的账户，如"原材料""库存商品""委托加工物资"等各种财产物资的明细分类核算。其格式如表 7-27、表 7-28 和表 7-29 所示。

4. 横线登记式明细分类账

<u>横线登记式明细分类账</u>是采用横线登记的方法，将每一相关的业务登记在同一

横行内，从而可依据每一行各个栏目的登记是否齐全来判断该项业务的完成及变动情况。它适用于登记材料采购业务、应收票据和一次性备用金业务等，如"材料采购""其他应收款"等账户的明细分类账。其格式如表7-22所示。

表7-22

其他应收款——备用金 明细账

2024年		凭证号数	摘要	借方			2024年		凭证号数	摘要	贷方			余额
月	日			原借	补付	合计	月	日			报销	退	合计	
3	5	6	李明	50000		50000								
3	7	10	张军	60000		60000	3	12	90	报销	58000	2000	60000	

■ 【动脑筋】■

李明和张军的借款都归还了吗？

（二）明细分类账的登记方法

不同类型经济业务的明细分类账可根据管理需要，依据记账凭证、原始凭证或汇总原始凭证逐日逐笔或定期汇总登记。通常情况下，固定资产、债权和债务等明细分类账应逐笔登记；种类多、收发频繁的库存商品、原材料等明细分类账可以逐笔登记，也可定期汇总登记；有关收入、费用、成本等明细分类账可以逐日汇总登记，也可以定期汇总登记。

■ 【提示】■

对于只设有借方的多栏式明细分类账，平时在借方登记"制造费用""管理费用""主营业务成本"等账户的发生额，贷方登记月末将借方发生额一次转出的数额。平时如果发生贷方发生额，应该用红字在多栏式账页的借方栏内登记表示冲减。对于只设有贷方的多栏式明细分类账，平时在贷方登记"主营业务收入""营业外收入"等账户的发生额，借方登记月末将贷方发生额一次转出的数额。平时如果发生借方发生额，应该用红字在多栏式账页的贷方栏内登记表示冲减。

三、总分类账与明细分类账的平行登记

（一）总分类账与明细分类账平行登记的要点

总分类账户与其所属的明细分类账户的平行登记是指对每项经济业务事项都要以会计凭证为依据，一方面记入有关总分类账户，另一方面又要记入其所属明细分类账户。总分类账户与明细分类账户平行登记的要点是：

1. 依据相同

依据相同是指对发生的经济业务，都要依据同样的原始凭证或者记账凭证，既登记有关总分类账户，又登记其所属明细分类账户。

2. 方向相同

方向相同是指将经济业务记入总分类账和其所属明细分类账时，记账方向必须相同。即总分类账户记入借方，明细分类账户也记入借方；总分类账户记入贷方，明细分类账户也记入贷方。

3. 期间相同

期间相同是指对每项经济业务在记入总分类账户和其所属明细分类账户过程中，可以有先有后，但必须在同一会计期间全部登记入账。

4. 金额相等

金额相等是指对每项经济业务记入总分类账户的金额，应与记入其所属明细分类账户的金额（或金额合计）相等。具体包括：

总分类账户本期借方发生额 = 其所属明细分类账户本期借方发生额合计

总分类账户本期贷方发生额 = 其所属明细分类账户本期贷方发生额合计

总分类账户期初余额 = 其所属明细分类账户期初余额合计

总分类账户期末余额 = 其所属明细分类账户期末余额合计

（二）总分类账与明细分类账的核对

为了保证总分类账户与其所属明细分类账户的登记准确无误，必须定期核对总分类账与其所属明细分类账的有关记录，及时发现可能存在的记账错误。核对方法：可以根据明细分类账的记录，编制"总分类账户所属明细分类账户发生额及余额表"，如表7-33和表7-34所示。

【职业判断与任务操作】

针对本任务引例，处理如下：

（1）设置管理费用总账和明细账，如表7-23和表7-24所示。

（2）6月9日，行政部门张建采购办公用品1 200元，开出转账支票支付，会计人员根据审核后的发票和转账支票存根，编制银行存款付款凭证（银付26号），会计分录如下：

借：管理费用——办公费　　　　　1 200
　　贷：银行存款　　　　　　　　　　　　　1 200

（3）出纳人员根据审核后的银行存款付款凭证和转账支票存根，登记银行存款日记账（此处略）。

（4）会计人员根据审核后的银行存款付款凭证登记管理费用总账和明细账，如表7-23和表7-24所示。

表 7-23

管理费用　总账

2024年		凭证号数	摘要	借方	贷方	借或贷	余额
月	日						
6	9	银付26	采购办公用品	1 200 00		借	1 200 00
	10	转78	分配行政管理人员工资	10 000 00		借	11 200 00
	30	转219	计提固定资产折旧	1 000 00		借	12 200 00
	30	转226	结转管理费用		12 200 00	平	0
	30		本月合计	12 200 00	12 200 00	平	0

表 7-24

管理费用　明细账

2024年		凭证号数	摘要	发生额合计	办公费	差旅费	职工薪酬	折旧费	其他
月	日								
6	9	银付26	采购办公用品	1 200 00	1 200 00				
	10	转78	分配行政管理人员工资	10 000 00			10 000 00		
	30	转219	计提固定资产折旧	1 000 00				1 000 00	
	30	转226	结转管理费用	12 200 00	1 200 00		10 000 00	1 000 00	

【典型任务举例】

任务 7-10：6 月 10 日，分配本月职工工资，其中生产工人工资 80 000 元，车间管理人员工资 14 000 元，行政管理人员工资 10 000 元。

（1）会计人员根据审核后的工资单和转账支票存根，编制转账凭证（转 78 号），会计分录如下：

借：生产成本　　　　　　　　　　　80 000
　　制造费用　　　　　　　　　　　14 000
　　管理费用——职工薪酬　　　　　10 000
　　贷：应付职工薪酬　　　　　　　　　　　104 000

（2）会计人员根据审核后的转账凭证登记管理费用总账和明细账，如表 7-23 和表 7-24 所示。

【提示】

本典型任务举例接任务 7.3 的"任务引例"，下同。

任务 7-11：6 月 30 日，计提本月行政管理部门固定资产的折旧费 1 000 元，生产用固定资产的折旧费 3 000 元。

（1）会计人员根据审核后的折旧计算表，编制转账凭证（转 219 号），会计分录如下：

借：管理费用——折旧费　　　　　　　　1 000
　　制造费用　　　　　　　　　　　　　3 000
　　贷：累计折旧　　　　　　　　　　　　　　　4 000

（2）会计人员根据审核后的转账凭证登记管理费用总账和明细账，如表 7-23 和表 7-24 所示。

任务 7-12：6 月 30 日，结转本月发生的管理费用。

（1）会计人员根据审核后的结转本年利润的凭证，编制转账凭证（转 226 号），会计分录如下：

借：本年利润　　　　　　　　　　　　12 200
　　贷：管理费用　　　　　　　　　　　　　　12 200

（2）会计人员根据审核后的转账凭证登记管理费用总账和明细账，如表 7-23 和表 7-24 所示。

任务 7-13：中淮公司 2024 年 6 月 1 日有关"原材料"和"应付账款"总分类账户及其所属明细分类账户的月初余额如下。

"原材料"总分类账户借方余额 78 000 元，其中甲材料 300 千克，每千克 200 元，计 60 000 元；乙材料 900 千克，每千克 20 元，计 18 000 元。"应付账款"总分类账户贷方余额 9 500 元，其中红瑞公司明细账户贷方余额 5 500 元，易达公司明细账户贷方余额 4 000 元。

中淮公司本月发生的材料收发业务和与供应单位的结算业务如下（暂不考虑增值税）：

（1）6 月 2 日，从科美公司购入以下材料，材料均已验收入库，货款未付。

乙材料 400 千克，每千克 20 元，计 8 000 元

丙材料 1 000 件，每件 5 元，计 5 000 元

合计：13 000 元

（2）6 月 4 日，开出转账支票偿还红瑞公司货款 3 000 元。

（3）6 月 8 日，向易达公司购入丙材料 200 件，每件 5 元，货款计 1 000 元，材料已验收入库，货款暂欠。

（4）6 月 10 日，仓库发出以下原材料投入生产。

甲材料 200 千克，每千克 200 元，计 40 000 元

乙材料 500 千克，每千克 20 元，计 10 000 元

丙材料 700 件，每件 5 元，计 3 500 元

合计：53 500 元

要求：

第一，根据期初资料，登记"原材料"和"应付账款"的总账和明细账期初余额，如表 7-25 ~ 表 7-32 所示。

第二，根据本月发生的经济业务，会计人员编制记账凭证，并登记"原材料"和"应付账款"的总账和明细账。

（1）6 月 2 日，从科美公司购入材料，材料均已验收入库，货款未付。

➡ 工作过程：

步骤 1：会计人员根据审核后的购货发票和收料单，编制转账凭证（转 6 号），会计分录如下。

借：原材料——乙材料　　　　　　　　8 000
　　　　——丙材料　　　　　　　　　5 000
　　贷：应付账款——科美公司　　　　　　　　　13 000

步骤 2：会计人员根据审核后的转账凭证登记"原材料"和"应付账款"的总账和明细账，如表 7-25、表 7-26、表 7-28、表 7-29 和表 7-32 所示。

（2）6 月 4 日，开出转账支票偿还红瑞公司货款。

➡ 工作过程：

步骤 1：会计人员根据审核后的转账支票存根凭证，编制银行存款付款凭证（银付 18 号），会计分录如下。

借：应付账款——红瑞公司　　　　　　3 000
　　贷：银行存款　　　　　　　　　　　　　　　3 000

步骤 2：会计人员根据审核后的银行存款付款凭证登记"应付账款"的总账和明细账，如表 7-26 和表 7-30 所示。

（3）6 月 8 日，向易达公司购入丙材料，材料已验收入库，货款暂欠。

➡ 工作过程：

步骤 1：会计人员根据审核后的购货发票和收料单，编制转账凭证（转 54 号），会计分录如下。

借：原材料——丙材料　　　　　　　　1 000
　　贷：应付账款——易达公司　　　　　　　　　1 000

步骤 2：会计人员根据审核后的转账凭证登记"原材料"和"应付账款"的总账和明细账，如表 7-25、表 7-26、表 7-29 和表 7-31 所示。

（4）6 月 10 日，仓库发出原材料投入生产。

➡ 工作过程：

步骤 1：会计人员根据审核后的领料单，编制转账凭证（转 87 号），会计分录如下。

借：生产成本　　　　　　　　　　　　　53 500
　　贷：原材料——甲材料　　　　　　　　　　40 000
　　　　　　——乙材料　　　　　　　　　　10 000
　　　　　　——丙材料　　　　　　　　　　 3 500

步骤2：会计人员根据审核后的转账凭证登记"原材料"总账和明细账，如表7-25~表7-29所示。

表 7-25

原材料　总账

2024年		凭证号数	摘要	借方	贷方	借或贷	余额
月	日						
6	1		期初余额			借	7 800 00
	2	转6	乙、丙材料入库	1 300 00		借	9 100 00
	8	转54	丙材料入库	100 00		借	9 200 00
	10	转87	领用材料		5 350 00	借	3 850 00
	30		本月合计	1 400 00	5 350 00	借	3 850 00

表 7-26

应付账款　总账

2024年		凭证号数	摘要	借方	贷方	借或贷	余额
月	日						
6	1		期初余额			贷	9 500 00
	2	转6	购入乙、丙材料		1 300 00	贷	22 500 00
	4	银付18	偿还货款	3 000 00		贷	19 500 00
	8	转54	购入丙材料		100 00	贷	20 500 00
	30		本月合计	3 000 00	1 400 00	贷	20 500 00

表 7-27

原材料　明细账

材料编号：3001　　　　　　　　　　　　　计量单位：千克
材料类别：原料及主要材料　　　　　　　　存放地点：1号仓库
材料名称：甲材料　　　　　　　　　　　　储备定额：4 000

2024年		凭证号数	摘要	收入			发出			结存		
月	日			数量	单价	金额	数量	单价	金额	数量	单价	金额
6	1		期初余额							300	200	60 000 00
	10	转87	领用				200	200	40 000 00	100	200	20 000 00
	30		本月合计				200	200	40 000 00	100	200	20 000 00

表 7-28

原材料　明细账

材料编号：3002　　　　　　　　　　　　　　　　　　计量单位：千克
材料类别：原料及主要材料　　　　　　　　　　　　　　存放地点：1号仓库
材料名称：乙材料　　　　　　　　　　　　　　　　　　储备定额：3 000

2024年		凭证号数	摘要	收入			发出			结存		
月	日			数量	单价	百十万千百十元角分	数量	单价	百十万千百十元角分	数量	单价	百十万千百十元角分
6	1		期初余额							900	20	1800000
	2	转6	购入	400	20	800000				1300	20	2600000
	10	转87	领用				500	20	1000000	800	20	1600000
	30		本月合计	400	20	800000	500	20	1000000	800	20	1600000

表 7-29

原材料　明细账

材料编号：3003　　　　　　　　　　　　　　　　　　计量单位：件
材料类别：原料及主要材料　　　　　　　　　　　　　　存放地点：2号仓库
材料名称：丙材料　　　　　　　　　　　　　　　　　　储备定额：2 000

2024年		凭证号数	摘要	收入			发出			结存		
月	日			数量	单价	百十万千百十元角分	数量	单价	百十万千百十元角分	数量	单价	百十万千百十元角分
6	2	转6	购入	1000	5	500000				1000	5	500000
	8	转54	购入	200	5	100000				1200	5	600000
	10	转87	领用				700	5	350000	500	5	250000
	30		本月合计	1200	5	600000	700	5	350000	500	5	250000

表 7-30

应付账款　明细账

二级科目编号及名称：红瑞公司

2024年		凭证号数	摘要	借方	贷方	借或贷	余额
月	日			千百十万千百十元角分	千百十万千百十元角分		千百十万千百十元角分
6	1		期初余额			贷	550000
	4	银付18	偿还货款	300000		贷	250000
	30		本月合计	300000		贷	250000

表 7-31

应付账款 明细账

二级科目编号及名称：易达公司

2024年		凭证号数	摘要	借方	贷方	借或贷	余额
月	日						
6	1		月初余额			贷	4 000 00
	8	转54	购入丙材料		1 000 00	贷	5 000 00
	30		本月合计		1 000 00	贷	5 000 00

表 7-32

应付账款 明细账

二级科目编号及名称：科美公司

2024年		凭证号数	摘要	借方	贷方	借或贷	余额
月	日						
6	2	转6	购入乙、丙材料		13 000 00	贷	13 000 00
	30		本月合计		13 000 00	贷	13 000 00

步骤3：根据本期"原材料"和"应付账款"明细分类账户的记录，分别编制本期发生额及余额表，如表 7-33 和表 7-34 所示。

表 7-33 "原材料"总分类账户所属明细分类账户发生额及余额表　　单位：元

项　目	原材料总分类账户	原材料明细分类账户			
		合计	甲材料	乙材料	丙材料
期初余额	78 000	78 000	60 000	18 000	—
本期借方发生额	14 000	14 000	—	8 000	6 000
本期贷方发生额	53 500	53 500	40 000	10 000	3 500
期末余额	38 500	38 500	20 000	16 000	2 500

表 7-34 "应付账款"总分类账户所属明细分类账户发生额及余额表　　单位：元

项　目	应付账款总分类账户	应付账款明细分类账户			
		合计	红瑞公司	易达公司	科美公司
期初余额	9 500	9 500	5 500	4 000	—
本期借方发生额	3 000	3 000	3 000	—	—

续表

项目	应付账款总分类账户	应付账款明细分类账户			
		合计	红瑞公司	易达公司	科美公司
本期贷方发生额	14 000	14 000	—	1 000	13 000
期末余额	20 500	20 500	2 500	5 000	13 000

【动脑筋】

中淮公司上述"原材料"和"应付账款"总账与明细账在登记过程中是否遵循了平行登记的要求？

任务 7.4 对账和结账

【任务引例】

中淮公司（增值税一般纳税人）2024年1月"原材料"总账如表 7-35 所示，说明对账和结账方法的具体运用。

表 7-35

原材料　总账

2024 年		凭证号数	摘要	借方金额	贷方金额	借或贷	余额
月	日			百十万千百十元角分	百十万千百十元角分		百十万千百十元角分
1	1		上年结转			借	2 4 0 0 0 0 0
	6	转12	购入	8 0 0 0 0 0		借	2 4 8 0 0 0 0
	12	转21	领用		2 3 9 5 0 0 0 0	借	8 5 0 0 0
	24	转37	领用		5 0 0 0 0	借	3 5 0 0 0
	26	转42	购入	6 0 0 0 0 0		借	9 5 0 0 0

【工作过程与岗位对照表】

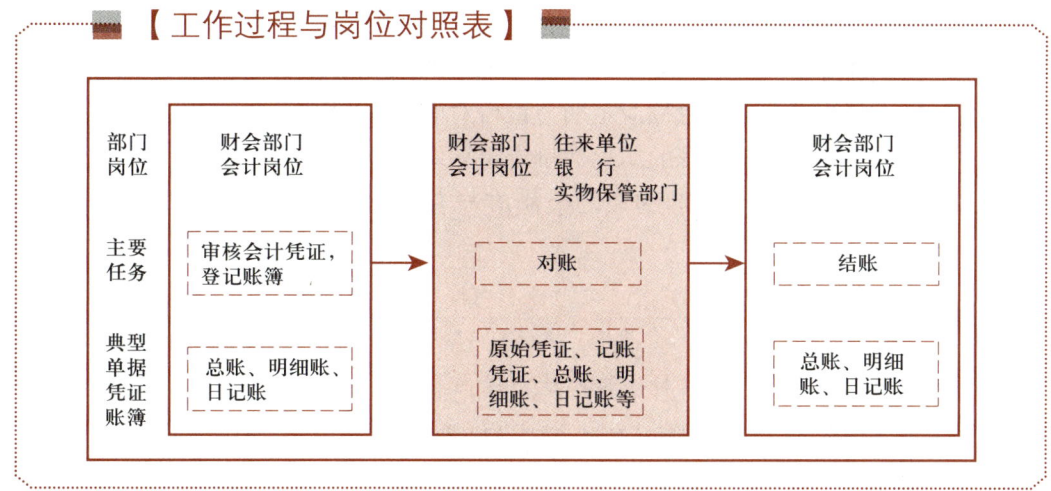

【知识准备】

一、对账

（一）对账的概念

对账是指定期对各类账簿记录进行核对，做到账证相符、账账相符和账实相符。

（二）对账的内容

对账主要包括账证核对、账账核对和账实核对。

1. 账证核对

账证核对是指核对会计账簿记录与原始凭证、记账凭证的时间、凭证字号、内容、金额是否一致，记账方向是否相符。

2. 账账核对

账账核对是指核对不同会计账簿之间的有关记录是否相符。账账核对主要包括：

（1）总分类账中全部账户的借方期末余额合计数与贷方期末余额合计数核对相符。

（2）总分类账户的期末余额与其所属明细分类账户的期末余额之和核对相符。

（3）总分类账中"库存现金"账户和"银行存款"账户的期末余额分别与现金日记账和银行存款日记账的期末余额核对相符。

（4）会计部门有关财产物资的明细账余额与财产物资保管和使用部门相应的明细账余额核对相符。

3. 账实核对

账实核对是指核对会计账簿记录与有关的货币资金和财产物资等实有数额是否

相符。主要包括：

（1）现金日记账的余额应该同实际库存现金数核对相符。

（2）银行存款日记账的余额应定期与银行对账单核对相符。

（3）有关财产物资明细账的结存数量应定期同实存数量核对相符。

（4）各种应收、应付款明细账的余额应与有关债务、债权单位或者个人核对相符。

> 【提示】
>
> 在实际工作中，账实核对一般要结合财产清查进行。

二、结账

（一）结账的概念

结账（Accounts Settling）是指在把一定时期（月份、季度、半年度、年度）内发生的经济业务全部登记入账的基础上，将各种账簿的记录结算出本期发生额和期末余额，并将期末余额转入下期的一项会计工作。

> 【提示】
>
> 企业由于撤销、合并而办理账务交接时，也要办理结账。

（二）结账的一般程序

结账一般应按以下程序进行：

（1）将本期发生的经济业务全部登记入账，并保证其正确性。

在会计核算工作中，为了归类记录和反映会计要素中资产、负债、所有者权益、收入、费用和利润的增减变化情况，并为编制会计报表提供所需的各种数据资料，有必要将记账凭证所提供的分散资料分别登记到相应的账户中去。结账前，必须查明本期内发生的经济业务是否全部入账，若发现漏记、错记，应及时补记、更正。

> 【提示】
>
> 不得为赶编会计报表而提前结账，也不能把本期发生的经济业务延至下期入账，更不得先编会计报表后结账。

（2）根据权责发生制的要求，调整有关账项，合理确定本期应计的收入和应计的费用。期末账项调整的内容主要包括：① 应计收入的调整。它是指本期已发生而且符合收入确认条件，应归属本期的收入，但尚未收到款项而未入账的产品销售收入或者劳务收入，应计入本期收入。② 应计费用的调整。它是指本期已发生应归属本期的费用，但尚未实际支付款项而未入账的成本、费用，应计入本期费用。如应计银行短期借款利息等。③ 收入分摊的调整。它是指前期已经收到款项，但由于尚未提供产品或劳务因而在当时没有确认为收入入账的预收款项，本期按照提供产品或者劳务的情况进行分摊确认为本期收入。④ 费用分摊的调整。它是指原来预付的各项费用应确认为本期费用的调整。如各种待摊性质的费用。⑤ 其他期末账项调整事项，如固定资产折旧、结转完工产品成本和已售产品成本等。

（3）将损益类账户转入"本年利润"账户，结平所有损益类账户。

（4）结出资产、负债和所有者权益账户的本期发生额和余额，并结转下期。

应将本期实现的各项收入与发生的各项费用编制记账凭证，分别从各收入账户与费用账户转入"本年利润"账户的贷方和借方，以便计算确定本期的财务成果；在本期全部经济业务登记入账的基础上，结算出所有资产、负债、所有者权益账户的本期发生额和期末余额。

（三）结账的方法

结账时，应当根据不同账户的记录，分别采用不同的方法：

（1）对不需按月结计本期发生额的账户，如各项债权、债务明细账和各项财产物资明细账等，每次记账以后，都要随时结出余额，每月最后一笔余额即为月末余额。月末结账时，只需要在最后一笔经济业务记录之下通栏划单红线，不需要再结计一次余额。

> 【提示】
>
> 划线的目的，是为了突出有关数字，表示本期的会计记录已经截止或者结束，并将本期与下期的记录明显分开。

（2）月末结账时，现金、银行存款日记账和需要按月结计发生额的收入、费用等明细账，要结出本月发生额和余额，在摘要栏内注明"本月合计"字样，并在下面通栏划单红线。

（3）每月结账时，需要结出本年累计发生额的某些明细账户，如收入、费用等明细账，应在"本月合计"行下结出自年初起至本月末止的累计发生额，登记在月份发生额下面，在摘要栏内注明"本年累计"字样，并在下面通栏划单红线；12月末的"本年累计"就是全年累计发生额。全年累计发生额下面应通栏划双红线。

（4）总账账户平时只需结出月末余额。年终结账时，将所有总账账户结出全年发生额和年末余额，在摘要栏内注明"本年合计"字样，并在合计数下通栏划双红线。

（5）年度终了结账时，有余额的账户，要将其余额结转下年，并在摘要栏内注明"结转下年"字样。在下一会计年度新建有关会计账簿的第一行余额栏内填写上年结转的余额，并在摘要栏内注明"上年结转"字样。

■ 【职业判断与任务操作】■

针对本任务引例，处理如下：

（1）对账，如"原材料"总账（见表7-25）与所属明细账（见表7-27、表7-28和表7-29）的核对，"应付账款"总账（见表7-26）与所属明细账（见表7-30、表7-31和表7-32）的核对。

（2）"原材料"总账结账，如表7-36所示。

表7-36

原材料　总账

2024年		凭证号数	摘要	借方	贷方	借或贷	余额
月	日			千百十万千百十元角分	千百十万千百十元角分		千百十万千百十元角分
1	1		上年结转			借	2 4 0 0 0 0 0
	6	转12	购入	8 0 0 0 0		借	2 4 8 0 0 0 0
	12	转21	领用		2 3 9 5 0 0 0 0	借	8 5 0 0 0 0
	24	转37	领用		5 0 0 0 0 0	借	3 5 0 0 0 0
	26	转42	购入	6 0 0 0 0 0		借	9 5 0 0 0 0
	31		本月合计	1 4 0 0 0 0 0	2 4 4 5 0 0 0 0	借	9 5 0 0 0 0
2	2	转8	购入	4 0 0 0 0 0		借	1 3 5 0 0 0 0
～	～	～	～	～	～	～	～
12	31		本月合计	1 5 9 0 0 0 0	1 5 5 0 0 0 0	借	6 9 7 0 0 0 0
	31		本年累计	9 8 7 6 0 0 0 0	1 1 5 7 9 0 0 0 0	借	6 9 7 0 0 0 0
	31		结转下年				

任务7.5　错账更正方法

■ 【任务引例】■

中淮公司（增值税一般纳税人）2024年11月30日计提本月短期借款利息，会计人员编制的转账凭证如表7-37所示，并据以登记入账。在结账前发现，在根据记账凭证转字第157号登记"应付利息"总账时将3 280元误记为3 820元，如表7-38所示。会计人员应如何更正错账呢？

表 7-37

转 账 凭 证

2024 年 11 月 30 日

总字第_____号
转字第 157 号

摘要	总账科目	明细科目	借方金额 百十万千百十元角分	贷方金额 百十万千百十元角分	√
计提短期借款利息	财务费用		3 2 8 0 0 0		√
	应付利息			3 2 8 0 0 0	√
合　　计			¥ 3 2 8 0 0 0	¥ 3 2 8 0 0 0	

附单据 1 张

财务主管(签章)　　记账(签章)　　复核(签章) 吴天行　　制单(签章) 贾晓红

表 7-38

应付利息　总账

2024年 月 日	凭证号数	摘要	借方 千百十万千百十元角分	贷方 千百十万千百十元角分	借或贷	余额 千百十万千百十元角分
11　1		期初余额			贷	3 0 0 0 0 0
		……				
		……				
30	转157	计提本月短期借款利息		3 8 2 0 0 0		

【工作过程与岗位对照表】

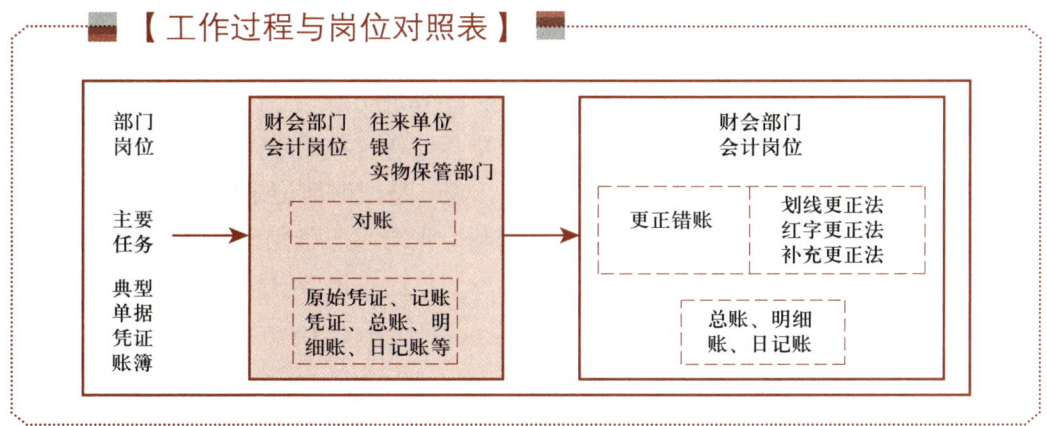

【知识准备】

错账更正方法主要有划线更正法、红字更正法和补充更正法三种。

一、划线更正法

划线更正法（Correction By Drawing A Straight Line）是指在结账以前，如果发现记账凭证填制无误，而账簿记录由于会计人员不慎出现笔误或计算失误，造成账簿上有文字或数字错误时采用的更正方法。

更正时，先将错误的文字或全部数字正中划一条红线予以注销，使原有字迹仍可辨认，以备查考，然后在划线上方空白处用蓝字填写正确的文字或者数字，并由会计人员和会计机构负责人（会计主管人员）在更正处盖章，以明确责任。划线更正法示例如表7-38所示。

> 【提示】
>
> 文字错误，可更正个别错字；数字错误，应将错误数字全部划掉，不得只更正其中的错误数字。

二、红字更正法

红字更正法（Correction By Using Red Ink）是指记账后在当年内发现记账凭证所记的会计科目错误，或者会计科目无误而所记金额大于应记金额，从而引起记账错误时采用的更正方法。

红字更正法一般适用于以下两种情况：

（1）记账以后发现记账凭证中应借、应贷会计科目名称错误，或者科目名称及金额均有错误，根据错误的记账凭证已经登记入账，造成账簿记录错误。

更正的方法是：用红字填写一张与原记账凭证完全相同的记账凭证，在摘要栏内注明"冲销×月×日第×号凭证错账"，并据以用红字金额登记入账，以冲销原有错误记录。再用蓝字金额填写一张正确的记账凭证，在摘要栏内注明"补记×月×日账"，并据以用蓝字登记入账。如任务7-14所示。

（2）记账以后发现记账凭证中应借、应贷会计科目并无错误，只是所记金额大于应记金额，根据错误的记账凭证已经登记入账，造成账簿记录错误。

更正的方法是：将多记的金额用红字填制一张与原记账凭证应借、应贷科目完全相同的记账凭证，在摘要栏内注明"冲销×月×日第×号凭证多记金额"，并据以用红字金额登记入账，用以冲销多记金额。如任务7-15所示。

> 【提示】
>
> 红字更正法既可以保持账户之间的对应关系，又可以保持账户记录中的发生额不至于因更正错账而使数字虚增或者虚减。

三、补充更正法

补充更正法（Correction By Extra Recording）是指记账以后，如果发现记账凭证中填写的应借、应贷会计科目并无错误，只是所记金额小于应记金额，根据错误的记账凭证已经登记入账，造成账簿记录错误时采用的更正方法。

更正的方法是：将少记的金额用蓝字编制一张与原记账凭证应借、应贷科目完全相同的记账凭证，在摘要栏内注明"补充×月×日第×号凭证少记金额"，并据以用蓝字金额登记入账，用以补充原少记金额。如任务7-16所示。

> **【提示】**
>
> 以上三种方法是对当年内发现填写记账凭证或者登记账簿错误而采用的更正方法，如果发现以前年度记账凭证中有错误并导致账簿登记出现差错，应当用蓝字或黑字填写一张更正的记账凭证。因错误的账簿记录已经在以前会计年度终了进行结账或决算，不可能将已经决算的数字进行红字冲销，只能用蓝字或黑字凭证对除文字外的一切错误进行更正，并在更正凭证上特别注明"更正××年度错账"的字样。

> **【提示】**
>
> 在计算机账务处理环境下，会计人员根据自己的权限进入系统进行错账更正，在更正错账的同时留下更正日期、权限口令、更正内容等资料，以备查。

【职业判断与任务操作】

针对本任务引例，处理如下：

（1）2024年11月30日计提本月短期借款利息，审核人员在结账前发现"应付利息"总账中将3 280元误记为3 820元，应采用划线更正法更正。

（2）正确的更正方法是：在"应付利息"总账中将3 820全部用红线划销，然后将正确数字写在错误数字上方，并由会计人员和会计机构负责人（会计主管人员）在更正处盖章，以明确责任，如表7-39所示。

表 7-39

应付利息　总账

2024年		凭证号数	摘要	借方 千百十万千百十元角分	贷方 千百十万千百十元角分	借或贷	余额 千百十万千百十元角分
月	日						
11	1		期初余额			贷	3 0 0 0 0 0
			……				
			……				
	30	转157	计提本月短期借款利息		周海平 3 8 8 0 0 冯晓丽		

【典型任务举例】

任务 7-14：2024 年 5 月 7 日，中淮公司管理部门领用甲材料 200 元，编制转账凭证如表 7-40 所示，且已登记入账，如表 7-42 和表 7-43 所示。29 日查账时发现该错误，具体错账更正工作过程是：

（1）该笔记账凭证中由于会计科目用错，应采用红字更正法更正。

（2）更正时应先用红字金额填制一张与原错误记账凭证内容完全相同的记账凭证，如表 7-41 所示，并据以用红字登记入账，如表 7-42 和表 7-43 所示。

表 7-40

转账凭证

2024 年 5 月 7 日

总字第_____号

转字第　4　号

摘要	总账科目	明细科目	借方金额 百十万千百十元角分	贷方金额 百十万千百十元角分	√
管理部门领用材料	生产成本	A产品	2 0 0 0 0		√
	原材料	甲材料		2 0 0 0 0	√
合　计			¥ 2 0 0 0 0	¥ 2 0 0 0 0	

附单据 1 张

财务主管（签章）周海平　记账（签章）冯晓丽　复核（签章）吴天行　制单（签章）贾晓红

表 7-41

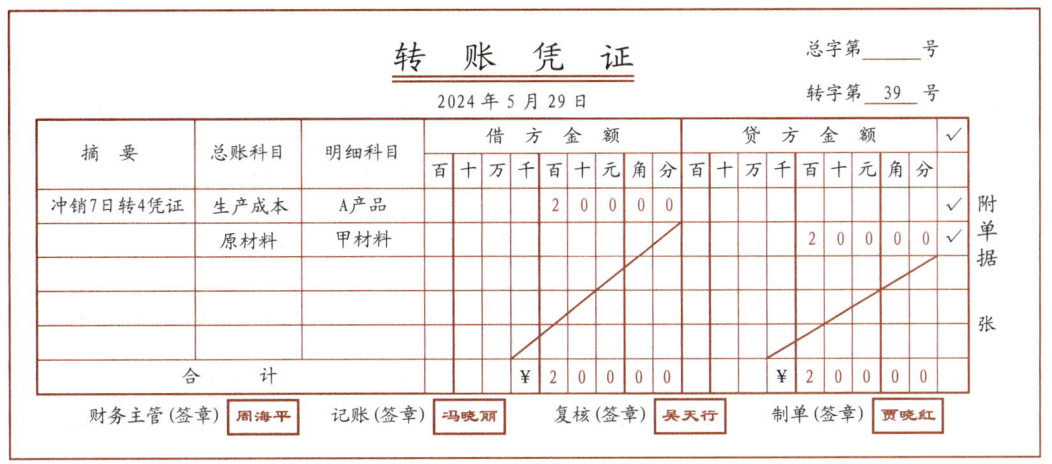

表 7-42

生产成本 总账

2024年		凭证号数	摘要	借方 百十万千百十元角分	贷方 百十万千百十元角分	借或贷	余额 百十万千百十元角分
月	日						
5	1		期初余额			借	1 0 0 0 0 0 0
	3	转1	生产产品领用材料	1 0 0 0 0 0 0		借	2 0 0 0 0 0 0
	7	转4	管理部门领用材料	2 0 0 0 0		借	2 0 2 0 0 0 0
	25	转9	支付电费	3 0 0 0 0 0		借	2 3 2 0 0 0 0
	29	转39	冲销7日转字第4号凭证错误	2 0 0 0 0		借	2 3 0 0 0 0 0

表 7-43

原材料 总账

2024年		凭证号数	摘要	借方 百十万千百十元角分	贷方 百十万千百十元角分	借或贷	余额 百十万千百十元角分
月	日						
5	1		期初余额			借	8 5 0 0 0 0 0
	3	转1	生产产品领用材料		3 0 0 0 0 0 0	借	5 5 0 0 0 0 0
	5	转3	乙材料入库	8 3 2 0 0 0 0		借	1 3 8 2 0 0 0 0
	7	转4	管理部门领用材料		2 0 0 0 0	借	1 3 8 0 0 0 0 0
	14	转6	生产产品领用材料		2 6 0 0 0 0 0	借	1 1 2 0 0 0 0 0
	29	转39	冲销7日转字第4号凭证错误		2 0 0 0 0	借	1 1 2 2 0 0 0 0
	29	转40	补记7日领用材料账		2 0 0 0 0	借	1 1 2 0 0 0 0 0

（3）然后再用蓝字填制一张正确的记账凭证转字第 40 号，如表 7-44 所示，并据以登记账簿，如表 7-42 和表 7-45 所示。

表 7-44

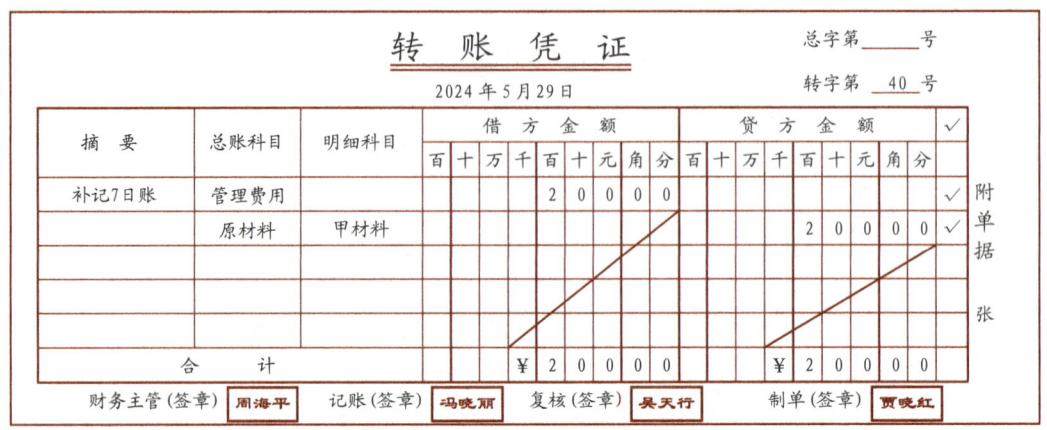

表 7-45

管理费用　总账

2024 年		凭证号数	摘要	借方	贷方	借或贷	余额
月	日			百十万千百十元角分	百十万千百十元角分		百十万千百十元角分
5	6	付4	支付办公用品费	2 0 0 0 0		借	2 0 0 0 0
	10	付6	支付办公用品费	1 0 0 0 0		借	3 0 0 0 0
	12	转5	报销差旅费	8 0 0 0 0		借	1 1 0 0 0 0
	22	付9	支付电话费	8 4 7 0 0		借	1 9 4 7 0 0
	29	转40	补记7日领用材料账	2 0 0 0 0		借	2 1 4 7 0 0

任务 7-15：2024 年 9 月 1 日，中淮公司用现金支付管理部门办公费 680 元，编制付款凭证，如表 7-46 所示，且已登记入账，如表 7-48 和表 7-49 所示。当日查账时发现该错误，具体错账更正工作过程是：

表 7-46

表 7-47

付 款 凭 证

总字第____号
付字第 8 号

贷方科目：库存现金　　　2024 年 9 月 1 日

摘要	借方科目		√	金额
	总账科目	明细科目		千百十万千百十元角分
冲销1日付字第3号凭证多记金额	管理费用		√	1 8 0 0 0

人民币（大写）　壹佰捌拾元整　　　　　¥ 1 8 0 0 0

财务主管（签章）周海平　记账（签章）冯晓丽　出纳（签章）王宏伟　复核（签章）吴天行　制单（签章）贾晓红

表 7-48

管理费用　总账

2024 年		凭证号数	摘要	借方	贷方	借或贷	余额
月	日			百十万千百十元角分	百十万千百十元角分		百十万千百十元角分
9	1	付3	支付办公用品费	8 6 0 0 0		借	8 6 0 0 0
	1	转3	报销差旅费	1 0 0 0 0 0		借	1 8 6 0 0 0
	1	付8	冲销1日付字第3号凭证多记金额	1 8 0 0 0		借	1 6 8 0 0 0

表 7-49

库存现金　总账

2024 年		凭证号数	摘要	借方	贷方	借或贷	余额
月	日			百十万千百十元角分	百十万千百十元角分		百十万千百十元角分
9	1		期初余额			借	1 4 5 0 0 0
	1	付3	支付办公用品费		8 6 0 0 0	借	5 9 0 0 0
	1	付7	提现备用	2 0 0 0 0 0		借	2 5 9 0 0 0
	1	付8	冲销1日付字第3号凭证多记金额		1 8 0 0 0	借	2 7 7 0 0 0

（1）该笔记账凭证中会计科目正确，但所记金额大于应计金额，应采用红字更

正法更正。

（2）更正时应将多记金额180元用红字填制一张与原错误记账凭证内容完全相同的记账凭证付字第8号，如表7-47所示，并据以用红字登记入账。如表7-48和表7-49所示。

任务7-16：2024年6月1日，中淮公司从银行提取现金3 000元备用，编制付款凭证，如表7-50所示，且已登记入账，如表7-52和表7-53所示。当日查账时发现该错误，具体错账更正工作过程是：

（1）该笔记账凭证中会计科目正确，但所记金额小于应计金额，应采用补充登记法更正。

（2）更正时应将少记金额2 700元用蓝字填制一张与错误记账凭证内容完全相同的记账凭证付字第5号，如表7-51所示，并据以登记入账，如表7-52和表7-53所示。

表7-50

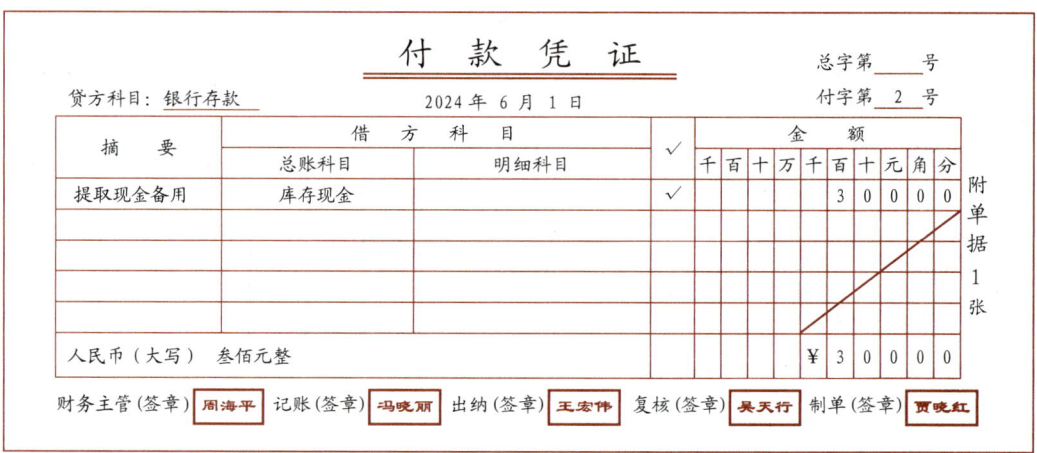

表7-51

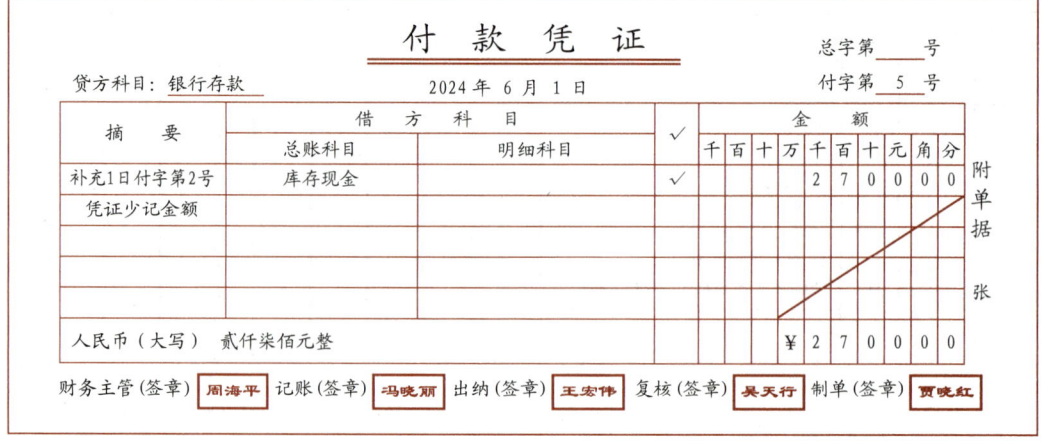

表 7-52

库存现金　总账

2024年		凭证号数	摘要	借方									贷方									借或贷	余额								
月	日			百	十万	千	百	十	元	角	分	百	十万	千	百	十	元	角	分			百	十万	千	百	十	元	角	分
6	1		期初余额																		借				9	8	0	0	0
	1	付2	提现备用				3	0	0	0	0										借			1	2	8	0	0	0
	1	付3	预付王雷差旅费												9	0	0	0	0		借				3	8	0	0	0
	1	付5	补充1日付字第2号凭证少记金额			2	7	0	0	0	0										借			3	0	8	0	0	0

表 7-53

银行存款　总账

2024年		凭证号数	摘要	借方									贷方									借或贷	余额								
月	日			百	十万	千	百	十	元	角	分	百	十万	千	百	十	元	角	分			百	十万	千	百	十	元	角	分
6	1		期初余额																		借			4	0	0	0	0	0	0
	1	收1	收回货款		1	2	0	0	0	0	0										借			5	2	0	0	0	0	0
	1	付1	购入甲材料										1	0	0	0	0	0	0		借			4	2	0	0	0	0	0
	1	付2	提现备用												3	0	0	0	0		借			4	1	7	0	0	0	0
	1	付4	支付广告费										1	0	0	0	0	0	0		借			3	1	7	0	0	0	0
	1	付5	补充1日付字第2号凭证少记金额												2	7	0	0	0	0		借			2	9	0	0	0	0	0

任务 7.6　更换和保管会计账簿

【任务引例】

2025年1月，中淮公司（增值税一般纳税人）财务部门将2023年度的会计档案转交给公司档案管理部门，会计人员应办理哪些相关移交手续？

【工作过程与岗位对照表】

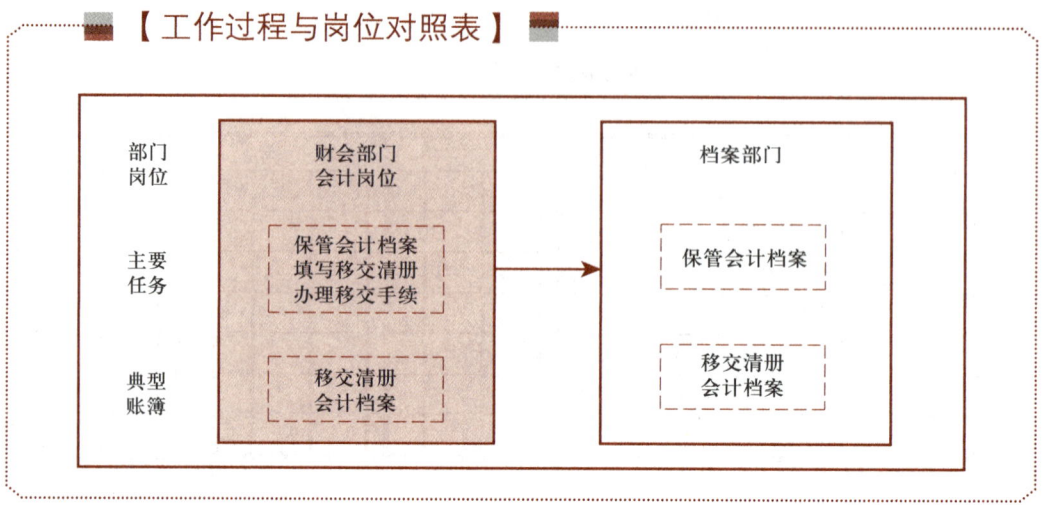

【知识准备】

一、会计账簿的更换

会计账簿的更换是指在会计年度终了时，将上一年度的旧账簿更换为新账簿。为了使每个会计年度的账簿资料明晰和便于保管，在新年度开始时，除固定资产明细账等少数账簿因变动不大可跨年度使用而不必办理更换新账手续外，其余账簿如总账、日记账和多数明细账一般都应结束旧账，启用新账。会计账簿的更换通常在新会计年度建账时进行。

【动脑筋】

各种备查账簿可否跨年度使用？

为了保证账簿记录的合法性和完整性，并明确相关责任，每本新账簿在启用时应在账簿扉页填写好"账簿启用表"和"账簿经管人员一览表"。在实际工作中，可将上述两张表合并设置"账簿启用和经管人员一览表"。更换新账簿时，可直接将各旧账的年末余额抄到相对应的新账中。同时，在新账的第一项第一行日期注明1月1日，在摘要栏内注明"上年结转"字样，在"借或贷"栏内注明余额方向。

【提示】

新账第一行上年结转的余额，不需编制凭证，也不需记入借方栏或贷方栏，应直接记入余额栏。

二、会计账簿的保管

年度终了，各种账簿在结转下年、建立新账后，一般旧账可暂由本单位财会部门保管**一年**，期满后应由财会部门移交本单位档案部门保管。移交时需要编制移交清册、填写交接清单，交接人员按移交清册和交接清单项目核查无误后签章，并在账簿使用日期栏内填写移交日期。

已归档的会计账簿作为会计档案应妥善保管，存放有序，原件不得借出。如有特殊需要，须经上级主管单位或本单位领导、会计主管人员批准，在不拆散原卷册的前提下，可以提供查阅或者复制，并需办理登记手续。

会计账簿是重要的会计档案之一，必须严格按新修订的《会计档案管理办法》规定的保管年限妥善保管，不得丢失和任意销毁。通常总账（包括日记总账）和明细账保管期限为30年；日记账保管期限为30年；固定资产卡片账在固定资产报废清理后保管5年；辅助账簿保管期限为30年。

> 【提示】
>
> 单位应当定期对已到保管期限的会计档案进行鉴定，并形成会计档案鉴定意见书。经鉴定，仍需继续保存的会计档案，应当重新划定保管期限；对保管期满，确无保存价值的会计档案，可以销毁。

【职业判断与任务操作】

针对本任务引例，处理如下：

（1）2025年1月将2023年度的会计档案转交给公司档案管理部门，应由会计人员编制会计档案移交清册，其格式如表7-54所示。

表7-54 会计档案移交清册

编号	文件名称	册数	应保管期限	已保管期限	保管地点及其他
2025001	2023年度会计凭证	12	30年	1年	本公司档案室
2025002	2023年度总分类账	1	30年	1年	本公司档案室
2025003	2023年度明细账	1	30年	1年	本公司档案室
2025004	2023年度现金日记账	1	30年	1年	本公司档案室
2025005	2023年度银行存款日记账	1	30年	1年	本公司档案室
2025006	2023年度辅助账簿	1	30年	1年	本公司档案室
2025007	2023年度月度财务报告	12	10年	1年	本公司档案室

续表

编号	文件名称	册数	应保管期限	已保管期限	保管地点及其他
2025008	2023年度财务报告（决算）	1	永久	1年	本公司档案室
2025009	2023年度银行存款余额调节表	1	10年	1年	本公司档案室
2025010	2023年度银行对账单	1	10年	1年	本公司档案室

移交单位：　　　移交人：周海平　　　接收单位：　　　接收人：江源　　　监交人：李益均

移交时间：2025年1月5日

（2）交接会计档案时，交接双方应当按照会计档案移交清册所列内容逐项交接，并由交接双方的单位负责人监交。

（3）交接完毕后，交接双方经办人员和监交人员应当在会计档案移交清册上签名或者盖章。

【项目小结】

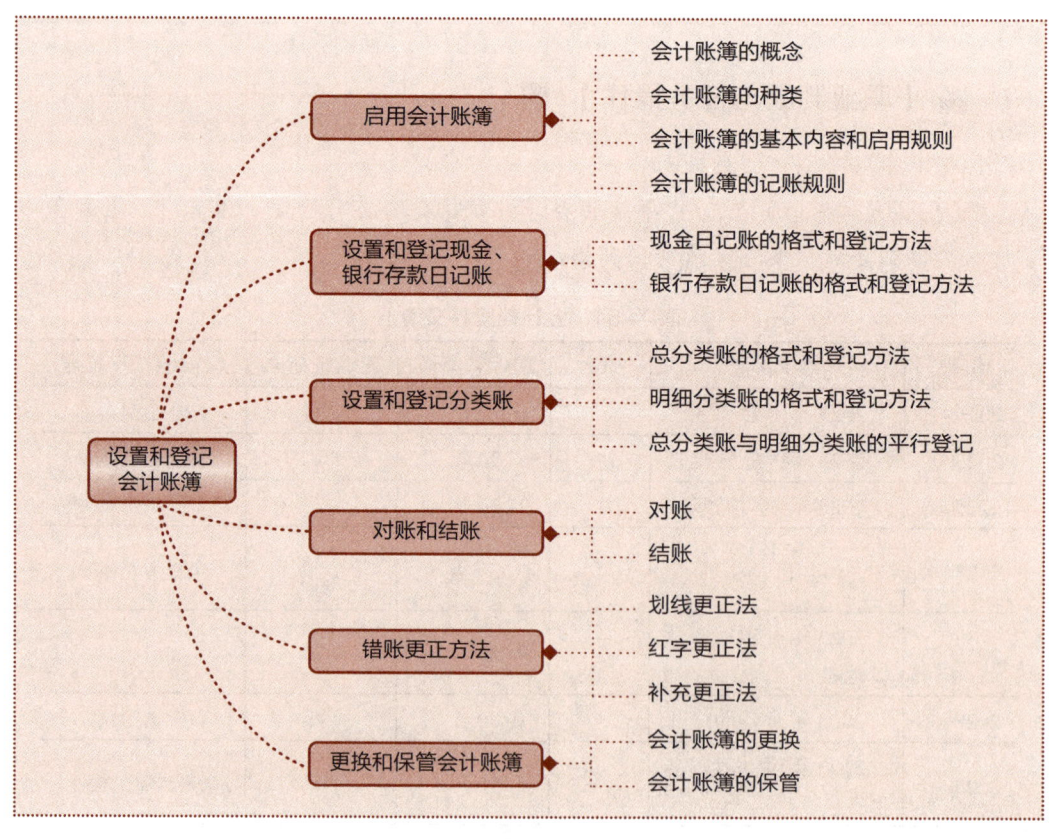

项目 8

组织和开展财产清查

【职业能力目标】

素养目标
- 培养客观公正、实事求是的工作态度
- 遵守财经纪律,做好廉洁风险点防控

知识目标
- 了解财产清查的概念、对象和基本分类
- 理解永续盘存制与实地盘存制的概念、计算过程及其优缺点
- 掌握库存现金清查的方法,熟悉现金清查业务的原始凭证及内部控制要求
- 掌握银行存款的清查方法并定期开展银行存款对账工作
- 掌握存货、固定资产等实物资产的清查方法
- 了解债权、债务各种往来款项的清查
- 掌握财产清查结果的账务处理

能力目标
- 能独立制订财产清查项目工作计划并实施
- 能指出不同的财产物资和往来款项应采用的财产清查方法
- 能根据银行对账单编制银行存款余额调节表

为了保证会计信息的真实可靠和财产物资的安全完整，提高资产的使用效率，《会计法》规定企业必须建立健全财产清查制度，对库存现金、银行存款、存货、固定资产、往来款项等资产进行定期或不定期的盘点和核对。财产清查是指根据账簿记录，对企业的各项财产进行实地盘点或核对账目，查明各项财产的实存数，确定实存数与账存数是否相符，并据以调整会计账簿，保证账实相符的一种专门方法。财产清查按照清查范围的不同可分为全面清查和局部清查，按清查时间可分为定期清查和不定期清查。财产物资的盘存方法有永续盘存制和实地盘存制两种。在财产清查过程中，需编制"盘存单""账存实存对比表"等相关原始凭证，对于清查中发现的各种问题，应分析财产清查结果产生的原因并进行账务处理。

任务 8.1 实物资产清查

【任务引例】

中淮公司 2024 年 12 月末对存货和固定资产进行清查，以核对账实是否相符。中淮公司实物资产盘存采用永续盘存制。中淮公司对实物资产清查应采用什么步骤和方法？对于清查后出现的账实不符情况应如何进行处理？

【工作过程与岗位对照表】

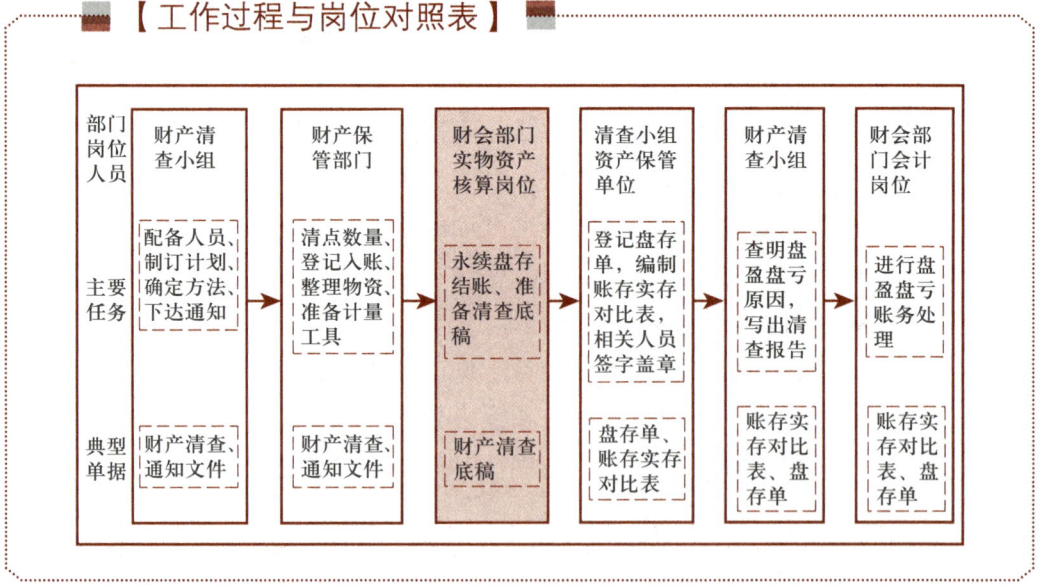

【知识准备】

一、实物资产的范围

企业的实物资产主要包括存货和固定资产。

> 【提示】
>
> 除清产核资、人员调换、离任审计、国家有关部门检查审计等情况外,存货清查一般每月进行一次,固定资产一般于年底与其他资产一起进行全面清查。

二、财产物资的盘存制度

实物资产清查应核对其账面数量与实际数量。会计实务中用以确定财产物资账面数量的盘存制度包括实地盘存制和永续盘存制两种。

(一)实地盘存制

实地盘存制(Periodic Inventory System)是指通过对各种财产物资的定期清查、盘点来确定其期末数量的一种方法。实地盘存制用于商品流通企业时,又称"以存计耗制"或"盘存计耗制"。在实地盘存制下,平时存货账上只登记增加数,不登记减少数,期末根据实地盘点确定的结存数再倒挤出存货减少成本,并据以记账。其计算公式为:

$$期末存货成本 = 期末存货数量 \times 进货单价$$

$$本期存货发出成本 = 期初存货成本 + 本期进货(收入)成本 - 期末存货成本$$

> 【动脑筋】
>
> 在实地盘存制下,对各项财产物资进行盘点的结果能否用于核对账实是否相等?

采用实地盘存制可以大大简化库存财产物资的明细核算工作,但不能随时反映库存财产物资的账面结存数量和金额,不利于对财产物资库存的管理和控制,因为该方法"以存"倒挤"销售成本"(耗用成本),有时会将非正常原因所造成的损耗挤入了正常的销售成本(耗用成本),直接影响成本计算的正确性,不利于保护财产物资的安全与完整。因此,该方法一般只适用于品种杂、单位价值低和交易频繁的商品以及数量不稳定、损耗大且难以控制的鲜活商品等。

(二)永续盘存制

永续盘存制(Perpetual Inventory System)又称账面盘存制,是指在日常会计核算中,会计账簿既记录财产物资的增加,又记录其减少,并随时结出账面余额的一种方法。采用永续盘存制，需要对每一品种、规格的财产物资开设明细账，通过对财产物资的收发进行明细分类核算，平时逐日或逐笔在明细账中登记增加数和减少数，并随时结出结存数。其计算公式为：

$$期末结存数 = 期初结存数 + 本期增加数 - 本期减少数$$

采用永续盘存制能够从数量和金额两方面加强对库存财产物资的管理。由于各种财产物资明细账的结存数量可以和实地盘点数相核对，因而当发生溢余或短缺时，有利于查明原因、明确责任、及时纠正。但缺点是库存财产物资明细分类核算的工作量较大，表现在明细账设置种类多、登记工作量大、计算和结转销售成本工作量大等方面。在实际工作中，大多数企业采用永续盘存制。

■【提示】■

不管采用哪一种盘存制度，都需要进行实地盘点。

■【职业判断与任务操作】■

针对本任务引例，其具体清查步骤、方法和账务处理是：

1. 成立财产清查机构

为了顺利进行财产清查工作，保证财产清查的质量，在财产清查时应成立专门的财产清查工作领导小组，并配备数量充足、责任心强、工作认真负责、业务水平高的财产清查人员。财产清查工作领导小组应由单位负责人任组长，负责整个财产清查工作的组织协调；由总会计师或主管厂长任副组长，负责财产清查工作的具体落实；同时，由财会部门、设备、技术、生产、行政及各有关部门参加，保证财产清查工作各环节的顺利进行。

2. 下达实物资产清查任务

财产清查领导小组应及时向被清查的各单位下达财产清查任务。下达财产清查任务一般以财产清查通知的形式进行，其内容一般包括：清查的意义、清查的目的和任务、清查的时点和范围、清查方式和时间安排、清查工作要求等。

3. 做好财产清查的各项业务准备

财会部门应在财产清查之前将所有已发生的经济业务登记入账，并结出有关账户余额，核对清楚，做到账簿记录完整、计算正确、账证相符、账账相符，为财产清查提供正确、可靠的依据。

财产物资保管部门应将截至财产清查时点前的各项财产物资的收支凭证手续办理齐全，全部登记入账，并结出余额。同时，财产物资保管人员应将其所保管的各种财产物资归类整理，堆放整齐，挂上标签，标明品种、规格和结存数量，以便盘点核对。

财产清查小组应组织有关部门准备各种必要的、精确的度量器具，印制各种财产清查的登记表册。

如对银行存款、借款及往来款项进行清查，事先应取得对账单，以便查对。

4. 确定财产清查的方法

企业应根据清查资产的特点和清查要求选择适当的清查方法，开展清查工作。实物资产的清查方法主要有实地盘点法、技术推算法、抽样盘点法。

（1）**实地盘点法**（On-the-spot Inventory Method）是对财产物资按其存放地点进行逐一清点，或用计量器具（如磅秤、米尺等）进行实地称量，以确定其实有数量。这种方法适用范围较广，大多数财产物资一般都可采用该种方法。

（2）**技术推算法**（Technical Methods of Estimating）又叫测量计算法，是对那些不便于称量的大堆、笨重、单位价值较低但存放有一定规则的财产物资，在抽样盘点的基础上，进行技术推算。如露天堆放的原煤，可以用单位体积重量乘以体积求得全部结存数量。这种方法适用于那些大量成堆、笨重的、难以逐一清点的财产物资，它一般通过量方、计尺等方法确定其实存数量。

（3）**抽样盘点法**（Sampling Inventory Method）是对那些一般不便于逐一点数的、单位价值较小但数量多、重量比较均匀特别是已经包装好的实物资产，通过抽样的方法检查单位实物资产的质量与数量，以确定该项资产的总体质量与数量。

5. 开展实物资产清查

（1）核实实物资产价值和账实相符情况。通过实物清查，查明是否存在账外资产、盘亏资产，资产实物与资产明细账记载的数量、金额是否一致，账账、账表、账卡是否相符。在实物资产清查中，为了如实反映财产清查的结果及账实核对情况，企业应设置"**盘存单**"（见表8-1）及"**账存实存对比表**"（见表8-2）等原始凭证对其进行记录。

"盘存单"是实物资产盘点结果的书面证明，也是反映实物资产实有数量的原始凭证。财产清查人员应将清查的数量及质量情况如实登记在"盘存单"上。盘存单至少一式两联，一联由保管部门留存作为调整其数量账的依据，一联传至财会部门作为编制"账存实存对比表"及进行相关账务处理的依据。"盘存单"中"数量"栏，应按清查结果如实填写；"单价"栏一般按有关明细账记录的单价填写，如属于账外的财产物资，单价可按市价填写，如果该项财产物资是残旧物品或已变质、毁损，则应按质论价，确定单价；"金额"栏根据数量和单价计算填列；"备注"栏内应注明储备不足或超储积压、呆滞、不配套以及质量等方面的情况。财产清查结束后，应由盘点人员和保管人员签章。

"账存实存对比表"是根据"盘存单"和有关账簿记录资料编制的原始凭证，它所反映的账存实存之间的差异，是调整账簿记录的依据，也是分析差异原因、明确经济责任的依据。"账存实存对比表"一般一式两联，第一联为报账联，作为财会部门调整资产账簿记录的依据；第二联为批复联，作为财会部门处理盘盈盘亏的依据。"账存实存对比表"须由清查人员制表、会计主管人员审核后作为入账依据，其中在第二联"批复联"中，设置了"处理决定"栏，由单位厂长经理会议等权力机构对资产盘盈盘亏处理进行批复，作为盘盈盘亏处理的依据。

为了明确经济责任，在财产清查时，实物保管人员必须在场，并在相关的会计凭证上签名盖章。

（2）核实资产基本状况。对每项资产逐一核实名称、编号、规格型号、计量单位、数量、使用单位或部门、存放地点等基本状况。

（3）核实资产权属情况。权属是否清晰明确，房产、车船等固定资产是否办理了权证，权证登记所有权人与实际所有权人是否一致，是否存在应过户变更而未及时办理的情况；资产是否已进行了抵押、担保，是否涉及诉讼事项。

（4）核实资产质量和使用情况。核实资产是自用、出租、未用还是闲置，是否存在毁损报废、多年闲置或使用效率不高的情况。

（5）核实资产分布情况。核实资产按类别分布情况，包括在各个业务板块以及生产经营性、非生产经营性资产分布情况。

6. 实物资产清查结果的处理

实物资产清查的结果不外乎两种情形：一种是账实相符；另一种是账实不符，即企业发生了财产物资的盘盈、盘亏或毁损等。当财产物资的实存数大于账存数时，称为盘盈；当财产物资的实存数小于账存数时，称为盘亏；若实存数虽与账存数一致，但实存的财产因有质量问题而不能按正常的财产物资使用的，称为毁损。发生盘盈、盘亏或毁损时，必须以国家有关的政策、法令和制度为依据，严肃认真地做好清查结果的处理工作。

为了核算和监督企业在财产清查中所发现的各项财产物资的盘盈、盘亏和毁损等情况，企业应设置"待处理财产损溢"账户。该账户用来核算企业各种财产物资的盘盈、盘亏及毁损的发生及处理情况，其借方登记待处理财产物资的盘亏和毁损数以及经批准后转销的盘盈数；贷方登记待处理财产物资的盘盈数以及经批准后转销的盘亏和毁损数；期末结转后应无余额。

【知识拓展】

财产清查领导小组的主要任务是：① 制订财产清查的详细计划。根据管理制度或有关部门的要求拟定财产清查工作的详细步骤，确定财产清查的对象和范围，安排财产清查工作的进度，配备财产清查人员等。② 做好宣传工作。向干部和职工广泛宣传财产清查工作的重要性，以得到企业各部门的密切配合与支持，保证财产清查工作的顺利进行。③ 掌握工作进度。检查和督促各项清查工作，及时研究和处理财产清查工作中出现的问题。④ 做好后续工作。在清查结束后，应及时进行总结，将清查的结果及其处理的意见和建议书面报告领导和有关部门审批处理。

【提示】

为了便于对固定资产和流动资产损溢的处理，"待处理财产损溢"账户设置"待处理非流动资产损溢"和"待处理流动资产损溢"两个明细账户，进行明细分类核算。但固定资产盘盈应通过"以前年度损益调整"账户核算，固定资产毁损应通过"固定资产清理"账户核算。

【典型任务举例】

任务 8-1：2024 年 12 月 28 日，中淮公司在财产清查中，发现 1 号仓库所储鲁花花生油材料盘盈 400 升，市场价每升 10 元，计 4 000 元。12 月 30 日，经查鲁花花生油盘盈是因计量不准造成，报请公司经理会议批准后，做冲减管理费用处理。"盘存单"及"账存实存对比表"如表 8-1、表 8-2 和表 8-3 所示。

表 8-1

盘 存 单

单位名称：中淮公司
财产类别：原料及主要材料　　　　　　　　　　材料编号：1009
盘点时间：2024年12月28日　　　　　　　　　存放地点：1号仓库

编号	名称	计量单位	数量	单价	金额	备注
1009	鲁花花生油	升	56 400	10	564 000	

盘点人签章：李月　　　　　　　　　　实物保管人签章：张红

表 8-2

账存实存对比表

单位名称：中淮公司　　　　　　　2024 年 12 月 28 日

编号	类别及名称	计量单位	单价	实存		账存		对比结果				备注
								盘盈		盘亏		
				数量	金额	数量	金额	数量	金额	数量	金额	
1009	鲁花花生油	升	10	56 400	564 000	56 000	560 000	400	4 000			报账联

审核人：吴天行　　　　　　　　　　　　　　　　制表人：贾晓红

表 8-3

账存实存对比表

单位名称：中淮公司　　　　　　　2024 年 12 月 28 日

编号	类别及名称	计量单位	单价	实存		账存		对比结果				备注
								盘盈		盘亏		
				数量	金额	数量	金额	数量	金额	数量	金额	
1009	鲁花花生油	升	10	56 400	564 000	56 000	560 000	400	4 000			批复联

处理决定：

　　上述盘盈冲减"管理费用"账户。

　　同意。

　　　　　　　　　　　　　　　　　　　　　　　　　总经理：赵至化

审核人：吴天行　　　　　　　　　　　　　　　　制表人：贾晓红

■【提示】

发生各种材料、产成品盘盈时，应按照该资产的重置成本，借记"原材料""库存商品"等账户，贷记"待处理财产损溢"账户；按照规定程序批准转销时，对于流动资产的盘盈，借记"待处理财产损溢"账户，贷记"管理费用"账户。

➡ 工作过程：

步骤1：12 月 28 日，会计人员根据"盘存单"及"账存实存对比表"（报账联），调整有关账户的数额，编制如下会计分录。

　　借：原材料——鲁花花生油　　　　　　　　　　　　　4 000
　　　　贷：待处理财产损溢——待处理流动资产损溢　　　　　　　4 000

步骤 2：根据上述会计分录，登记"原材料——鲁花花生油"总账及明细账，做到账实相符。

步骤 3：12 月 30 日，经查明，鲁花花生油盘盈是因计量不准造成，经批准冲减本月管理费用。会计人员根据"账存实存对比表"（批复联），编制如下会计分录。

借：待处理财产损溢——待处理流动资产损溢　　4 000
　　贷：管理费用——存货盘盈　　　　　　　　　　　4 000

任务 8-2：2024 年 12 月 28 日，中淮公司在财产清查过程中，发现毁损面粉 1 440 千克，单价 2.5 元；鲜牛奶盘亏 1 200 升，单价 3 元。12 月 30 日，经查明面粉毁损是由于 1 号仓库水灾造成的非常损失，经批准记入"营业外支出"账户；鲜牛奶盘亏是由于收发计量上的差错造成的，经批准记入"管理费用"账户。其原始凭证如表 8-4～表 8-7 所示（"账存实存对比表"报账联略）。

表 8-4

盘 存 单

单位名称：中淮公司
财产类别：原料及主要材料　　　　　　　　　　材料编号：1008
盘点时间：2024年12月28日　　　　　　　　　存放地点：1号仓库

编号	名称	计量单位	数量	单价	金额	备注
1008	面粉	千克	20 000	2.5	50 000	

盘点人签章：李月　　　　　　　　　　　　　　实物保管人签章：张红

（财务部门记账联）

表 8-5

账存实存对比表

单位名称：中淮公司　　　　　　2024 年 12 月 28 日

编号	类别及名称	计量单位	单价	实存		账存		对比结果				备注
								盘盈		盘亏		
				数量	金额	数量	金额	数量	金额	数量	金额	
1008	面粉	千克	2.5	20 000	50 000	21 440	53 600			1 440	3 600	水灾

处理决定：
　　上述盘亏记入"营业外支出"账户。
　　同意。
　　　　　　　　　　　　　　　　　　　　　　总经理：赵至化

审核人：吴天行　　　　　　　　　　　　　　制表人：贾晓红

（批复联）

表 8-6

盘 存 单

单位名称：中淮公司
财产类别：原料及主要材料 材料编号：1007
盘点时间：2024年12月28日 存放地点：2号仓库

编号	名称	计量单位	数量	单价	金额	备注
1007	鲜牛奶	升	60 000	3	180 000	

盘点人签章：李月   实物保管人签章：张红

财务部门记账联

表 8-7

账存实存对比表

单位名称：中淮公司   2024 年 12 月 28 日

编号	类别及名称	计量单位	单价	实存		账存		对比结果				备注
								盘盈		盘亏		
				数量	金额	数量	金额	数量	金额	数量	金额	
1007	鲜牛奶	升	3	60 000	180 000	61 200	183 600			1 200	3 600	计量不准

处理决定：
　　上述盘亏记入"管理费用"账户。
　　同意。
　　　　　　　　　　　　　　　　　　　　　总经理：赵至化

审核人：吴天行   制表人：贾晓红

批复联

■【提示】■

　　原材料、产成品等存货发生盘亏和毁损时，应根据"账存实存对比表"，借记"待处理财产损溢"账户，贷记"原材料""库存商品"等账户；经批准后，再根据造成亏损的原因，分别按以下几种情况进行账务处理。

　　（1）属于自然损耗产生的定额内合理亏损，经批准记入"管理费用"账户。

　　（2）属于超定额短缺以及存货毁损的亏损，能确定过失人的应由过失人负责赔偿，记入"其他应收款"账户；属于保险公司赔偿的，应向保险公司索赔，记入"其他应收款"账户；扣除过失人或保险公司赔款后的净损失，经批准记入"管理费用"账户。

　　（3）属于自然灾害及意外事故所造成的损失，应将可收回的残料价值借记

"原材料"账户；应向保险公司索赔款借记"其他应收款"账户；应将扣除残料价值及可以收回的保险赔偿和过失人的赔偿后的净损失作为非常损失，借记"营业外支出——非常损失"账户。

（4）属于无法收回的其他损失，在报经批准后，记入"管理费用"账户。

➡ 工作过程：

步骤1：12月28日，会计人员根据"账存实存对比表"（报账联）、"盘存单"，调整账面记录，编制如下会计分录。

借：待处理财产损溢——待处理流动资产损溢　　　　7 200
　　贷：原材料——面粉　　　　　　　　　　　　　　　3 600
　　　　　　——鲜牛奶　　　　　　　　　　　　　　　3 600

步骤2：根据上述会计分录，登记"原材料——面粉"和"原材料——鲜牛奶"总账及明细账，做到账实相符。

步骤3：12月30日，经查明面粉毁损是由于1号仓库水灾造成的，经批准后净损失记入"营业外支出"账户；鲜牛奶盘亏是由于收发计量上的差错，应记入"管理费用"账户。会计人员根据"账存实存对比表"（批复联），编制如下会计分录。

借：营业外支出——非常损失　　　　　　　　　　　3 600
　　管理费用——存货盘亏　　　　　　　　　　　　3 600
　　贷：待处理财产损溢——待处理流动资产损溢　　　　7 200

任务8-3：2024年12月28日，中淮公司因自然灾害造成绿豆损失5 000千克，每千克成本价6元，共计30 000元。12月30日，经公司经理会议审核，上述损失可以向保险公司收回赔偿款24 000元，其余经批准后列作"营业外支出"处理（"盘点表"及"账存实存对比表"略）。

➡ 工作过程：

步骤1：12月28日，会计人员根据"盘存单"及"实存账存对比表"（报账联），编制如下会计分录。

借：待处理财产损溢——待处理流动资产损溢　　30 000
　　贷：库存商品——绿豆　　　　　　　　　　　　30 000

步骤2：根据上述会计分录，登记"库存商品——绿豆"总账及明细账，做到账实相符。

步骤3：12月30日，经核对上项非常损失，可以向保险公司收回赔偿款24 000元，其余经批准后列作"营业外支出"处理。会计人员根据"账存实存对比表"（批复联），编制如下会计分录。

借：其他应收款——某保险公司　　　　　　　　24 000
　　营业外支出——非常损失　　　　　　　　　6 000
　　贷：待处理财产损溢——待处理流动资产损溢　　　30 000

> 【动脑筋】
>
> 在财产清查过程中，如发现仓库实物盘亏系保管员过失所造成的，应如何进行账务处理？

任务 8-4：2024 年 12 月 28 日，中淮公司因自然灾害倒塌 3 号产品仓库一间，该仓库原始价值 100 000 元，累计折旧 70 000 元。12 月 30 日，经公司经理会议审核，上述损失可以向保险公司收回赔偿款 14 000 元，其余经批准后列作"营业外支出"处理（"账存实存对比表"略）。

➡ **工作过程**：

步骤 1：12 月 28 日，会计人员根据"账存实存对比表"（报账联）确定的固定资产盘亏数，调整账簿记录，编制如下会计分录。

借：待处理财产损溢——待处理非流动资产损溢　　30 000
　　累计折旧　　　　　　　　　　　　　　　　　70 000
　　贷：固定资产　　　　　　　　　　　　　　　　　100 000

步骤 2：根据上述会计分录，登记"固定资产"总账及明细账，做到账实相符。

步骤 3：12 月 30 日，经核对上项非常损失，可以向保险公司收回赔偿款 14 000 元，其余经批准后列作"营业外支出"处理。会计人员根据"账存实存对比表"（批复联），编制如下会计分录。

借：其他应收款——某保险公司　　　　　　　　14 000
　　营业外支出——非常损失　　　　　　　　　16 000
　　贷：待处理财产损溢——待处理非流动资产损溢　　30 000

> 【提示】
>
> 《企业会计准则》规定，固定资产的盘盈，属于前期差错，应按照《企业会计准则第 28 号——会计政策、会计估计变更和差错更正》的规定进行处理，这部分内容将在后续专业课程中学习，本书暂不介绍。

任务8.2 库存现金清查

【任务引例】

中淮公司对库存现金进行定期和不定期清查,以保证现金安全完整,杜绝贪污挪用等舞弊行为。中淮公司的库存现金清查是否由出纳人员单独完成?对于现金的长短款情况应如何进行账务处理?

【工作过程与岗位对照表】

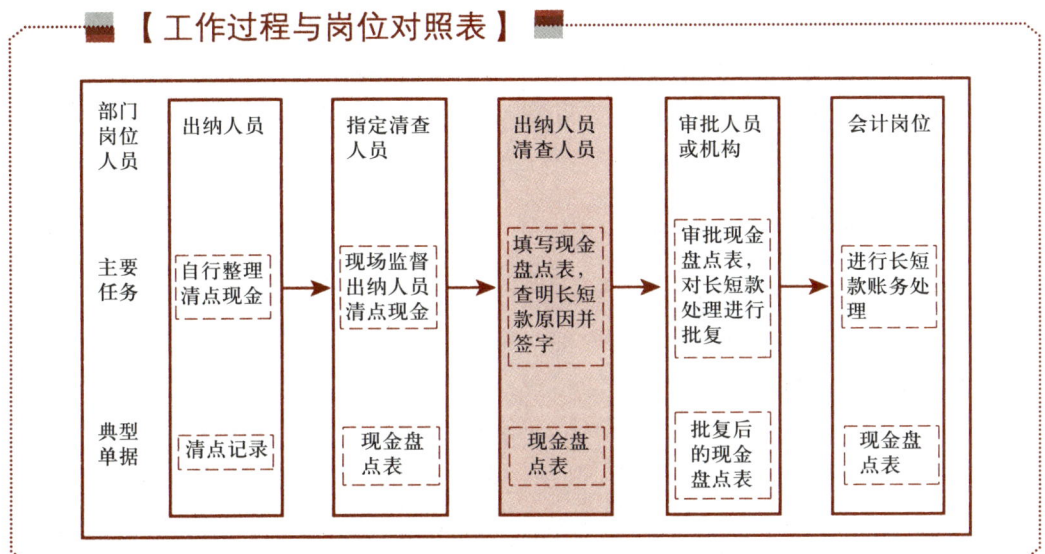

【知识准备】

一、库存现金清查的种类

单位库存现金的清查,一般包括日常自查和专门清查两种。

(一)日常自查

单位应建立出纳人员每日自查制度,并对自查情况进行登记。每日营业终了,出纳人员应根据当日的收付款凭证登记现金日记账,结出现金账户的账面余额,并将现金账户的期末余额与库存现金的实有数额相互核对,以确定账实是否相符。对于当日自查账实不符的,出纳人员应先自行核对账目,查找原因,并将长短款情况向会计机构负责人或会计主管人员报告。对于由出纳人员自身原因造成的短款情况,一般应由出纳人员赔偿;对于其他原因造成的长短款情况,应报请企业董事会或厂长经理会议等机构批准后进行处理。

> **【提示】**
>
> 现金的自查是加强现金的内部控制和管理、保证现金安全的有效方法，但如只采用这一种方法，难以控制出纳人员监守自盗。因此，在坚持现金日常自查的前提下，还应该同其他财产物资一样，定期或不定期地由财产清查人员对现金进行专门清查。

（二）专门清查

专门清查是由专门的财产清查人员和出纳人员一起对库存现金所进行的清查。单位应建立定期和不定期的现金专门清查制度，防止出纳人员的舞弊行为。定期专门清查时间应视单位的不同情况而定，对于以现金收付为主的单位，每月应安排两次以上的专门清查；对于一般单位，也至少应于月末结账前对库存现金进行专门清查。

> **【提示】**
>
> 本任务所讲的库存现金清查是指专门清查。

二、库存现金清查的范围

库存现金清查的范围包括：①库存现金的实有数额与账面数额是否相符；②库存现金是否按《现金管理暂行条例》的规定用途支出；③库存现金余额是否超过银行所规定的库存现金限额；④有无白条抵库的情况；⑤有无违反单位其他现金管理制度的情况。

三、库存现金清查的方法

库存现金清查的基本方法是**实地盘点法**，即出纳人员在专门清查人员的监督下清点保险柜内的现金（借条、收据等单据都不得抵充现金数），以确定库存现金的实有数。然后将现金的实有数额与"现金日记账"的账面结存余额相核对，以查明账实是否相符。现金清查后，需填制"现金盘点表"（见表8-8），该表是对现金进行账项调整和对比分析的原始凭证，应由清查人员、出纳人员签名或盖章，并由会计机构负责人（会计主管人员）审核后签名或盖章。"现金盘点表"一般一式两联，一联为"报账联"，作为调整现金账的依据；另一联为"批复联"，作为处理现金盘盈盘亏的依据。

四、库存现金清查结果的处理

对于现金的盘盈与盘亏，在查明原因前，根据"现金盘点表"报账联通过"待处理财产损溢——待处理流动资产损溢"账户核算。待查明原因后，按规定程序报经企业的股东大会、董事会、经理（厂长）会议等机构的批准后，根据"现金盘点表"批复联将其转入有关账户,做到账实相符。具体账务处理如下。

(1)对于发生的现金盘盈,应区别下列情况分别处理:① 属于应支付给有关人员或单位的现金,借记"待处理财产损溢——待处理流动资产损溢"账户,贷记"其他应付款——应付现金溢余"(某个人或单位)账户。② 属于无法查明原因的现金溢余,经批准后,借记"待处理财产损溢——待处理流动资产损溢"账户,贷记"营业外收入——现金溢余"账户。

(2)对于发生的现金短缺,应区别下列情况分别处理:① 属于由责任人赔偿的部分,借记"其他应收款——应收现金短缺款(某个人)"或"库存现金"等账户,贷记"待处理财产损溢——待处理流动资产损溢"账户。② 属于应由保险公司赔偿的部分,借记"其他应收款——某保险公司"账户,贷记"待处理财产损溢——待处理流动资产损溢"账户。③ 属于无法查明的其他原因,根据管理权限,经批准后处理,借记"管理费用——现金短缺"账户,贷记"待处理财产损溢——待处理流动资产损溢"账户。

▂【职业判断与任务操作】▂

> 针对本任务引例,处理如下。
>
> 中淮公司的库存现金日常自查应由出纳人员单独完成,库存现金专门清查应由专门的财产清查人员和出纳人员共同完成。对于清查中出现的现金长短款,应区别不同情况分别进行有关的账务处理。具体处理办法如任务8-5和任务8-6所示。

▌【典型任务举例】▌

任务8-5:2024年12月29日,中淮公司在现金清查中发现现金溢余500元。现金盘点表如表8-8(报账联略)所示。12月30日,上述现金溢余经查属于少支付给康达客运公司的款项。

➡ **工作过程**:

步骤1:12月29日,会计人员根据"现金盘点表",编制如下会计分录。

借:库存现金　　　　　　　　　　　500
　　　贷:待处理财产损溢——待处理流动资产损溢　　　500

步骤2:根据上述会计分录,登记"库存现金"日记账及总账,做到账实相符。

步骤3:12月30日,经查上述现金溢余属于应支付给康达客运公司的现金,经批准后转为"其他应付款"。会计人员根据上级批复处理决定,编制如下会计分录。

借:待处理财产损溢——待处理流动资产损溢　　500
　　　贷:其他应付款——应付现金溢余(康达客运公司)　　500

表 8-8

现金盘点表

单位名称：中淮公司　　　　2024年12月29日

实存金额	账存金额	对比结果		备注
		盘盈	盘亏	
3 500	3 000	500		少支付给康达客运公司款项
现金使用情况	(1) 库存现金限额：4 000 (2) 白条抵库情况：无 (3) 违反规定的现金支出情况：无 (4) 其他违规行为：无			
处理决定： 　　上述现金长款为康达客运公司的应付款，请予支付。 　　**同意。**　　　　　　　　　　　　　　　　　　　总经理：赵至化				
会计机构负责人：周海平　　盘点人签章：张江　　出纳员签章：王宏伟				

批复联

【动脑筋】

假如任务 8-5 中的溢余现金无法查明原因，经批准后，转作"营业外收入"处理，应如何编制会计分录？

任务 8-6：2024 年 12 月 29 日，中淮公司在现金清查中发现现金短缺 200 元，并有一笔支付给太原面粉厂的货款 30 000 元为现金支付。12 月 30 日，经公司经理会议批准，短款 200 元由出纳人员自行赔偿，财务科应自查现金支付的范围，杜绝违反现金支付范围的违纪行为发生。现金盘点表如表 8-9（报账联略）所示。

表 8-9

现金盘点表

单位名称：中淮公司　　　　2024年12月29日

实存金额	账存金额	对比结果		备注
		盘盈	盘亏	
3 500	3 700		200	出纳员少收款造成
现金使用情况	(1) 库存现金限额：4 000 (2) 白条抵库情况：无 (3) 违反规定的现金支出情况：本月支付给太原面粉厂的货款 30 000 元为现金支付 (4) 其他违规行为：无			
处理决定： 　　上述现金短款为出纳人员失职造成，由出纳人员王宏伟赔偿。 　　支付给太原面粉厂货款应通过银行转账支付，由财务部门自查，杜绝再次发生。 　　**同意。**　　　　　　　　　　　　　　　　　　　总经理：赵至化				
会计机构负责人：周海平　　盘点人签章：张江　　出纳员签章：王宏伟				

批复联

➡ 工作过程：

步骤 1：12 月 29 日，会计人员根据"现金盘点表"，编制如下会计分录。

借：待处理财产损溢——待处理流动资产损溢　　200
　　贷：库存现金　　　　　　　　　　　　　　　　　200

步骤 2：根据上述会计分录，登记"库存现金"日记账及总账，做到账实相符。

步骤 3：12 月 30 日，经查上述现金短款为出纳人员失职造成，由出纳人员王宏伟赔偿。会计人员根据处理决定，编制如下会计分录。

借：其他应收款——应收现金短缺款（王宏伟）　　200
　　贷：待处理财产损溢——待处理流动资产损溢　　　　200

任务 8.3　银行存款清查

■【任务引例】■

中淮公司开立基本存款户、一般存款户和专用存款户各一个，为保证银行存款的安全完整，每月月末须由出纳人员与清查人员对银行存款进行核对。企业应如何与银行对账？对于银行存款账实不符的情况应如何处理？

■【工作过程与岗位对照表】■

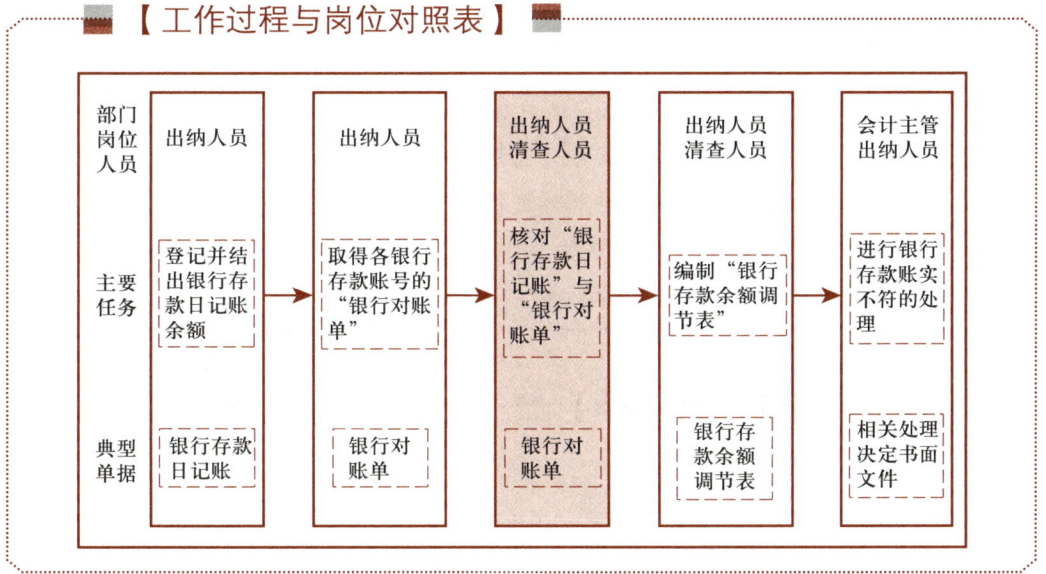

【知识准备】

一、银行存款日记账

银行存款日记账是企业开设、由出纳人员逐日逐笔登记银行存款增减变动及其结余情况的特种日记账。银行存款日记账应按单位在银行开立的账户设置，每个银行账户设置一本日记账。如本任务引例中淮公司开立了基本存款账户、一般存款账户和专用存款账户，则需要各设一本银行存款日记账进行分账户序时登记。企业银行存款在与银行对账时，也应分三个账户分别对账。

> 【提示】
>
> 银行存款的清查通常采用与开户银行核对账目的方法，企业每月需将"银行存款日记账"与"银行对账单"逐笔、逐项进行核对并确定是否存在错弊。

二、银行对账单

银行对账单（Bank Statement）是指由企业开户银行所记录的、反映该银行存款存入和使用情况的记录单。一般情况下，银行每月都应向企业提供其所开立账户的"银行对账单"，以便双方核对银行存款账目。由于银行对账单是银行以企业账号为明细科目开设并记录的明细账和日记账，因此，企业在银行开立的每个银行账号都有其"银行对账单"。"银行对账单"的格式如表8-11所示。

> 【提示】
>
> "银行对账单"作为以银行为会计主体所记录的账簿，借方反映企业银行存款的减少，因为企业银行存款减少意味着银行债务的偿还；贷方反映企业银行存款的增加，因为企业银行存款增加意味着银行对企业债务的增加。因此，对账时应以"银行对账单"的借方发生额与"银行存款日记账"的贷方发生额相核对，以"银行对账单"的贷方发生额与"银行存款日记账"的借方发生额相核对。

微课：银行存款余额调节表的编制

【职业判断与任务操作】

针对本任务引例，处理如下：

中淮公司对于银行存款的清查，应由指定的清查人员与出纳人员共同进行，不得由出纳人员单独对账。在清查前，出纳人员应分别结出各账号"银行存款日记账"余额，取得各账号的"银行对账单"，并按以下步骤进行银行存款清查。

1. 核对"银行存款日记账"与"银行对账单"余额

"银行存款日记账"与"银行对账单"核对时，首先应核对两者的余额，如果两者的余额相符，一般表明双方账簿记录正确。如两者余额不符，则存在两种可能：一种为企业或银行至少有一方存在记账错误，另一种为双方在记账中存在未达账项。

2. 查找未达账项

未达账项（Account In Transit）是指企业与银行之间由于收、付款的结算凭证在传递、接收时间上的不一致而导致的一方已经入账、另一方因没有接到凭证尚未入账的事项。

企业与银行之间的未达账项，分为以下四种情况：

（1）企业已经收款入账而银行未作收款入账的事项，如企业送存收到的转账支票，而银行尚未入账。

（2）企业已经付款入账而银行未作付款入账的事项，如企业开出转账支票并已入账，而持票人尚未到银行办理转账业务。

（3）银行已经收款入账而企业未作收款入账的事项，如采用委托收款方式进行结算时，银行已代企业划收货款，但企业因尚未收到"收账通知"而没有入账。

（4）银行已经付款入账而企业未作付款入账的事项，如银行受企业委托代企业按期支付的水电费、通信费等，企业因没有收到"付款通知"而没有入账。

查找未达账项须逐笔核对"银行存款日记账"和"银行对账单"的各项记录，不仅要核对双方各项记录的金额，还要注意核对摘要、结算凭证种类与号数、往来单位名称等是否相符。由于未达账项一般是于月末形成的，因此可重点核对月初（上月末的未达账项）和月末记录。具体方法是：

（1）查找"企业记增加银行未记增加""银行记增加企业未记增加"的未达账项。由于"银行存款日记账"和"银行对账单"分别以"借方"和"贷方"登记银行存款增加，因此，查找"本方记增加对方未记增加的未达账项"应逐项核对"银行存款日记账"借方记录与"银行对账单"贷方记录，并将核对相符的各项记录用"√"进行标识。核对完毕后，找出"银行存款日记账"借方未标识"√"的记录，其为"企业记增加银行未记增加"的未达账项；找出"银行对账单"贷方未标识"√"的记录，其为"银行记增加企业未记增加"的未达账项。

（2）查找"企业记减少银行未记减少、银行记减少企业未记减少"的未达账项。由于"银行存款日记账"和"银行对账单"分别以"贷方"和"借方"登记银行存款减少，因此，查找"本方记减少对方未记减少的未达账项"应逐项核对"银行存款日记账"贷方记录与"银行对账单"借方记录，并将核对相符的各项记录用"√"进行标识。核对完毕后，找出"银行存款日记账"贷方未标识"√"的记录，其为"企业记减少银行未记减少"的未达账项；找出"银行对账单"借方未标识"√"的记录，其为"银行记减少企业未记减少"的未达账项。

3. 编制银行存款余额调节表

未达账项的存在必然会导致"银行存款日记账"与"银行对账单"余额不符。银行存款日记账余额、银行对账单余额和未达账项之间的关系用公式表示为：

企业银行存款日记账余额 + 银行已收企业未收款项 − 银行已付企业未付款项 = 银行对账单余额 + 企业已收银行未收款项 − 企业已付银行未付款项

上述公式所揭示的未达账项与银行存款日记账余额、银行对账单余额之间的关系，在会计实务中是通过编制**银行存款余额调节表**（Bank Reconciliation Statement）来进行调整的。"银行存款余额调节表"的一般格式如表 8-14 所示。

【提示】

"银行存款日记账"与"银行对账单"核对时，如双方余额不符，本书均假定为未达账项所致。

【知识拓展】

未达账项是企业与银行、往来单位之间在款项结算过程中发生的正常现象。

【德技并修】

在享乐中迷失的会计

热衷超前消费，6 年购买 50 部手机；深陷网贷恶性循环，20 余个平台"拆东墙补西墙"；为偿还高额利息，31 次向公款伸手……这是会计万某套取公款的行为。万某大学毕业后担任公司报账员兼会计，同时负责办公用品采购工作。他迷恋电子产品，甚至到了痴迷的程度，只要最新款的手机、平板电脑一上市，他就想方设法买到手。于是，他用上了网络贷款，先后在 20 余个网贷平台办理贷款，"拆东墙补西墙"，以贷养贷。网贷的高额利息让他陷入泥潭，有时一个月要还四五万元，根本还不上。最终，他盯上了单位的公款。他利用职务便利，采取伪造会计凭证、重复报账、虚列支出等手段，分 31 次套取、骗取公款共计 40 余万元。最终万某因犯贪污罪被判处有期徒刑两年六个月，并处罚金 20 万元。

2024 年 6 月 28 日，第十四届全国人民代表大会常务委员会第十次会议表决通过《关于修改〈中华人民共和国会计法〉的决定》，自 2024 年 7 月 1 日起施行。新会计法加大了会计违法行为的法律责任追究力度，其中提高伪造、变造会计凭证、会计账簿以及编制虚假财务会计报告等财务造假行为的罚款金额上限，由 10 万元修改为"违法所得一倍以上十倍以下"。新会计法的发布为防范遏制会计违法行为提供有力法治保障。在新的法律环境下，会计人员必须坚守职业道德底线，做到诚实守信，客观公正，同时增强法律意识，提升专业素养，展现会计人的职业担当。

【典型任务举例】

任务 8-7：中淮公司 2024 年 9 月的基本存款账户（账号为 1110010806482123212）的"银行存款日记账"和 9 月底银行送来的"银行对账单"，如表 8-10 和表 8-11 所示，要求查找 2024 年 9 月的未达账项。经逐笔核对，在"银行存款日记账"和"银行对账单"上进行标识，如表 8-12 和表 8-13 所示。

表 8–10

银行存款日记账

开户银行：工商银行淮安市清江支行　　　　　　　　　　银行账号：1110010806482123212

2024年		凭证		摘要	结算凭证		借方	✓	贷方	✓	余额
月	日	类	号数		类	号					
9	1			期初余额							700 000.00
	3			销售产品	支票	00439	280 000.00				980 000.00
	5			收到货款	支票	00528	100 000.00				1 080 000.00
	10			支付货款	支票	00127			500 000.00		580 000.00
	16			销售产品	支票	00649	120 000.00				700 000.00
	20			提取现金	支票	00123			30 000.00		670 000.00
	29			支付货款	支票	00193			20 000.00		650 000.00
9	30			销售产品	支票	00987	100 000.00				750 000.00

表 8–11　银行对账单

账号：1110010806482123212　　　　　　　　　　　　开户单位：中淮公司

2024年		摘要	结算凭证		借方	贷方	结余
月	日		种类	号数			
9	1	结余					700 000
	3	存入	支票	00439		280 000	980 000

续表

2024 年		摘要	结算凭证		借方	贷方	结余
月	日		种类	号数			
	11	支取	支票	00127	500 000		480 000
	17	存入	支票	00649		120 000	600 000
	26	支取	支票	00193	20 000		580 000
	27	存入	支票	00187		60 000	640 000
	30	支取	支票	00198	90 000		550 000

打印时间：2024 年 9 月 30 日

表 8-12

银行存款日记账

开户银行：工商银行淮安市清江支行　　　　　　银行账号：1110010806482123212

2024 年		凭证号数		摘要	结算凭证		借方	√	贷方	√	余额
月	日	类	号		类	号					
9	1			期初余额							700 000.00
	3	略		销售产品	支票	00439	280 000.00	√			980 000.00
	5			收到货款	支票	00528	100 000.00				1 080 000.00
	10			支付货款	支票	00127			500 000.00	√	580 000.00
	16			销售产品	支票	00649	120 000.00	√			700 000.00
	20			提取现金	支票	00123			30 000.00		670 000.00
	29			支付货款	支票	00193			20 000.00	√	650 000.00
9	30			销售产品	支票	00987	100 000.00				750 000.00

表 8-13　银行对账单

账号：1110010806482123212　　　　　　　　　　　开户单位：中淮公司

2024 年		摘要	结算凭证		借方	贷方	结余
月	日		种类	号数			
9	1	结余					700 000
	3	存入	支票	00439		280 000 √	980 000
	11	支取	支票	00127	500 000 √		480 000
	17	存入	支票	00649		120 000 √	600 000

续表

2024 年		摘要	结算凭证		借方	贷方	结余
月	日		种类	号数			
	26	支取	支票	00193	20 000 √		580 000
	27	存入	支票	00187		60 000	640 000
	30	支取	支票	00198	90 000		550 000

打印时间：2024 年 9 月 30 日

从表 8-12 和表 8-13 中不难看出，中淮公司和银行双方有下列未达账项：
（1）公司已收、银行未收的款项为 200 000 元。
（2）公司已付、银行未付的款项为 30 000 元。
（3）银行已收、公司未收的款项为 60 000 元。
（4）银行已付、公司未付的款项为 90 000 元。

中淮公司 9 月 30 日所编制的"银行存款余额调节表"如表 8-14 所示。

表 8-14 银行存款余额调节表

账号：1110010806482123212　　　　2024 年 9 月 30 日　　　　单位：元

项　　目	金　　额	项　　目	金　　额
银行存款日记账余额	750 000	银行对账单余额	550 000
加：银行已收、公司未收	60 000	加：公司已收、银行未收	200 000
减：银行已付、公司未付	90 000	减：公司已付、银行未付	30 000
调节后的存款余额	720 000	调节后的存款余额	720 000

主管会计：周海平　　　　　　　出纳：王宏伟　　　　　　　制表人：张晓明

> **【提示】**
>
> "银行存款余额调节表"有两个作用：一是核对银行存款账目，以确定银行存款账实是否相符；二是"银行存款余额调节表"所计算的"调节后的余额"为企业当时可以实际动用的银行存款数额。

> **【提示】**
>
> "银行存款余额调节表"只是企业对账的工具，而不是原始凭证。各单位不能根据"银行存款余额调节表"中所列示的"未达账项"调整企业账簿记录。对于银行已入账而企业尚未入账的未达账项，必须在收到银行的收、付款通知时，方可进行账务处理。但对于长期闲置的未达账项，应及时查询原始凭证、账簿及有关资料，弄清原因。必要时可与银行联系，查明情况，及时解决悬账问题。

"银行存款余额调节表"编制完毕后,如调节后余额相符,说明银行存款账实相符,应由清查人员、出纳人员和会计主管在"银行存款余额调节表"签字后将其存档保管;如调节后余额仍不符,说明银行存款账实不符,此时除需清查人员、出纳人员和会计主管签字后将"银行存款余额调节表"存档外,还需进一步组织相关人员查找错、漏账,并视情节的不同追究相关人员的责任。

任务 8.4　往来款项清查

【任务引例】

中淮公司 2024 年 9 月在交易过程中与多个公司形成了应收应付等往来款项,具体金额为:应收宏达公司 800 000 元,应收明锐公司 90 000 元,应付太星公司 600 000 元,应付可明公司 50 000 元。同时,公司已于上月将所欠红运公司、大磊公司的货款结清。年末,公司进行财产清查,需明确上述应收款项、应付款项的账户记录金额与实际金额是否相符,有无宏达公司、明锐公司等单位已付款但企业人员截留款项挪作他用情况,有无企业已批准支付给红运公司、大磊公司的款项被挪用的情况。如何对上述应收和应付往来款项进行核对?如何处理往来款项账实不符的情况?

【工作过程与岗位对照表】

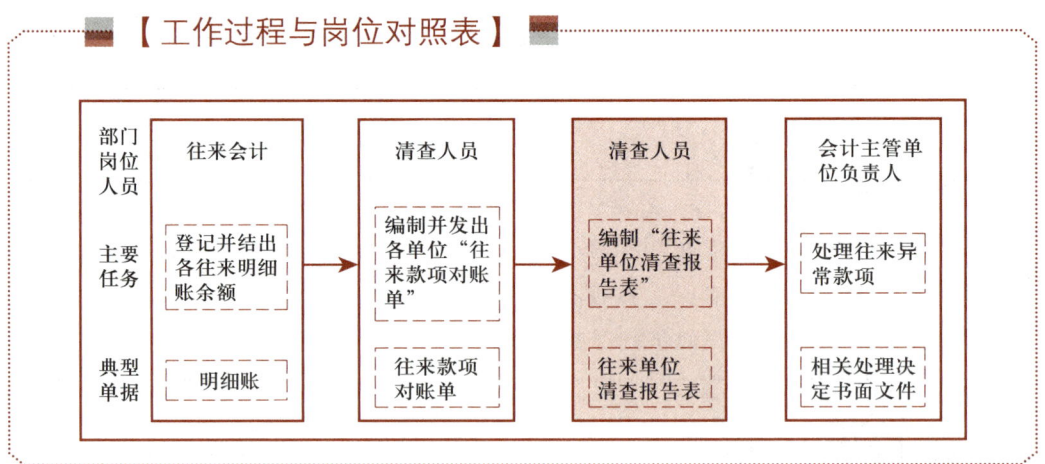

【知识准备】

一、往来款项清查的概念

往来款项清查是指对有关应收账款、应付账款、预收账款以及预付账款等进行的清查。

> **【提示】**
>
> 通过往来款项的清查，企业可以掌握债权、债务的真实情况，及时催收债权，加快资金流动，提高企业资金利用率，如期偿还债务，维护企业信用。

二、往来款项清查的方法和程序

往来款项的清查一般采用与对方单位"函证核对法"进行。一般程序是：

（1）根据债权、债务有关账户记录，按照每一个款项往来单位填制往来款项询证函，寄往各有关往来单位。

> **【提示】**
>
> 往来款项对账单通过电函、信函寄发或派人送交对方面询等方式，请对方进行核对。

（2）收到对方单位的回单后，根据回单内容编制往来款项清查结果报告表。

【职业判断与任务操作】

针对本任务引例，其具体工作步骤和方法是：

1. 结出往来明细账余额

中淮公司在清查前，应由往来会计对本公司账簿中所记录的债权债务事项逐项进行核对，自行检查账簿记录是否完整正确，并对发现的差错和未及时入账的事项，按规定更正并及时入账后结出各往来明细账户的余额，以备核对所用。

2. 编制往来款项对账单

为了逐一核对各项往来的实际金额，避免公司人员截留款项挪作他用或未及时入账等情况，应由清查人员根据往来会计所提供的各往来明细账户余额编制"往来款项对账单"，并送交对方单位进行核对。中淮公司应编制对"宏达公司""明锐公司"应收款项往来对账单，对"太星公司""可明公司"应付款项往来对账单，以核对双方金额是否相符；同时，对于"大磊公司""红运公司"两项刚刚结清的应付往来明细，也应编制"往来款项对账单"进行核对，以防止公司已付款项被挪用等舞弊行为。

"往来款项对账单"如表8-15所示，一般分为上下两联，上联为与往来单位进行核对的函，注明需核对公司名称、结账日期、应收应付款金额等，并加盖单位印章后送达往来单位；下联为回单，为往来单位核对后的回复函，如对方单位核对相符，应由往来单位在回单上注明"核对无误"字样，并盖章退回；如发现数额不符，往来单位应在回单上注明不符情况，或另附清单一并退回，作为进一步核对的依据。另外，核对时，若发现未达账项，双方都应采用调节账面余额的方法，核对调整后的余额是否相符。

3. 编制往来款项清查结果报告表

往来款项清查结束后，应根据清查中发现的问题，及时编制"**往来款项清查结果报告表**"。通过该表，列明核对相符与不符的金额，并对本单位和对方单位有争议的款项、没有希望收回的款项以及无法支付的款项详细地予以说明，以便及时采取措施，避免相互之间长期拖欠款项，减少坏账损失。

【典型任务举例】

任务 8-8：中淮公司每季末对往来款项进行清查核对，2024 年 9 月末，中淮公司账面记录应收宏达公司 800 000 元，编制与宏达公司的"往来款项对账单"，如表 8-15 所示。

表 8-15

往来款项对账单

宏达公司：

根据我单位账簿记录，贵公司与我单位的往来款项如下：

结账日期	欠贵公司	贵公司欠
2024 年 9 月 30 日止		800 000 元

请贵公司核对无误后签章证明，将此信寄回，如有不符，请将情况（包括时间、内容、金额、不符原因）告知。

（注：本函仅是对账，如结账日期后已付清，仍请函复）

（回函）

中淮公司：

来函收悉，在来信所述的结账日期，本公司与贵单位的往来账目，经核对 _____相符_____

不相符（附清单）。

单位（签章）

年　月　日

任务 8-9：承任务 8-8，宏达公司与中淮公司记录核对后，应将往来款项对账单的下联填列完整并加盖本单位印章后发回中淮公司。宏达公司编制与中淮公司的"往来款项对账单"回单，如表 8-16 所示。

表 8-16

往来款项对账单

（注：本函仅是对账，如结账日期后已付清，仍请函复）

（回函）

中淮公司：

　　来函收悉，在来信所述的结账日期，本公司与贵单位的往来账目，经核对
_____相符_____
不相符（附清单）。

单位（签章）

2024 年 10 月 8 日

【提示】

中淮公司 2024 年 9 月与明锐公司、太星公司、可明公司等发生的往来款项的清查方法同上，此处略。

中淮公司所编制的"往来款项清查结果报告表"如表 8-17 所示。

表 8-17　往来款项清查结果报告表

　　　　年　　月　　日

总分类账户		明细分类账户		清查结果		核对不符单位及原因				近日到期的票据			
名称	金额	名称	金额	核对相符金额	核对不符金额	核对不符单位	未达账项金额	争执款项金额	无法收回	无法支付	应收票据	应付票据

清查人员签章：　　　　　　　　　　　　　　　　　往来会计签章：

【动脑筋】

往来款项清查结果报告表是原始凭证吗？

【项目小结】

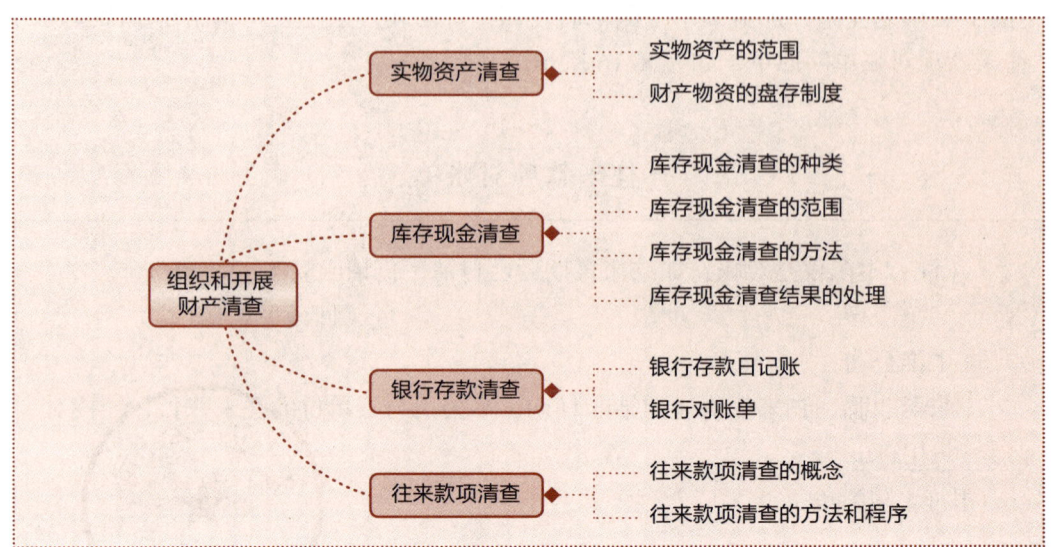

项目 9

编制和报送财务会计报告

【职业能力目标】

素养目标
- 培养大数据思维和高效的信息收集、加工和输出能力
- 培养质量意识、风险意识、保密意识和安全意识

知识目标
- 理解资产负债表的概念、结构和编制基础
- 掌握资产负债表的编制方法
- 理解利润表的概念、结构和编制基础
- 掌握利润表的编制方法
- 了解报送财务会计报告的相关规定

能力目标
- 能明确财务会计报告的使用者及其对财务会计报告所提供信息的不同要求
- 能编制资产负债表和利润表
- 借助会计报表初步评价企业的财务状况和经营成果
- 会报送财务会计报告

会计报表（Accounting Statement）是企业财务会计工作的最终产品，它是企业根据日常的会计核算资料收集、加工和汇总后形成的，是会计核算账务处理程序的最后一个步骤，又是连接下一个会计期间的起点。一套完整的会计报表通常由资产负债表、利润表、现金流量表、所有者权益变动表和附注组成。会计报表可以按照不同的标准进行分类：按反映经济业务内容的不同，分为静态报表和动态报表。静态报表是指反映企业某一特定日期资产、负债和所有者权益的报表，如资产负债表；动态报表是指反映企业某一特定期间的经营成果、现金流量情况的报表，如利润表、现金流量表。按编报期间的不同，分为中期会计报表和年度会计报表。中期会计报表是以短于一个完整会计年度的报告期间为基础编制的会计报表，包括月报、季报和半年报。按编报主体的不同，分为个别会计报表和合并会计报表。个别会计报表是指由企业在自身会计核算的基础上，对账簿记录进行加工而编制的会计报表；合并会计报表是以母公司和子公司组成的企业集团为会计主体，根据母公司和所属子公司的会计报表，由母公司编制综合反映企业集团财务状况、经营成果和现金流量的会计报表。不同的报表使用者对其所提供信息的要求各有不同。企业的会计报表编制完毕经复核无误后，应在规定的时间内对外报送。

财务会计报告包括会计报表及其附注和其他应当在财务会计报告中披露的相关信息和资料。财务会计报告应当真实、完整，反映单位某一特定日期的财务状况和某一会计期间的经营成果或运行情况、现金流量等会计信息。

任务9.1 编制资产负债表

【任务引例】

中淮公司（增值税一般纳税人）2024年12月31日总账账户和部分明细账户期末余额如表9-1所示，该如何按要求编制资产负债表？

表9-1 总账及有关明细账期末余额表　　　　　　　　　　　单位：元

账户名称	借方金额	账户名称	贷方金额
银行存款	1 002 645	累计折旧	353 000
库存现金	3 800	应付账款——上海风帆电机厂	230 000
应收账款——江南商场	140 000	应付账款——江州自来水公司	4 000
其他应收款——张英	3 000	短期借款	200 000
预付账款——南海工厂	34 000	预收账款——发达集团	140 000
预付账款——丽阳公司	-6 000	应付利息	6 800
原材料	921 000	应付职工薪酬	78 000

续表

账户名称	借方金额	账户名称	贷方金额
库存商品	392 000	长期借款 其中:200 000元将于一年内到期	480 000
生产成本	46 000	应交税费——未交增值税	152 350
在建工程	150 000	实收资本	600 000
固定资产	1 050 000	资本公积	20 000
		盈余公积	242 295
		利润分配——未分配利润	1 230 000
合计	3 736 445	合计	3 736 445

■【工作过程与岗位对照表】■

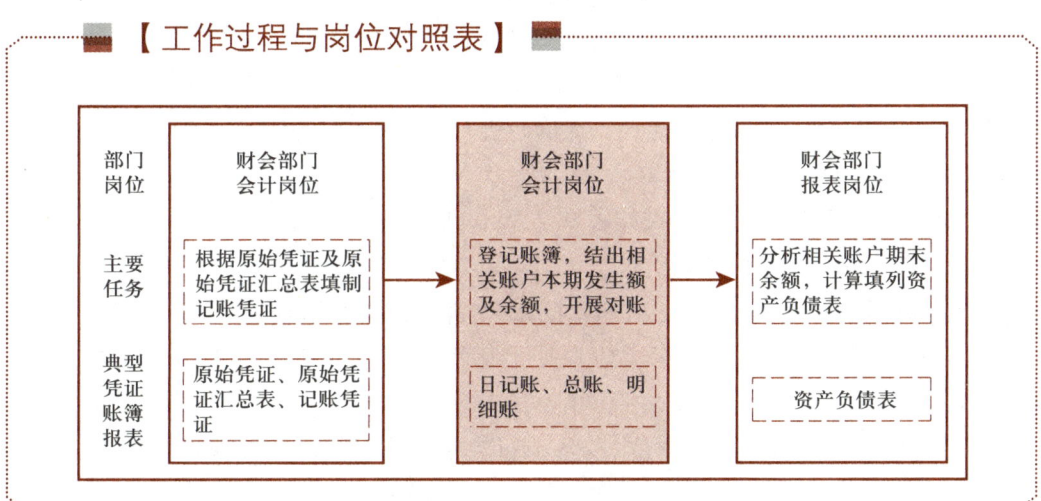

【知识准备】

一、资产负债表的概念

资产负债表(Balance Sheet)是指反映企业在某一特定日期(如月末、季末、半年末、年末)的财务状况的会计报表。资产负债表主要反映资产、负债和所有者权益三方面内容,它是根据"资产=负债+所有者权益"这一会计等式,依照一定的分类标准和顺序,将企业在一定日期的全部资产、负债和所有者权益项目进行适当分类、汇总、排列后编制而成的。

■【提示】■

通过资产负债表,可以帮助报表使用者全面了解企业的财务状况,分析企业的债务偿还能力,为未来的经济决策提供信息。

二、资产负债表的格式

资产负债表一般由<u>表首</u>和<u>正表</u>两部分组成。表首说明报表的名称、编制单位、编制日期、货币计量单位等；正表是资产负债表的主体，其格式主要有报告式和账户式两种。《企业会计准则》规定，企业的资产负债表采用<u>账户式</u>。

> **【知识拓展】**
>
> 报告式又称垂直式，表中资产、负债和所有者权益项目自上而下排列，所有资产类项目按一定顺序列示于报表上部，其次列示负债，最后列示所有者权益。其优点是便于编制比较资产负债表。账户式又称水平式，表中资产项目按一定顺序列示于报表的左方，负债和所有者权益项目列示于报表的右方，报表左右两方总额相等。资产项目按其流动性的大小排列，流动性强的排在前面，流动性弱的排在后面；负债及所有者权益项目按清偿时间的先后顺序排列，需要在一年以内或者长于一年的一个营业周期内偿还的流动负债排在前面，在一年以上才需要偿还的非流动负债排在中间，在清算之前不需要偿还的所有者权益项目排在最后。其优点是资产、负债和所有者权益的恒等关系一目了然。

我国企业资产负债表的格式如表9-2所示。

三、资产负债表的编制方法

资产负债表中各项目均需填列"期末余额"和"<u>上年年末余额</u>"两栏。其中"<u>上年年末余额</u>"栏内各项数字，应根据上年年末资产负债表的"期末余额"栏内所列数字填列。

资产负债表"<u>期末余额</u>"栏内的各项目数字，应根据有关账簿资料填列。具体方法有：

（1）<u>根据有关总账账户的期末余额直接填列</u>。如"短期借款""实收资本（或股本）""资本公积""盈余公积"等项目，应根据有关总账账户的余额直接填列。

> **【提示】**
>
> 会计报表中所列的是项目名称而不是会计科目名称。

（2）<u>根据有关总账账户的期末余额分析计算填列</u>。资产负债表中某些项目的内容涵盖范围广，应根据几个总账账户的期末余额计算填列。如"货币资金"项目，应根据"库存现金""银行存款"和"其他货币资金"三个总账账户的期末余额合计数填列；"存货"项目，应根据"原材料""委托加工物资""周转材料""库存商品""生产成本""材料成本差异"等总账账户期末余额的分析汇总数，再减去"存货跌价准备"账户余额后的净额填列；"未分配利润"项目，应根据"本年利润"账户和"利润分配"账户的期末余额分析计算填列，若为负数表示未弥补的亏损，在本项目内以"—"号反映。

> 【提示】
>
> "未分配利润"项目，平时应根据"本年利润"账户和"利润分配"账户的期末余额分析计算填列，若为负数表示未弥补的亏损，在本项目内以"—"号反映。"本年利润"账户和"利润分配"账户的期末余额均在贷方的，用二者余额之和填列；期末余额均在借方的，用二者余额之和在本项目内以"—"号填列；二者余额一个在借方一个在贷方的，用二者余额相抵后的差额填列，如为借差则在本项目内以"—"号填列。年度终了时，该项目可以只根据"利润分配"账户的期末余额填列，余额在贷方的直接填列；余额在借方的在本项目内以"—"号填列。

（3）<u>根据有关明细账户的期末余额分析计算填列</u>。资产负债表中某些项目应根据相应几个总账账户所属明细账户余额计算填列。如"预付款项"项目，应根据"应付账款"和"预付账款"明细账户的期末借方余额合计数填列；"应付账款"项目，应根据"应付账款"和"预付账款"明细账户的期末贷方余额合计数填列；"预收款项"项目，应根据"应收账款"和"预收账款"明细账户的期末贷方余额合计数填列；"应收账款"项目，应根据"应收账款"和"预收账款"明细账户的期末借方余额合计数填列；"应交税费"项目，应根据"应交税费"账户的明细账户期末余额分析填列；"应付职工薪酬"项目，应根据"应付职工薪酬"账户的明细账户余额分析填列。

（4）<u>根据有关总账账户和明细账户的期末余额分析、计算后填列</u>。如"长期借款"项目，应根据"长期借款"总账账户期末余额扣除"长期借款"明细账户中将在一年内到期且企业不能自主地将清偿义务展期的长期借款后的金额填列；"应付债券"项目，应根据"应付债券"总账账户期末余额扣除"应付债券"明细账户中将在一年内到期的金额填列。

（5）<u>根据有关总账账户期末余额减去备抵账户余额后的净额填列</u>。如"应收账款""应收票据""其他应收款""存货""长期股权投资"等项目，应根据总账账户期末余额分别减去"坏账准备""存货跌价准备""长期股权投资减值准备"等备抵账户后的净额填列。"固定资产"项目，应根据"固定资产"总账账户期末余额减去"累计折旧""固定资产减值准备"备抵账户余额后的净额以及"固定资产清理"账户的期末余额填列；"在建工程"项目，应根据"在建工程"账户的期末余额，减去"在建工程减值准备"账户的期末余额后的金额，以及"工程物资"账户的期末余额，减去"工程物资减值准备"账户的期末余额后的金额填列；"无形资产"项目，应根据"无形资产"总账账户期末余额减去"累计摊销""无形资产减值准备"备抵账户期末余额后的净额填列。

（6）**报表中合计与总计项目填列**。报表中的合计与总计，应根据报表项目之间的关系计算填列。如"流动资产合计+非流动资产合计=资产总计"；"流动负债合计+非流动负债合计=负债合计"；"负债合计+所有者权益合计=负债和所有者权益总计"。

> ■【提示】■
>
> 为了充分发挥会计报表的作用，最大限度地满足各有关方面的需要，企业编制会计报表时应当数字真实、计算准确、内容完整、编报及时和便于理解。

■【职业判断与任务操作】■

针对本任务引例，处理如下：

1. 资产负债表中有关项目的分析、计算

结合表 9-1，资产负债表中各有关项目的分析、计算过程如下：

（1）货币资金项目="库存现金"总账期末余额+"银行存款"总账期末余额 = 3 800 + 1 002 645 = 1 006 445（元）

（2）应收账款项目="应收账款"明细账借方余额+"预收账款"明细账借方余额－"坏账准备"账户期末余额
= 140 000 + 0 － 0 = 140 000（元）

（3）其他应收款项目="应收利息"总账期末余额+"应收股利"总账期末余额+"其他应收款"总账期末余额－"坏账准备"账户期末余额（应收利息、应收股利、其他应收款）
= 0 + 0 + 3 000 － 0 = 3 000（元）

（4）预付款项项目="预付账款"明细账借方余额+"应付账款"明细账借方余额－"坏账准备"账户期末余额（预付账款）
= 34 000 + 0 － 0 = 34 000（元）

（5）存货项目=（"库存商品"+"生产成本"+"原材料"）总账期末余额
= 392 000 + 46 000 + 921 000 = 1 359 000（元）

（6）固定资产项目=（固定资产－累计折旧－固定资产减值准备+固定资产清理）总账期末余额
= 1 050 000 － 353 000 － 0 + 0 = 697 000（元）

（7）在建工程项目="在建工程"总账期末余额－"在建工程减值准备"总账期末余额+"工程物资"总账期末余额－"工程物

微课：资产负债表中流动资产项目的填列

资减值准备"总账期末余额
= 150 000 − 0 + 0 − 0 = 150 000（元）

（8）应付账款项目 =" 应付账款" 明细账贷方余额 + 预付账款明细账贷方余额
= 230 000 + 4 000 + 6 000 = 240 000（元）

（9）短期借款项目 =" 短期借款" 总账期末余额
= 200 000（元）

（10）预收账款项目 =" 预收账款" 明细账贷方余额 +" 应收账款" 明细账贷方余额
= 140 000 + 0 = 140 000（元）

（11）其他应付款项目 =" 应付利息" 总账期末余额 +" 应付股利" 总账期末余额 +" 其他应付款" 总账期末余额
= 6 800 + 0 + 0 = 6 800（元）

（12）应付职工薪酬项目 =" 应付职工薪酬" 总账期末余额
= 78 000（元）

（13）长期借款项目 =" 长期借款" 总账账户余额 − 一年内到期的长期借款
= 480 000 − 200 000 = 280 000（元）

（14）一年内到期的非流动负债项目 = 一年内到期的长期借款
= 200 000（元）

（15）应交税费项目 =" 应交税费" 总账账户贷方余额
= 152 350（元）

（16）实收资本项目 =" 实收资本" 总账期末余额
= 600 000（元）

（17）资本公积项目 =" 资本公积" 总账期末余额
= 20 000（元）

（18）盈余公积项目 =" 盈余公积" 总账期末余额
= 242 295（元）

（19）未分配利润项目 = 1 230 000（元）

（20）流动资产合计 = 1 006 445 + 140 000 + 34 000 + 3 000 + 1 359 000
= 2 542 445（元）

（21）非流动资产合计 = 697 000 + 150 000 = 847 000（元）

（22）资产总计 = 3 389 445（元）

（23）流动负债合计 = 200 000 + 240 000 + 140 000 + 78 000 + 152 350 + 6 800 + 200 000

= 1 017 150（元）
（24）非流动负债合计 = 280 000（元）
（25）负债合计 = 1 017 150 + 280 000 = 1 297 150（元）
（26）所有者权益合计 = 600 000 + 20 000 + 242 295 + 1 230 000
= 2 092 295（元）
（27）负债及所有者权益总计 = 1 297 150 + 2 092 295 = 3 389 445（元）

2. 编制资产负债表

编制资产负债表，如表 9-2 所示。

表 9-2　资产负债表　　　　　会企 01 表

编制单位：中准公司　　　2024 年 12 月 31 日　　　单位：元

资　　产	期末余额	上年年末余额	负债及所有者权益	期末余额	上年年末余额
流动资产：		（略）	流动负债：		（略）
货币资金	1 006 445		短期借款	200 000	
交易性金融资产			交易性金融负债		
应收票据			应付票据		
应收账款	140 000		应付账款	240 000	
预付款项	34 000		预收款项	140 000	
其他应收款	3 000		应付职工薪酬	78 000	
存货	1 359 000		应交税费	152 350	
一年内到期的非流动资产			其他应付款	6 800	
其他流动资产			一年内到期的非流动负债	200 000	
流动资产合计	2 542 445		其他流动负债		
非流动资产：			流动负债合计	1 017 150	
债权投资			非流动负债：		
其他债权投资			长期借款	280 000	
长期应收款			应付债券		
长期股权投资			长期应付款		
投资性房地产			预计负债		
固定资产	697 000		递延所得税负债		
在建工程	150 000		其他非流动负债		
生产性生物资产			非流动负债合计	280 000	

续表

资　　产	期末余额	上年年末余额	负债及所有者权益	期末余额	上年年末余额
油气资产			负债合计	1 297 150	
无形资产			所有者权益：		
开发支出			实收资本(或股本)	600 000	
商誉			资本公积	20 000	
长期待摊费用			减：库存股		
递延所得税资产			其他综合收益		
其他非流动资产			盈余公积	242 295	
非流动资产合计	847 000		未分配利润	1 230 000	
			所有者权益合计	2 092 295	
资产总计	3 389 445		负债和所有者权益总计	3 389 445	

【动脑筋】

如何利用 Excel 表格编制资产负债表？

任务 9.2　编制利润表

【任务引例】

中淮公司（增值税一般纳税人）2024 年 12 月有关账户发生额如表 9-3 所示，如何编制利润表？

表 9-3　中淮公司 2024 年 12 月有关账户发生额　　单位：元

账户名称	借方发生额	贷方发生额
主营业务收入		1 224 000
其他业务收入		18 000
营业外收入		84 860
公允价值变动损益	3 000	
主营业务成本	542 000	
其他业务成本	13 200	

续表

账户名称	借方发生额	贷方发生额
营业外支出	20 000	
税金及附加	5 814	
销售费用	2 200	
管理费用	50 970	
财务费用	7 000	
所得税费用	170 669	

【工作过程与岗位对照表】

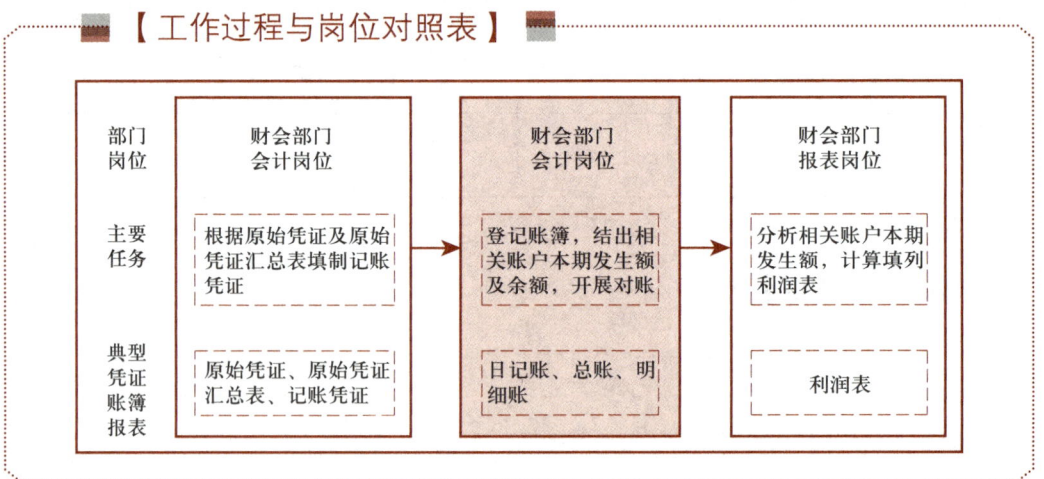

【知识准备】

一、利润表的概念

利润表（Income Statement）是反映企业在某一会计期间经营成果的会计报表。它是根据"收入－费用＝利润"这一会计等式，将企业一定会计期间内收入、费用和利润（或亏损）的项目进行适当的分类、汇总、排列后编制而成的。与资产负债表相比，利润表有两个显著特征：一是利润表反映的是报告期间而不是报告时点的动态财务数据；二是利润表中所列数据是报告期间相关业务项目的累计数而不是结余数。

【提示】

通过利润表，可以分析判断企业的经营成果，预测企业的营利能力和企业未来一定时期内的利润发展趋势，便于投资者和债权人作出正确的投资决策。

二、利润表的格式

利润表一般由表首和正表两部分组成。表首说明报表的名称、编制单位、编制日期、货币计量单位等;正表是利润表的主体,其格式主要有多步式和单步式两种。《企业会计准则》规定,企业的利润表采用多步式。利润表格式如表9-4所示。

> 【提示】
>
> 单步式利润表是将本期所有的收入与费用分别汇总,不再区分收入与费用的不同类型,然后两者相减,一次计算出本期净利润。其优点是比较直观、简单,易于编制,但不能揭示出利润各构成要素之间的内在联系,不便于报表使用者对企业进行盈利分析与预测。

三、利润表的编制方法

利润表中各项目均需填列"上期金额"和"本期金额"两栏。其中"上期金额"栏内的各项数字,应根据上年该期利润表的"本期金额"栏内所列数字填列。如果本年度利润表规定的各个项目名称和内容同上年度不一致,应对上年度的利润表各个项目名称和数字按照本年度的规定进行调整,填入本表的"上期金额"栏内。"本期金额"栏内各期数字应当按照相关账户的本期发生额填列。具体方法有:

(1)按照有关账户的发生额直接填列。如"税金及附加""销售费用""营业外收入""营业外支出""所得税费用"等项目,应根据有关账户的发生额直接填列。

(2)按照有关账户的发生额分析计算填列。如"营业收入"项目,应根据"主营业务收入""其他业务收入"账户的发生额分析计算填列;"营业成本"项目,应根据"主营业务成本""其他业务成本"账户的发生额分析计算填列。

(3)"营业利润""利润总额"和"净利润"项目,应按以下公式计算填列:

营业利润=营业收入－营业成本－税金及附加－销售费用－管理费用－研发费用－财务费用+其他收益+投资收益(－投资损失)+公允价值变动收益(－公允价值变动损失)－信用减值损失－资产减值损失+资产处置收益(－资产处置损失)

利润总额＝营业利润＋营业外收入－营业外支出

净利润＝利润总额－所得税费用

> 【提示】
>
> 由于年终结账时,全年的收入和支出已全部转入"本年利润"账户,并且通过收支对比结出本年净利润的数额。因此,应将年报中的"净利润"数字与"本年利润"账户结转到"利润分配——未分配利润"账户的数字相核对,以检查报表编制和账簿记录的正确性。

【职业判断与任务操作】

针对本任务引例,处理如下:

1. 利润表中有关项目的计算

结合表9-3,利润表中各有关项目的计算过程如下:

(1)营业收入项目="主营业务收入"总账贷方发生额+"其他业务收入"总账贷方发生额

= 1 224 000 + 18 000 = 1 242 000(元)

(2)营业成本项目="主营业务成本"总账借方发生额+"其他业务成本"总账借方发生额

= 542 000 + 13 200 = 555 200(元)

(3)税金及附加项目="税金及附加"总账借方发生额

= 5 814(元)

(4)销售费用项目="销售费用"总账借方发生额

= 2 200(元)

(5)管理费用项目="管理费用"总账借方发生额

= 50 970(元)

(6)财务费用项目="财务费用"总账借方发生额

= 7 000(元)

(7)公允价值变动收益项目="公允价值变动损益"总账发生额

= -3 000(元)

(8)营业利润项目=营业收入-营业成本-税金及附加-销售费用-管理费用-研发费用-财务费用+其他收益+投资收益(-投资损失)+公允价值变动收益(-公允价值变动损失)-信用减值损失-资产减值损失+资产处置收益(-资产处理损失)

= 1 242 000 - 555 200 - 5 814 - 2 200 - 50 970 - 0 - 7 000 + (-3 000) - 0 - 0 + 0

= 617 816(元)

(9)利润总额项目=("营业利润"+"营业外收入"总账贷方发生额-"营业外支出"总账借方发生额)

= 617 816 + 84 860 - 20 000 = 682 676(元)

(10)净利润项目=利润总额-所得税费用总账借方发生额

= 682 676 - 170 669 = 512 007(元)

2. 编制利润表

编制利润表，如表9-4所示。

表9-4 利 润 表　　　　　　　　会企02表

编制单位：中淮公司　　　　2024年12月　　　　　　单位：元

项　　目	本期金额	上期金额
一、营业收入	1 242 000	（略）
减：营业成本	555 200	
税金及附加	5 814	
销售费用	2 200	
管理费用	50 970	
研发费用		
财务费用	7 000	
加：其他收益		
投资收益（损失以"-"号填列）		
公允价值变动收益（损失以"-"号填列）	-3 000	
信用减值损失（损失以"-"号填列）		
资产减值损失（损失以"-"号填列）		
资产处置收益（损失以"-"号填列）		
二、营业利润（损失以"-"号填列）	617 816	
加：营业外收入	84 860	
减：营业外支出	20 000	
三、利润总额（亏损总额以"-"号填列）	682 676	
减：所得税费用	170 669	
四、净利润（净亏损以"-"号填列）	512 007	
五、其他综合收益的税后净额		
六、综合收益总额		
七、每股收益		

■【动脑筋】■

如何利用Excel表格编制利润表？

任务 9.3 报送财务会计报告

【任务引例】

中淮公司（增值税一般纳税人）2024 年的报表已编制完成，学生在老师指导下如何按要求报送会计报表？

【工作过程与岗位对照表】

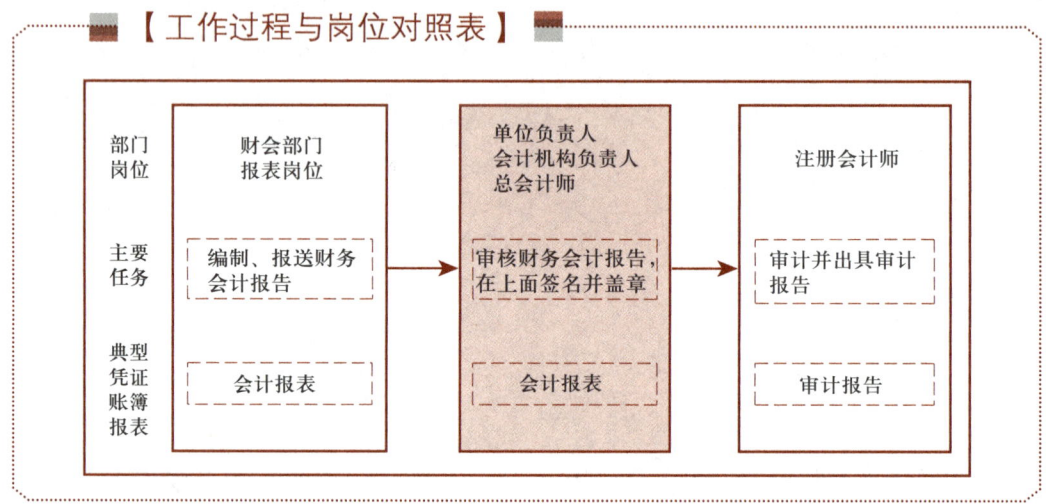

【知识准备】

一、财务会计报告报送的相关规定

（1）根据《会计法》的有关规定，会计核算以人民币为记账本位币。业务收支以人民币以外的货币为主的单位，可以选定其中一种货币作为记账本位币，但是编报的财务会计报告应当折算为人民币。会计凭证、会计账簿、财务会计报告和其他会计资料，必须符合国家统一的会计制度的规定。使用电子计算机进行会计核算的，其软件及其生成的会计凭证、会计账簿、财务会计报告和其他会计资料，也必须符合国家统一的会计制度的规定。任何单位和个人不得伪造、变造会计凭证、会计账簿及其他会计资料，不得提供虚假的财务会计报告。

财务会计报告应当根据经过审核的会计账簿记录和有关资料编制，并符合本法和国家统一的会计制度关于财务会计报告的编制要求、提供对象和提供期限的规定；其他法律、行政法规另有规定的，从其规定。向不同的会计资料使用者提供的财务会计报告，其编制依据应当一致。有关法律、行政法规规定财务会计报告须经注册会计师审计的，注册会计师及其所在的会计师事务所出具的审计报告应当随同财务会计报告一并提供。

财务会计报告应当由单位负责人和主管会计工作的负责人、会计机构负责人（会计主管人员）签名并盖章；设置总会计师的单位，还须由总会计师签名并盖章。单位负责人应当保证财务会计报告真实、完整。

（2）根据《会计基础工作规范》的有关规定，各单位对外报送的财务报告[①]应当根据国家统一会计制度规定的格式和要求编制。单位内部使用的财务报告，其格式和要求由各单位自行规定。各单位应当按照国家规定的期限对外报送财务报告。单位领导人对财务报告的合法性、真实性负法律责任。

文档：《会计基础工作规范》

根据法律和国家有关规定应当对财务报告进行审计的，财务报告编制单位应当先行委托注册会计师进行审计，并将注册会计师出具的审计报告随同财务报告按照规定的期限报送有关部门。如果发现对外报送的财务报告有错误，应当及时办理更正手续。除更正本单位留存的财务报告外，还应同时通知接受财务报告的单位更正。错误较多的，应当重新编报。

（3）根据《中华人民共和国税收征收管理法》的有关规定，纳税人必须依照法律、行政法规规定或者税务机关依照法律、行政法规的规定确定的申报期限、申报内容如实办理纳税申报，报送纳税申报表、财务会计报表以及税务机关根据实际需要要求纳税人报送的其他纳税资料。纳税人、扣缴义务人可以直接到税务机关办理纳税申报或者报送代扣代缴、代收代缴税款报告表，也可以按照规定采取邮寄、数据电文或者其他方式办理上述申报、报送事项。

■【提示】■

纳税人财务会计报告的报送期限一般为：按季度报送的，在季度终了后15日内报出；按年度报送的内资企业在年度终了后45天，外商投资企业和外国企业在年度终了后4个月内报送。

文档：《中华人民共和国税收征收管理法》

■【德技并修】■

遵纪守法 廉洁自律

中澳集团为发行中国银行短期融资债券，委托北京兴华会计师事务所为其审计，该事务所负责审计中澳集团2010年至2013年的账目。该审计项目负责人明知中澳集团经济状况不符合发行债券的要求，仍通过虚增收入、利润等方式修改财务报表，并出具了加盖公章的审计报告书，最终中澳集团成功发行中国银行1亿元、广发银行1亿元的短期融资债券。2019年该事务所被判决没收该项目审计费用140万元，两名审计人员被判处有期徒刑，并处罚金，中澳集团董事长也被

---

① 财务会计报告也可称为财务报告或财务会计报表。

刑拘。

　　随着市场经济的发展，一些会计从业人员将初心抛诸脑后，在面对金钱利益时迷失自我，一些企业指使会计从业人员财务造假，致使会计人员的职业道德面临严峻考验，给会计从业人员自身带来无法挽回的损失，也给企业带来灭顶之灾。会计从业人员要不断加强自身素质建设，在提高专业技能的同时要坚持诚信、守法奉公，坚持准则、守责敬业，坚持学习、守正创新，给社会创造价值的同时也实现自身的人生价值。

二、未按规定报送财务会计报告的法律责任

（1）根据《会计法》第四十条规定，向不同的会计资料使用者提供的财务会计报告编制依据不一致的，由县级以上人民政府财政部门责令限期改正，给予警告、通报批评，对单位可以并处 20 万元以下的罚款，对其直接负责的主管人员和其他直接责任人员可以处 5 万元以下的罚款；情节严重的，对单位可以并处 20 万元以上 100 万元以下的罚款，对其直接负责的主管人员和其他直接责任人员可以处 5 万元以上 50 万元以下的罚款；属于公职人员的，还应当依法给予处分；构成犯罪的，依法追究刑事责任。会计人员情节严重的，五年内不得从事会计工作。第四十一条规定，伪造、变造会计凭证、会计账簿，编制虚假财务会计报告，隐匿或者故意销毁依法应当保存的会计凭证、会计账簿、财务会计报告的，由县级以上人民政府财政部门责令限期改正，给予警告、通报批评，没收违法所得，违法所得 20 万元以上的，对单位可以并处违法所得一倍以上十倍以下的罚款，没有违法所得或者违法所得不足 20 万元的，可以并处 20 万元以上 200 万元以下的罚款；对其直接负责的主管人员和其他直接责任人员可以处 10 万元以上 50 万元以下的罚款，情节严重的，可以处 50 万元以上 200 万元以下的罚款；属于公职人员的，还应当依法给予处分；其中的会计人员，五年内不得从事会计工作；构成犯罪的，依法追究刑事责任。

（2）根据《会计基础工作规范》第八十一条规定，各单位必须依照法律和国家有关规定接受财政、审计、税务等机关的监督，如实提供会计凭证、会计账簿、会计报表和其他会计资料，不得拒绝、隐匿、谎报。第八十二条规定，按照法律规定应当委托注册会计师进行审计的单位，应当委托注册会计师进行审计，并配合注册会计师的工作，如实提供会计凭证、会计账簿、会计报表和其他会计资料以及有关情况，不得拒绝、隐匿、谎报，不得示意注册会计师出具不当的审计报告。

（3）根据我国《中华人民共和国税收征收管理法》第六十二条有关规定，纳税人未按照规定的期限办理纳税申报和报送纳税资料的，或者扣缴义务人未按照规

定的期限向税务机关报送代扣代缴、代收代缴税款报告表和有关资料的，由税务机关责令限期改正，可以处 2 000 元以下的罚款；情节严重的，可以处 2 000 元以上 10 000 元以下的罚款。

> **【提示】**
>
> 纳税人按规定需要报送的财务会计报告，可以委托具有合法资质的中介机构报送。

三、报送财务会计报告的部门

企业应定期向当地财税机关、开户银行和企业主管部门报送财务会计报告。国有企业的年度财务会计报告应同时报送同级国有资产管理部门。公开发行股票的股份有限责任公司，还应当向证券交易机构和证券监督管理委员会等部门提供财务会计报告。

四、报送财务会计报告的准备工作

为使单位出具的财务会计报告具有严肃性，各单位对外报送的财务会计报告，应当依次编写页码，加具封面，装订成册，加盖公章。封面上应当注明：单位名称，单位地址，财务报告所属年度、季度、月度，送出日期，并由单位领导人、总会计师、会计机构负责人、会计主管人员签名或者盖章。

> **【提示】**
>
> 企业对外投资占被投资企业资本半数以上，或者实质拥有被投资企业控制权的，应当编制合并会计报表。确属特殊行业的企业不宜合并的，可不予合并，但应当将其会计报表一并报送。

> **【职业判断与任务操作】**
>
> 针对本任务引例，处理如下：
> （1）整理各种会计报表。
> （2）送交相关人员审核。审核无误后由单位负责人、总会计师、主管会计工作的负责人、会计机构负责人（会计主管人员）签名并盖章。
> （3）在规定的时间内报送报表。

【项目小结】

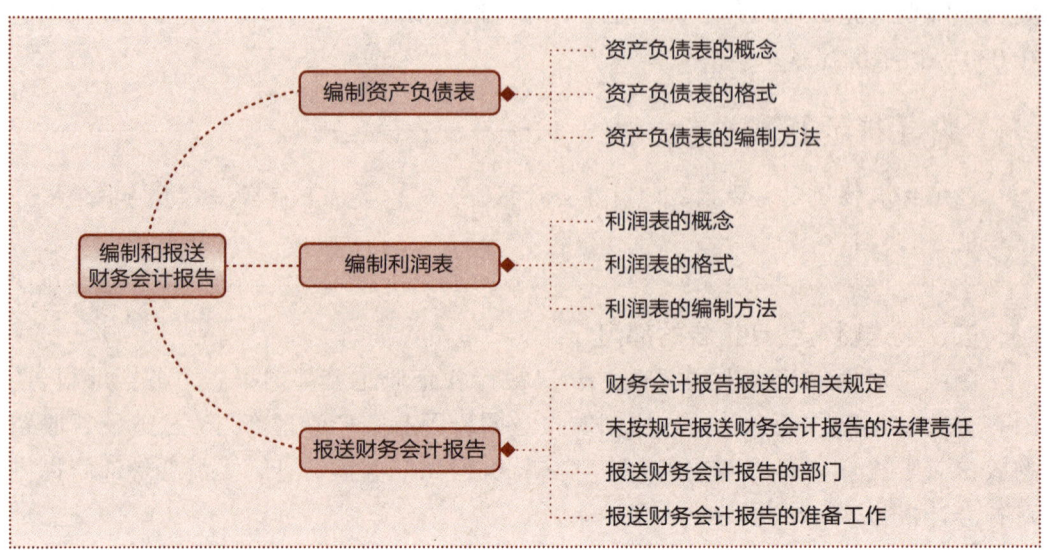

项目 10

选择和应用账务处理程序

【职业能力目标】

素养目标
- 培养一定的逻辑思维和技术素养能力
- 培养对事物进行综合、抽象、概括,准确把握全局工作的能力

知识目标
- 了解会计循环的概念和基本环节
- 理解账务处理程序的概念及选择要求
- 掌握并应用记账凭证账务处理程序和科目汇总表账务处理程序
- 了解汇总记账凭证账务处理程序
- 认知不同账务处理程序的异同、优缺点和适用范围

能力目标
- 能明确不同账务处理程序的主要工作步骤及所运用的典型单据账表
- 会选择和应用不同的账务处理程序

会计循环（Accounting Cycle）是指一个会计主体在一定的会计期间内，从经济业务发生、取得或填制会计凭证起，到登记账簿、编制会计报表止的一系列会计处理程序。一个完整的会计循环过程，主要由会计确认、会计计量、会计记录和会计报告四个环节组成。一般来说，由于企业要按月结账，编制会计报表，所以一个会计循环通常要历时一个月。账务处理程序（Bookkeeping Procedures）也称会计核算组织程序，是指在会计循环中，会计主体所采用的会计凭证、会计账簿、会计报表的种类和格式与一定的记账程序有机结合的方法和步骤。不同的账簿组织、记账程序和记账方法及其不同的结合方式，形成了不同种类的账务处理程序。在我国，常用的账务处理程序主要有记账凭证账务处理程序、科目汇总表账务处理程序和汇总记账凭证账务处理程序等。其中，记账凭证账务处理程序是最基本的一种，其他账务处理程序都是在此基础上演变和发展起来的。不同账务处理程序的区别主要表现在登记总账的依据和方法不同，它们有着不同的特点和优缺点，因而适用不同的单位。在实际工作中，各种账务处理程序可以结合起来加以综合运用。

任务 10.1　选择和应用记账凭证账务处理程序

【任务引例】

利康食品厂被主管税务机关核准为一般纳税人。企业设有一个基本生产车间，主要生产奶油饼干，规模较小、经济业务量较少，记账凭证数量不多，该厂应选择和应用哪一种账务处理程序呢？

【工作过程与岗位对照表】

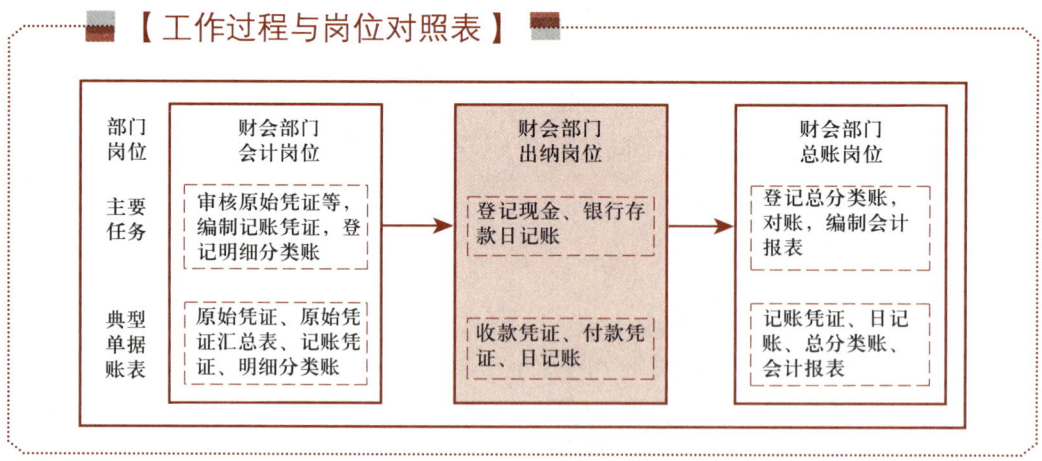

【知识准备】

一、记账凭证账务处理程序的概念

记账凭证账务处理程序是指对发生的经济业务事项，根据原始凭证或汇总原始凭证编制记账凭证，然后据以逐笔登记总分类账，并定期编制会计报表的一种账务处理程序。其特点是直接根据记账凭证逐笔登记总分类账。

二、记账凭证账务处理程序下凭证与账簿的设置

（一）记账凭证账务处理程序下凭证的设置

在记账凭证账务处理程序下，记账凭证一般使用收款凭证、付款凭证和转账凭证等专用记账凭证，也可采用通用记账凭证。

（二）记账凭证账务处理程序下账簿的设置

在记账凭证账务处理程序下，应当设置日记账、明细分类账和总分类账，日记账包括现金日记账和银行存款日记账。日记账和总分类账可采用三栏式；明细分类账可根据需要采用三栏式、数量金额式和多栏式等。

在记账凭证账务处理程序下，记账凭证与会计账簿的种类，如图10-1所示。

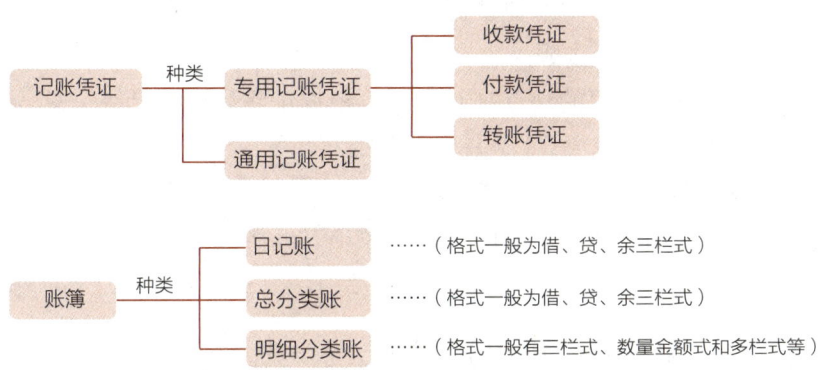

图10-1　记账凭证账务处理程序下记账凭证与会计账簿的种类

三、记账凭证账务处理程序的核算步骤、优缺点及适用范围

（一）记账凭证账务处理程序的核算步骤

（1）根据原始凭证编制汇总原始凭证。

（2）根据原始凭证或汇总原始凭证，填制记账凭证。

（3）根据收款凭证和付款凭证及所附原始凭证，逐笔登记现金日记账和银行存款日记账。

（4）根据原始凭证、汇总原始凭证或记账凭证，登记各种明细分类账。

（5）根据记账凭证逐笔登记总分类账。

（6）期末，现金日记账、银行存款日记账以及各种明细分类账的余额与有关总分类账的余额核对相符。

(7)期末，根据核对无误的总分类账和明细分类账的有关资料，编制会计报表。

记账凭证账务处理程序如图 10-2 所示。

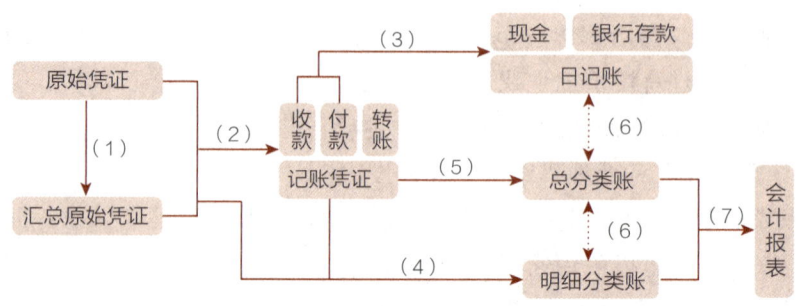

图 10-2　记账凭证账务处理程序图

（二）记账凭证账务处理程序的优缺点

记账凭证账务处理程序的优点是：

① 会计凭证和账簿格式以及账务处理程序简单明了，易于理解和运用。② 由于总分类账是直接根据各种记账凭证逐笔登记的，因此总分类账能比较详细和具体地反映各项经济业务，便于查账。

记账凭证财务处理程序的缺点是：因为要根据记账凭证逐笔登记总分类账，所以登记总分类账的工作量较大。

（三）记账凭证账务处理程序的适用范围

记账凭证账务处理程序一般适用于规模较小、经济业务量较少以及记账凭证数量不多的单位。

微课：选择和应用记账凭证账务处理程序

【职业判断与任务操作】

针对本任务引例，分析如下：

由于利康食品厂规模较小，经济业务量较少，记账凭证数量不多，该厂可以选择和应用记账凭证账务处理程序，根据记账凭证逐笔登记总分类账。

【典型任务举例】

任务 10-1：

一、核算资料

振华机电有限公司主要生产 A 种型号的机床，简称 A 产品。该公司被主管税务机关核准为一般纳税人，增值税税率为 13%，城建税税率为 7%、教育费附加率为 3%、企业所得税税率为 25%。公司设有一个基本生产车间，会计核算采用记账凭证账务处理程序，存货以实际成本核算。

振华机电有限公司 2024 年 12 月 1 日总分类账余额见表 10-1：

表 10-1　总分类账余额表　　　　　　　　　　　　　　　单位：元

资　产	借方余额	负债和所有者权益	贷方余额
库存现金	1 987.43	短期借款	400 000
银行存款	2 629 919.62	应付票据	605 000
交易性金融资产	500 000	应付账款	1 316 975
应收账款	1 285 313.80	预收账款	700 000
坏账准备	3 855.94（贷）	应付职工薪酬	474 583.79
预付账款	754 491.10	应交税费	315 374.34
其他应收款	2 000	应付利息	4 500
原材料	765 000	长期借款	5 750 000
周转材料	74 244	实收资本	6 270 138
库存商品	2 953 000	资本公积	976 853.46
生产成本	503 351.26	盈余公积	856 822.51
固定资产	8 329 628	本年利润	649 258.22
累计折旧	61 400（贷）	利润分配——未分配利润	1 289 173.95
无形资产	1 909 500		
累计摊销	34 500（贷）		
合计	19 608 679.27	合计	19 608 679.27

有关明细分类账户的月初余额如下：

（1）应收账款——本市光明工厂　　　　585 313.80
　　　　　　——苏州机床厂　　　　　　700 000
（2）预付账款——本市恒顺公司　　　　750 000
　　　　　　——2024 年报刊费　　　　4 491.10
（3）其他应收款——采购员李磊　　　　2 000
（4）原材料（见表 10-2）：

表 10-2　原材料明细分类账户月初余额表　　　　　　金额单位：元

名称	计量单位	数量	单价	金额
甲材料	吨	32	3 900	124 800
乙材料	千克	240	648.75	155 700
丙材料	件	300	1 615	484 500
合计				765 000

（5）周转材料（见表10-3）：

表10-3　周转材料明细分类账户月初余额表　　　金额单位：元

名称	计量单位	数量	单价	金额
丁材料	千克	200	371.22	74 244
合计				74 244

（6）库存商品（见表10-4）：

表10-4　库存商品明细分类账户月初余额表　　　金额单位：元

名称	计量单位	数量	单价	金额
A产品	台	500	5 906	2 953 000
合计				2 953 000

（7）生产成本——A产品（直接材料）　　503 351.26
（8）应付账款——本市华中工厂　　　　　482 000
　　　　　　——盐城迅达钢铁厂　　　　834 975
（9）预收账款——常州市机床销售公司　　700 000

2024年12月发生的经济业务以及相关提示如下：

（1）2日，以银行存款支付上月税费315 374.34元。

（2）2日，采购员李磊归来，报销差旅费1 850元，余款150元退回。

（3）4日，收到上月预付本市恒顺公司货款采购的甲材料200吨，单价3 900元，货款780 000元，增值税税额101 400元，甲材料已验收入库，同日开出转账支票131 400元补齐不足款。

（4）4日，采用汇兑的方式归还前欠盐城迅达钢铁厂货款834 975元。

（5）4日，为生产A产品领用甲材料20吨，价款78 000元；乙材料100千克，价款64 875元；车间一般耗用领用丙材料10件，价款16 150元。

（6）5日，从盐城迅达钢铁厂采购丙材料100件，价款161 500元，增值税税额20 995元，材料未到达企业，款暂欠。

（7）6日，销售A产品100台，单价8 000元，增值税税额104 000元，款收讫，存入银行。

（8）6日，购买丁材料100千克，单价370元，增值税税额4 810元，款项以银行存款付讫，材料已验收入库。

（9）7日，于5日购买的丙材料已运达企业，验收入库。

（10）7日，基本生产车间填制领料单，一般耗用丁材料100千克，价款37 122元；行政部门领用丁材料20千克，价款7 424.40元。丁材料的领用采用一次摊销法。

（11）8 日，以银行存款发放本月职工工资 320 000 元。
（12）9 日，开出现金支票一张向银行提取现金 3 000 元备用。
（13）9 日，以银行存款支付产品广告费 10 000 元。
（14）10 日，行政管理部门购置办公用品 300 元，以库存现金支付，购入后随即被领用。
（15）10 日，支付本季度短期借款利息 6 718 元，已预提 4 500 元。
（16）11 日，采用预收账款的方式销售 A 产品 120 件给常州市机床销售公司，价款 1 020 000 元，增值税税额 132 600 元。当日，产品已全部发出，余款 452 600 元收讫存入银行。
（17）12 日，销售 A 产品 20 台给太原机床厂，价款 168 000 元，增值税税额 21 840 元，产品当日运出并向银行办妥了托收承付手续。
（18）13 日，收到本市光明工厂归还前欠货款 585 313.80 元，存入银行。
（19）14 日，3 个月前开出的商业承兑汇票 605 000 元到期，以银行存款承付。
（20）15 日，公司出售了 A 上市公司股票（作为交易性金融资产核算），取得价款 540 000 元，转存银行。该股票的成本为 500 000 元。
（21）17 日，接受通用公司捐赠机床一台，评估价款 300 000 元，投入使用。
（22）20 日，出售一批不需用的丙材料 100 件，价款 200 000 元，增值税税额 26 000 元，款项存入银行。
（23）20 日，结转已售丙材料的成本 161 500 元。
（24）30 日，开户银行代缴电费 69 450 元，其中基本生产车间耗用 56 450 元，行政部门耗用 13 000 元。
（25）30 日，计提本月固定资产折旧费 5 353 元，其中车间生产设备 3 653 元，其余为行政部门固定资产。
（26）30 日，摊销 2024 年报刊费 4 491.10 元。
（27）31 日，分配本月份职工工资 320 000 元，具体情况见表 10-5：

表 10-5 职工工资明细表

工资类别	金额 / 元
生产 A 产品工人工资	180 000
车间管理人员工资	75 000
厂部管理人员工资	55 000
专设销售机构人员工资	10 000
合计	320 000

（28）31日，按照工资总额的25%提取各项社会保险费。

（29）31日，摊销本月无形资产费用6 261.50元。

（30）31日，结转本月发生的制造费用。

（31）31日，本月共生产A产品160件，月末在产品成本为58 351.26元，均为直接材料成本。结转本月完工产品的生产成本。

（32）31日，结转本月已销售A产品的销售成本，按加权平均法计算产品的单位成本。

（33）31日，按照本月应交增值税税额的7%计算城市维护建设税，按3%提取教育费附加。

（34）31日，结转本月损益类账户。

（35）31日，按25%的税率计算并结转本月所得税。假设该公司无纳税调整事项。

（36）31日，将全年实现的净利润转入"利润分配——未分配利润"明细账户（1—11月份企业累计实现净利润649 258.22元）。

（37）31日，按全年净利润的10%计提法定盈余公积金。

（38）31日，按规定计算出应向投资者分配现金股利300 000元。

（39）31日，将"利润分配"账户其他明细账户转入"利润分配——未分配利润"明细账。

二、任务要求

（1）根据上述业务编制12月相关记账凭证，记账凭证采用收、付、转三种，按三类顺序编号。

（2）登记现金日记账和银行存款日记账。

（3）登记"应收账款""预付账款""其他应收款""原材料""周转材料""生产成本""库存商品""管理费用""应付账款""预收账款"明细账。月末要求只做月结，年结省略。

（4）登记总分类账，并编制总分类账户本期发生额及余额表。

（5）编制12月"资产负债表"和"利润表"。

三、工作过程

1. 任务一

（1）分析经济业务发生后所涉及的会计科目，确定记账方向。

（2）根据借贷记账法记账规则，编制相关记账凭证。如根据2024年12月发生的经济业务（1）、（2）编制记账凭证，如表10-6、表10-7和表10-8所示。

限于篇幅，以下用会计分录代替记账凭证，反映振华机电有限公司12月2日—31日发生的全部经济业务。

表 10-6

付 款 凭 证

2024 年 12 月 2 日

总字第___号
付字第 1 号

货方科目：银行存款

| 摘要 | 借方科目 | | ✓ | 金额 |
	总账科目	明细科目		千百十万千百十元角分
交上月税款	应交税费			3 1 5 3 7 3 4

人民币（大写）叁拾壹万伍仟叁佰柒拾肆元叁角肆分　¥ 3 1 5 3 7 3 4

附单据 1 张

财务主管(签章)　记账(签章) 冯晓丽　出纳(签章) 王宏伟　复核(签章) 吴天行　制单(签章) 贾晓红

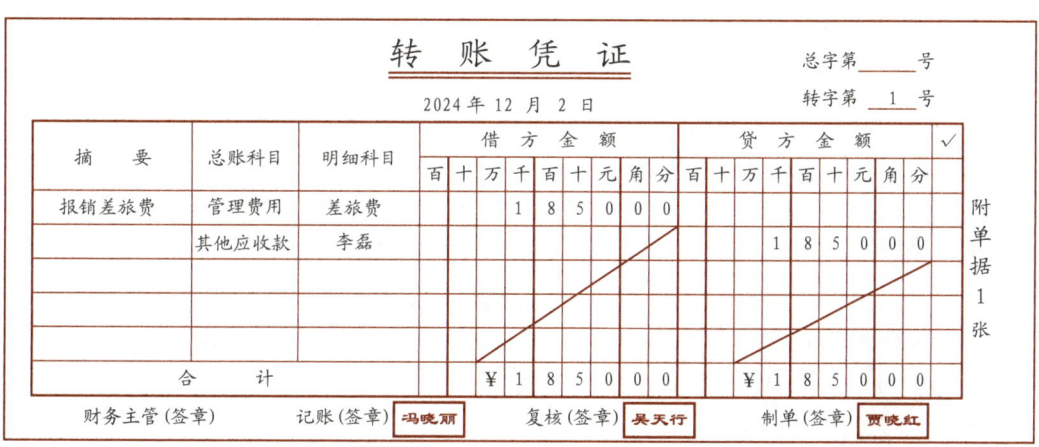

表 10-7

转 账 凭 证

2024 年 12 月 2 日

总字第___号
转字第 1 号

| 摘要 | 总账科目 | 明细科目 | 借方金额 | 贷方金额 | ✓ |
			百十万千百十元角分	百十万千百十元角分	
报销差旅费	管理费用	差旅费	1 8 5 0 0 0		
	其他应收款	李磊		1 8 5 0 0 0	
	合计		¥ 1 8 5 0 0 0	¥ 1 8 5 0 0 0	

附单据 1 张

财务主管(签章)　记账(签章) 冯晓丽　复核(签章) 吴天行　制单(签章) 贾晓红

表 10-8

收 款 凭 证

2024 年 12 月 2 日

总字第___号
收字第 1 号

借方科目：库存现金

| 摘要 | 贷方科目 | | ✓ | 金额 |
	总账科目	明细科目		千百十万千百十元角分
收差旅费余款	其他应收款	李磊		1 5 0 0 0

人民币（大写）壹佰伍拾元整　¥ 1 5 0 0 0

附单据 1 张

财务主管(签章)　记账(签章) 冯晓丽　出纳(签章) 王宏伟　复核(签章) 吴天行　制单(签章) 贾晓红

（3）转2号，12月4日，采购甲材料。

借：原材料——甲材料　　　　　　　　　780 000
　　　应交税费——应交增值税（进项税额）101 400
　　　贷：预付账款——本市恒顺公司　　　　　　　881 400

付2号，12月4日，补付本市恒顺公司购货余款。

借：预付账款——本市恒顺公司　　　　131 400
　　　贷：银行存款　　　　　　　　　　　　　　　131 400

（4）付3号，12月4日，归还前欠货款。

借：应付账款——盐城迅达钢铁厂　　　834 975
　　　贷：银行存款　　　　　　　　　　　　　　　834 975

（5）转3号，12月4日，生产领料。

借：生产成本——A产品　　　　　　　142 875
　　制造费用　　　　　　　　　　　　16 150
　　　贷：原材料——甲材料　　　　　　　　　　　78 000
　　　　　　　——乙材料　　　　　　　　　　　　64 875
　　　　　　　——丙材料　　　　　　　　　　　　16 150

（6）转4号，12月5日，采购材料。

借：在途物资——丙材料　　　　　　　161 500
　　应交税费——应交增值税（进项税额）20 995
　　　贷：应付账款——盐城迅达钢铁厂　　　　　　182 495

（7）收2号，12月6日，销售A产品。

借：银行存款　　　　　　　　　　　　904 000
　　　贷：主营业务收入　　　　　　　　　　　　　800 000
　　　　　应交税费——应交增值税（销项税额）　　104 000

（8）付4号，12月6日，购买丁材料。

借：周转材料——丁材料　　　　　　　37 000
　　应交税费——应交增值税（进项税额）4 810
　　　贷：银行存款　　　　　　　　　　　　　　　41 810

（9）转5号，12月7日，丙材料验收入库。

借：原材料——丙材料　　　　　　　　161 500
　　　贷：在途物资——丙材料　　　　　　　　　　161 500

（10）转6号，12月7日，领用丁材料。

借：制造费用　　　　　　　　　　　　37 122
　　管理费用　　　　　　　　　　　　7 424.40
　　　贷：周转材料——丁材料　　　　　　　　　　44 546.40

（11）付5号，12月8日，发工资。

借：应付职工薪酬——工资　　　　　　320 000
　　　贷：银行存款　　　　　　　　　　　　　　320 000

（12）付6号，12月9日，提取备用金。

借：库存现金　　　　　　　　　　　　3 000
　　　贷：银行存款　　　　　　　　　　　　　　3 000

（13）付7号，12月9日，支付产品广告费。

借：销售费用　　　　　　　　　　　　10 000
　　　贷：银行存款　　　　　　　　　　　　　　10 000

（14）付8号，12月10日，支付办公用品费。

借：管理费用　　　　　　　　　　　　300
　　　贷：库存现金　　　　　　　　　　　　　　300

（15）付9号，12月10日，支付本季度短期借款利息。

借：应付利息　　　　　　　　　　　　4 500
　　　财务费用　　　　　　　　　　　　2 218
　　　贷：银行存款　　　　　　　　　　　　　　6 718

（16）转7号，12月11日，销售A产品。

借：预收账款——常州市机床销售公司　1 152 600
　　　贷：主营业务收入　　　　　　　　　　　　1 020 000
　　　　　应交税费——应交增值税（销项税额）　132 600

收3号，12月11日，收回预收不足货款。

借：银行存款　　　　　　　　　　　　452 600
　　　贷：预收账款——常州市机床销售公司　　　452 600

（17）转8号，12月12日，销售A产品。

借：应收账款——太原机床厂　　　　　189 840
　　　贷：主营业务收入　　　　　　　　　　　　168 000
　　　　　应交税费——应交增值税（销项税额）　21 840

（18）收4号，12月13日，收回前欠货款。

借：银行存款　　　　　　　　　　　　585 313.80
　　　贷：应收账款——本市光明工厂　　　　　　585 313.80

（19）付10号，12月14日，承付到期的商业承兑汇票。

借：应付票据　　　　　　　　　　　　605 000
　　　贷：银行存款　　　　　　　　　　　　　　605 000

（20）收5号，12月15日，出售股票。

借：银行存款　　　　　　　　　　　　540 000

贷：交易性金融资产　　　　　　　　　　　　500 000
　　　　　投资收益　　　　　　　　　　　　　　　 40 000

（21）转9号，12月17日，接受捐赠机床。
　　借：固定资产　　　　　　　　　　300 000
　　　　贷：营业外收入　　　　　　　　　　　　　300 000

（22）收6号，12月20日，出售材料。
　　借：银行存款　　　　　　　　　　226 000
　　　　贷：其他业务收入　　　　　　　　　　　　200 000
　　　　　　应交税费——应交增值税（销项税额）　 26 000

（23）转10号，12月20日，结转已售丙材料的成本。
　　借：其他业务成本　　　　　　　　161 500
　　　　贷：原材料——丙材料　　　　　　　　　　161 500

（24）付11号，12月30日，支付电费。
　　借：制造费用　　　　　　　　　　 56 450
　　　　管理费用　　　　　　　　　　 13 000
　　　　贷：银行存款　　　　　　　　　　　　　　 69 450

（25）转11号，12月30日，计提折旧。
　　借：制造费用　　　　　　　　　　　3 653
　　　　管理费用　　　　　　　　　　　1 700
　　　　贷：累计折旧　　　　　　　　　　　　　　　5 353

（26）转12号，12月30日，摊销2024年报刊费。
　　借：管理费用　　　　　　　　　　　4 491.10
　　　　贷：预付账款——2024年报刊费　　　　　　4 491.10

（27）转13号，12月31日，分配本月职工工资。
　　借：生产成本——A产品　　　　　 180 000
　　　　制造费用　　　　　　　　　　 75 000
　　　　管理费用　　　　　　　　　　 55 000
　　　　销售费用　　　　　　　　　　 10 000
　　　　贷：应付职工薪酬——工资　　　　　　　　320 000

（28）转14号，12月31日，提取各项社会保险费。
　　借：生产成本——A产品　　　　　　45 000
　　　　制造费用　　　　　　　　　　 18 750
　　　　管理费用　　　　　　　　　　 13 750
　　　　销售费用　　　　　　　　　　　2 500
　　　　贷：应付职工薪酬——社会保险费　　　　　 80 000

(29) 转 15 号，12 月 31 日，摊销本月无形资产。

借：管理费用　　　　　　　　　　　　6 261.50
　　贷：累计摊销　　　　　　　　　　　　　　6 261.50

(30) 转 16 号，12 月 31 日，结转制造费用。

借：生产成本——A 产品　　　　　　　207 125
　　贷：制造费用　　　　　　　　　　　　　　207 125

(31) 转 17 号，12 月 31 日，结转本月完工产品的生产成本。

借：库存商品——A 产品　　　　　　　1 020 000
　　贷：生产成本——A 产品　　　　　　　　　1 020 000

其中：生产成本 = 503 351.26 + 142 875 + 180 000 + 45 000 + 207 125 – 58 351.26 = 1 020 000（元）

(32) 转 18 号，12 月 31 日，结转销售成本。

借：主营业务成本　　　　　　　　　　1 444 728
　　贷：库存商品——A 产品　　　　　　　　　1 444 728

其中：加权平均单价 =（2 953 000 + 1 020 000）÷（500 + 160）= 6 019.70（元）

销售成本 = 240 × 6 019.70 = 1 444 728（元）

(33) 转 19 号，12 月 31 日，计算城市维护建设税、教育费附加。

借：税金及附加　　　　　　　　　　　15 723.50
　　贷：应交税费——应交城市维护建设税　　　11 006.45
　　　　　　　　——应交教育费附加　　　　　4 717.05

其中：本期销项税额 = 104 000 + 132 600 + 21 840 + 26 000 = 284 440（元）

本期进项税额 = 101 400 + 20 995 + 4 810 = 127 205（元）

本期应交增值税额 = 284 440 – 127 205 = 157 235（元）

应交城市维护建设税 = 157 235 × 7% = 11 006.45（元）

应交教育费附加 = 157 235 × 3% = 4 717.05（元）

(34) 转 20 号，12 月 31 日，结转本月费用类账户。

借：本年利润　　　　　　　　　　　1 750 446.50
　　贷：主营业务成本　　　　　　　　　　　　1 444 728
　　　　税金及附加　　　　　　　　　　　　　15 723.50
　　　　其他业务成本　　　　　　　　　　　　161 500
　　　　管理费用　　　　　　　　　　　　　　103 777
　　　　销售费用　　　　　　　　　　　　　　22 500
　　　　财务费用　　　　　　　　　　　　　　2 218

转 21 号，结转本月收入类账户。

借：主营业务收入　　　　　　　　　　1 988 000

其他业务收入　　　　　　　　　　　　　　　200 000
　　营业外收入　　　　　　　　　　　　　　　　300 000
　　投资收益　　　　　　　　　　　　　　　　　 40 000
　　　贷：本年利润　　　　　　　　　　　　　　　　　　2 528 000

（35）转22号，12月31日，计提所得税。
　　借：所得税费用　　　　　　　　　　　　　194 388.38
　　　贷：应交税费——应交所得税　　　　　　　　　　　194 388.38
其中：利润总额 = 2 528 000 − 1 750 446.50 = 777 553.50（元）
所得税费用 = 777 553.50 × 25% = 194 388.38（元）
转23号，12月31日，结转本月所得税。
　　借：本年利润　　　　　　　　　　　　　　194 388.38
　　　贷：所得税费用　　　　　　　　　　　　　　　　　194 388.38

（36）转24号，12月31日，结转全年实现净利润。
　　借：本年利润　　　　　　　　　　　　　 1 232 423.34
　　　贷：利润分配——未分配利润　　　　　　　　　　1 232 423.34
其中：全年净利润 = 649 258.22 + (777 553.50 − 194 388.38) = 1 232 423.34（元）

（37）转25号，12月31日，提取法定盈余公积金。
　　借：利润分配——提取法定盈余公积金　　　123 242.33
　　　贷：盈余公积　　　　　　　　　　　　　　　　　 123 242.33
其中：提取法定盈余公积金 = 1 232 423.34 × 10% = 123 242.33（元）

（38）转26号，12月31日，分配现金股利。
　　借：利润分配——应付现金股利　　　　　　300 000
　　　贷：应付股利　　　　　　　　　　　　　　　　　 300 000

（39）转27号，12月31日，结转利润分配各明细账户。
　　借：利润分配——未分配利润　　　　　　　423 242.33
　　　贷：利润分配——提取法定盈余公积金　　　　　　123 242.33
　　　　　　　　——应付现金股利　　　　　　　　　　300 000

2. 任务二

根据本月发生的收付业务，逐笔登记现金日记账和银行存款日记账，如表10-9和表10-10所示。

3. 任务三

根据本月发生的业务和期初有关明细账资料，登记"应收账款""预付账款""其他应收款""原材料""周转材料""生产成本""库存商品""管理费用""应付账款""预收账款"明细账，如表10-11至表10-26所示。

表 10-9
现金日记账

2024年		凭证编号		摘要	对应科目	借方	✓	贷方	✓	余额
月	日	类	号							
12	1			期初余额						1987.43
	2	收	1	收差旅费余款	其他应收款	150.00				2137.43
	9	付	6	提取备用金	银行存款	3000.00				5137.43
	10	付	8	支付办公用品费	管理费用			300.00		4837.43
12	31			本月合计		3150.00		300.00		4837.43

表 10-10
银行存款日记账

开户行名称：工行淮海路分理处　　　　　　　　　银行账号：0034621

2024年		凭证编号		摘要	结算凭证		借方	✓	贷方	✓	余额
月	日	类	号		类	号					
12	1			期初余额							262991.62
	2	付	1	支付上月税款					31537.34		231454.28
	4	付	2	补付购货余款					13140.00		218314.28
	4	付	3	归还前欠货款					83497.50		134817.028
	6	收	2	销售A产品			90400.00				225217.028
	6	付	4	购买丁材料					4181.00		221036.028
	8	付	5	发放工资					32000.00		189036.028
	9	付	6	提取备用金					3000.00		188736.028
	9	付	7	支付产品广告费					10000.00		178736.028
	10	付	9	支付贷款利息					671.80		178064.28
	11	收	3	收回不足货款			45260.00				223324.228
	13	收	4	收回前欠货款			58531.80				290855.608
	14	付	10	承付到期商业汇票					60500.00		230355.608
	15	收	5	出售股票			54000.00				284355.608
	20	收	6	出售材料			22600.00				306955.608
	30	付	11	支付电费					6945.00		300010.608
12	31			本月合计			270791.80		233727.34		300010.608

表10-11

应收账款 明细账

二级 科目 本市光明工厂

2024年		记账凭证号数	摘要	对方科目	借方 千百十万千百十元角分	贷方 千百十万千百十元角分	借或贷	余额 千百十万千百十元角分
月	日							
12	1		期初余额				借	5 8 5 3 1 3 80
12	13	收4	收回前欠货款	银行存款		5 8 5 3 1 3 80	平	0
12	31		本月合计			5 8 5 3 1 3 80	平	0

表10-12

应收账款 明细账

二级 科目 苏州机床厂

2024年		记账凭证号数	摘要	对方科目	借方 千百十万千百十元角分	贷方 千百十万千百十元角分	借或贷	余额 千百十万千百十元角分
月	日							
12	1		期初余额				借	7 0 0 0 0 0 00
12	31		本月合计				借	7 0 0 0 0 0 00

表10-13

应收账款 明细账

二级 科目 太原机床厂

2024年		记账凭证号数	摘要	对方科目	借方 千百十万千百十元角分	贷方 千百十万千百十元角分	借或贷	余额 千百十万千百十元角分
月	日							
12	12	转8	销售产品	主营业务收入	1 8 9 8 4 0 00		借	1 8 9 8 4 0 00
12	31		本月合计		1 8 9 8 4 0 00		借	1 8 9 8 4 0 00

表 10-14

预付账款 明细账

二级科目 本市恒顺公司

2024年		记账凭证号数	摘要	对方科目	借方 千百十万千百十元角分	贷方 千百十万千百十元角分	借或贷	余额 千百十万千百十元角分
月	日							
12	1		期初余额				借	7 5 0 0 0 0 0 0
	4	转2	采购甲材料	原材料		8 8 1 4 0 0 0 0	贷	1 3 1 4 0 0 0 0
	4	付2	补付购货不足款	银行存款	1 3 1 4 0 0 0 0		平	0
12	31		本月合计		1 3 1 4 0 0 0 0	8 8 1 4 0 0 0 0	平	0

表 10-15

预付账款 明细账

二级科目 2024年报刊费

2024年		记账凭证号数	摘要	对方科目	借方 千百十万千百十元角分	贷方 千百十万千百十元角分	借或贷	余额 千百十万千百十元角分
月	日							
12	1		期初余额				借	4 4 9 1 1 0
	30	转12	摊销2024年报刊杂志费	管理费用		4 4 9 1 1 0	平	0
12	31		本月合计			4 4 9 1 1 0	平	0

表 10-16

其他应收款 明细账

二级科目 李磊

2024年		记账凭证号数	摘要	对方科目	借方 千百十万千百十元角分	贷方 千百十万千百十元角分	借或贷	余额 千百十万千百十元角分
月	日							
12	1		期初余额				借	2 0 0 0 0 0
	2	转1	采购员李磊报销差旅费	管理费用		1 8 5 0 0 0	借	1 5 0 0 0
	2	收1	收差旅费余款	库存现金		1 5 0 0 0	平	0
12	31		本月合计			2 0 0 0 0 0	平	0

表 10-17

原材料 明细账

最高储存量：_____ 最低储存量：500 编号：201 规格：_____ 单位：吨 名称：甲材料

2024年 月	日	凭证 种类	凭证 号数	摘要	借方 数量	借方 单价	借方 金额	贷方 数量	贷方 单价	贷方 金额	结存 数量	结存 单价	结存 金额
12	1			期初余额							32	3 900	124 800.00
	4	转	2	采购	200	3 900	780 000.00				232	3 900	904 800.00
	4	转	3	领料				20	3 900	78 000.00	212	3 900	826 800.00
12	31			本月合计	200	3 900	780 000.00	20	3 900	78 000.00	212	3 900	826 800.00

表 10-18

原材料 明细账

最高储存量：_____ 最低储存量：300 编号：202 规格：_____ 单位：千克 名称：乙材料

2024年 月	日	凭证 种类	凭证 号数	摘要	借方 数量	借方 单价	借方 金额	贷方 数量	贷方 单价	贷方 金额	结存 数量	结存 单价	结存 金额
12	1			期初余额							240	648.75	155 700.00
	4	转	3	领料				100	648.75	64 875.00	140	648.75	90 825.00
12	31			本月合计				100	648.75	64 875.00	140	648.75	90 825.00

表 10-19

原材料 明细账

最高储存量：_____ 最低储存量：400 编号：203 规格：_____ 单位：件 名称：丙材料

2024年 月	日	凭证 种类	凭证 号数	摘要	借方 数量	借方 单价	借方 金额	贷方 数量	贷方 单价	贷方 金额	结存 数量	结存 单价	结存 金额
12	1			期初余额							300	1 615	484 500.00
	4	转	3	领料				10	1 615	16 150.00	290	1 615	468 350.00
	7	转	5	入库	100	1 615	161 500.00				390	1 615	629 850.00
	20	转	10	销售				100	1 615	161 500.00	290	1 615	468 350.00
12	31			本月合计	100	1 615	161 500.00	110	1 615	177 650.00	290	1 615	468 350.00

表 10-20

周转材料 明细账

最高储存量 _____
最低储存量 400
编号 304 规格 _____
单位 千克 名称 丁材料
本账页数 _____
本户页数 _____

2024年		凭证		摘要	借方			贷方			结存		
月	日	种类	号数		数量	单价	百十万千百十元角分	数量	单价	百十万千百十元角分	数量	单价	百十万千百十元角分
12	1			期初余额							200	371.22	7424400
	6	付	4	采购	100	370	3700000				300		11124400
	7	转	6	领料				120	371.22	4454640	180		6669760
12	31			本月合计	100	370	3700000	120	371.22	4454640	180		6669760

表 10-21

生产成本 明细账

科目名称 _____
产品名称 A产品

2024年		凭证		摘要	借方发生额	成 本 项 目		
						直接材料	直接人工	制造费用
月	日	种类	号数		百十万千百十元角分	百十万千百十元角分	百十万千百十元角分	百十万千百十元角分
12	1			期初余额	5035126	5035126		
	4	转	3	生产领料	14287500	14287500		
	31	转	13	分配工资	18000000		18000000	
	31	转	14	提取社会保险费	4500000		4500000	
	31	转	16	结转制造费用	20712500			20712500
	31	转	17	结转完工产品成本	102000000	58787500	22500000	20712500
12	31			月末在产品成本	5835126	5835126		

表 10-22

库存商品 明细账

最高储存量 _____
最低储存量 _____
编号 _____ 规格 _____
单位 台 名称 A产品
本账页数 _____
本户页数 _____

2024年		凭证		摘要	借方			贷方			结存		
月	日	种类	号数		数量	单价	百十万千百十元角分	数量	单价	百十万千百十元角分	数量	单价	百十万千百十元角分
12	1			期初余额							500	5906	295300000
	31	转	17	入库	160	6375	102000000				660		
		转	18	销售				240			420		
12	31			本月合计	160	6375	102000000	240	6019.70	144472800	420	6019.70	252827200

表 10-23 管理费用 明细账

子目：

2024年		凭单号	摘要	借方	贷方	借或贷	余额	借方分析								贷方分析
月	日							办公费	复印费	职工薪酬	折旧费	修理费	水电费	无形资产摊销	其他	
12	2	转1	根据复核表	185000		借	185000		185000							
	7	转6	领用丁材料	742440		借	927440					742440				
	10	付8	付办公用品费	30000		借	957440	30000								
	30	付11	支付电费	1300000		借	2257440						1300000			
	30	转11	计提折旧	170000		借	2427440				170000					
	30	转12	计提福利费	449110		借	2876550	449110								
	31	转13	分配工资	5500000		借	8376550			5500000						
	31	转14	计提社会保险	1375000		借	9751550			1375000						
	31	转15	摊销无形资产	626150		借	10377700							626150		
12	31	转20	结转		10377700	平	0	479110	185000	6875000	170000	742440	1300000	626150		10377700

表 10-24

应付账款　明细账

二级　科目　苏市华中工厂

2024年		记账凭证号数	摘要	对方科目	借方	贷方	借或贷	余额
月	日				千百十万千百十元角分	千百十万千百十元角分		千百十万千百十元角分
12	1		期初余额				贷	4 8 2 0 0 0 0 0
12	31		本月合计				贷	4 8 2 0 0 0 0 0

表 10-25

应付账款　明细账

二级　科目　盐城运达钢铁厂

2024年		记账凭证号数	摘要	对方科目	借方	贷方	借或贷	余额
月	日				千百十万千百十元角分	千百十万千百十元角分		千百十万千百十元角分
12	1		期初余额				贷	8 3 4 9 7 5 0 0
	4	付3	归还前欠货款	银行存款	8 3 4 9 7 5 0 0		平	0
	5	转4	采购材料	原材料		1 8 2 4 9 5 0 0	贷	1 8 2 4 9 5 0 0
12	31		本月合计		8 3 4 9 7 5 0 0	1 8 2 4 9 5 0 0	贷	1 8 2 4 9 5 0 0

表 10-26

预收账款　明细账

二级　科目　常州市机床销售公司

2024年		记账凭证号数	摘要	对方科目	借方	贷方	借或贷	余额
月	日				千百十万千百十元角分	千百十万千百十元角分		千百十万千百十元角分
12	1		期初余额				贷	7 0 0 0 0 0 0 0
	11	转7	销售A产品	主营业务收入	1 1 5 2 6 0 0 0 0		借	4 5 2 6 0 0 0 0
	11	收3	收回预收不足货款	银行存款		4 5 2 6 0 0 0 0	平	
12	31		本月合计		1 1 5 2 6 0 0 0 0	4 5 2 6 0 0 0 0	平	

4. 任务四

根据本月发生的经济业务和期初有关总账的资料，登记总分类账，并编制总分类账户本期发生额及余额表，如表 10-27 至表 10-69 所示。

表 10-27

库存现金　　总分类账

2024年		凭证号数	摘要	借方	贷方	借或贷	余额
月	日			千百十万千百十元角分	千百十万千百十元角分		千百十万千百十元角分
12	1		期初余额			借	1 9 8 7 4 3
	2	收1	收差旅费余额	1 5 0 0 0		借	2 1 3 7 4 3
	9	付6	提取备用金	3 0 0 0 0 0		借	5 1 3 7 4 3
	10	付8	支付办公用品费		3 0 0 0 0	借	4 8 3 7 4 3
12	31		本月合计	3 1 5 0 0 0	3 0 0 0 0	借	4 8 3 7 4 3

表 10-28

银行存款　　总分类账

2024年		凭证号数	摘要	借方	贷方	借或贷	余额
月	日			千百十万千百十元角分	千百十万千百十元角分		千百十万千百十元角分
12	1		期初余额			借	2 6 2 9 9 1 9 6 2
	2	付1	支付上月税款		3 1 5 3 7 4 3 4	借	2 3 1 4 5 4 5 2 8
	4	付2	补付购货余款		1 3 1 4 0 0 0 0	借	2 1 8 3 1 4 5 2 8
	4	付3	归还前欠货款		8 3 4 9 7 5 0 0	借	1 3 4 8 1 7 0 2 8
	6	收2	销售A产品	9 0 4 0 0 0 0 0		借	2 2 5 2 1 7 0 2 8
	6	付4	购买丁材料		4 1 8 1 0 0 0	借	2 2 1 0 3 6 0 2 8
	8	付5	发放工资		3 2 0 0 0 0 0 0	借	1 8 9 0 3 6 0 2 8
	9	付6	提取备用金		3 0 0 0 0 0	借	1 8 8 7 3 6 0 2 8
	9	付7	支付产品广告费		1 0 0 0 0 0 0	借	1 8 7 7 3 6 0 2 8
	10	付9	支付本季度借款利息		6 7 1 8 0 0	借	1 8 7 0 6 4 2 2 8
	11	收3	收回预收不足货款	4 5 2 6 0 0 0 0		借	2 3 2 3 2 4 2 2 8
	13	收4	收回前欠货款	5 8 5 3 1 3 8 0		借	2 9 0 8 5 5 6 0 8
	14	付10	承付到期的商业汇票款		6 0 5 0 0 0 0 0	借	2 3 0 3 5 5 6 0 8
	15	收5	出售股票	5 4 0 0 0 0 0 0		借	2 8 4 3 5 5 6 0 8
	20	收6	出售材料	2 2 6 0 0 0 0 0		借	3 0 6 9 5 5 6 0 8
	30	付11	支付电费		6 9 4 5 0 0 0	借	3 0 0 0 1 0 6 0 8
12	31		本月合计	2 7 0 7 9 1 3 8 0	2 3 3 7 7 2 7 3 4	借	3 0 0 0 1 0 6 0 8

表 10-29

交易性金融资产　　总分类账

2024年		凭证号数	摘要	借方	贷方	借或贷	余额
月	日			千百十万千百十元角分	千百十万千百十元角分		千百十万千百十元角分
12	1		期初余额			借	5 0 0 0 0 0 0 0
	15	收5	出售股票		5 0 0 0 0 0 0 0	平	0
12	31		本月合计		5 0 0 0 0 0 0 0	平	0

表 10-30

应收账款　　总分类账

2024年		凭证号数	摘要	借方	贷方	借或贷	余额
月	日			千百十万千百十元角分	千百十万千百十元角分		千百十万千百十元角分
12	1		期初余额			借	1 2 8 5 3 1 3 8 0
	12	转8	销售A产品	1 8 9 8 4 0 0 0		借	1 4 7 5 1 5 3 8 0
	13	收4	收回前欠货款		5 8 5 3 1 3 8 0	借	8 8 9 8 4 0 0 0
12	31		本月合计	1 8 9 8 4 0 0 0	5 8 5 3 1 3 8 0	借	8 8 9 8 4 0 0 0

表 10-31

坏账准备　　总分类账

2024年		凭证号数	摘要	借方	贷方	借或贷	余额
月	日			千百十万千百十元角分	千百十万千百十元角分		千百十万千百十元角分
12	1		期初余额			贷	3 8 5 5 9 4
12	31		本月合计	0	0	贷	3 8 5 5 9 4

表 10-32

预付账款　　总分类账

2024年		凭证号数	摘要	借方	贷方	借或贷	余额
月	日			千百十万千百十元角分	千百十万千百十元角分		千百十万千百十元角分
12	1		期初余额			借	7544910
	4	转2	采购甲材料		8814000	贷	1269090
	4	付2	补付购货余款	1314000		借	44910
	30	转12	摊销2024年报刊费		44910	平	0
12	31		本月合计	1314000	8858910	平	0

表 10-33

其他应收款　　总分类账

2024年		凭证号数	摘要	借方	贷方	借或贷	余额
月	日			千百十万千百十元角分	千百十万千百十元角分		千百十万千百十元角分
12	1		期初余额			借	200000
	2	转1	采购员李磊报销差旅费		185000	借	15000
	2	收1	收差旅费余款		15000	平	0
12	31		本月合计		200000	平	0

表 10-34

在途物资　　总分类账

2024年		凭证号数	摘要	借方	贷方	借或贷	余额
月	日			千百十万千百十元角分	千百十万千百十元角分		千百十万千百十元角分
12	5	转4	采购丙材料	1615000		借	1615000
	7	转5	丙材料验收入库		1615000	平	0
12	31		本月合计	1615000	1615000	平	0

表 10-35

原材料　总分类账

2024年		凭证号数	摘要	借方	贷方	借或贷	余额
月	日						
12	1		期初余额			借	7 650 000 0
	4	转2	采购甲材料	7 800 000 0		借	15 450 000 0
	4	转3	生产领料		1 590 250 0	借	13 859 750 0
	7	转5	丙材料验收入库	1 615 000 0		借	15 474 750 0
	20	转10	结转已售丙材料的成本		1 615 000 0	借	13 859 750 0
12	31		本月合计	9 415 000 0	3 205 250 0	借	13 859 750 0

表 10-36

周转材料　总分类账

2024年		凭证号数	摘要	借方	贷方	借或贷	余额
月	日						
12	1		期初余额			借	742 440 0
	6	付4	购买丁材料	370 000 0		借	1 112 440 0
	7	转6	领用丁材料		445 464 0	借	666 976 0
12	31		本月合计	370 000 0	445 464 0	借	666 976 0

表 10-37

生产成本　总分类账

2024年		凭证号数	摘要	借方 千百十万千百十元角分	贷方 千百十万千百十元角分	借或贷	余额 千百十万千百十元角分
月	日						
12	1		期初余额			借	5 0 3 5 1 2 6
	4	转3	生产领料	1 4 2 8 7 5 0 0		借	6 4 6 2 2 6 2 6
	31	转13	分配本月职工工资	1 8 0 0 0 0 0 0		借	8 2 6 2 2 6 2 6
	31	转14	提取各项社会保险费	4 5 0 0 0 0 0		借	8 7 1 2 2 6 2 6
	31	转16	结转制造费用	2 0 7 1 2 5 0 0		借	1 0 7 8 3 5 1 2 6
	31	转17	结转完工产品的成本		1 0 2 0 0 0 0 0 0	借	5 8 3 5 1 2 6
12	31		本月合计	5 7 5 0 0 0 0 0	1 0 2 0 0 0 0 0 0	借	5 8 3 5 1 2 6

表 10-38

制造费用　总分类账

2024年		凭证号数	摘要	借方 千百十万千百十元角分	贷方 千百十万千百十元角分	借或贷	余额 千百十万千百十元角分
月	日						
12	4	转3	生产车间领料	1 6 1 5 0 0 0		借	1 6 1 5 0 0 0
	7	转6	领用丁材料	3 7 1 2 2 0 0		借	5 3 2 7 2 0 0
	30	付11	支付电费	5 6 4 5 0 0 0		借	1 0 9 7 2 2 0 0
	30	转11	计提折旧	3 6 5 3 0 0		借	1 1 3 3 7 5 0 0
	31	转13	分配本月职工工资	7 5 0 0 0 0 0		借	1 8 8 3 7 5 0 0
	31	转14	提取各项社会保险费	1 8 7 5 0 0 0		借	2 0 7 1 2 5 0 0
	31	转16	结转制造费用		2 0 7 1 2 5 0 0	平	0
12	31		本月合计	2 0 7 1 2 5 0 0	2 0 7 1 2 5 0 0	平	0

表 10-39

库存商品　　总分类账

2024年		凭证号数	摘要	借方	贷方	借或贷	余额
月	日			千百十万千百十元角分	千百十万千百十元角分		千百十万千百十元角分
12	1		期初余额			借	2 9 5 3 0 0 0 0 0
	31	转17	结转完工产品的生产成本	1 0 2 0 0 0 0 0 0		借	3 9 7 3 0 0 0 0 0
	31	转18	结转销售成本		1 4 4 4 7 2 8 0 0	借	2 5 2 8 2 7 2 0 0
12	31		本月合计	1 0 2 0 0 0 0 0 0	1 4 4 4 7 2 8 0 0	借	2 5 2 8 2 7 2 0 0

表 10-40

固定资产　　总分类账

2024年		凭证号数	摘要	借方	贷方	借或贷	余额
月	日			千百十万千百十元角分	千百十万千百十元角分		千百十万千百十元角分
12	1		期初余额			借	8 3 2 9 6 2 8 0 0
	17	转9	接受捐赠机床	3 0 0 0 0 0 0 0		借	8 6 2 9 6 2 8 0 0
12	31		本月合计	3 0 0 0 0 0 0 0		借	8 6 2 9 6 2 8 0 0

表 10-41

累计折旧　　总分类账

2024年		凭证号数	摘要	借方	贷方	借或贷	余额
月	日			千百十万千百十元角分	千百十万千百十元角分		千百十万千百十元角分
12	1		期初余额			贷	6 1 4 0 0 0 0
	30	转11	计提折旧		5 3 5 3 0 0	贷	6 6 7 5 3 0 0
12	31		本月合计		5 3 5 3 0 0	贷	6 6 7 5 3 0 0

表 10-42

无形资产　　总分类账

2024年		凭证号数	摘要	借方	贷方	借或贷	余额
月	日			千百十万千百十元角分	千百十万千百十元角分		千百十万千百十元角分
12	1		期初余额			借	1 9 0 9 5 0 0 0 0
12	31		本月合计	0	0	借	1 9 0 9 5 0 0 0 0

表 10-43

累计摊销　　总分类账

2024年		凭证号数	摘要	借方	贷方	借或贷	余额
月	日			千百十万千百十元角分	千百十万千百十元角分		千百十万千百十元角分
12	1		期初余额			贷	3 4 5 0 0 0 0
	31	转15	摊销本月无形资产		6 2 6 1 5 0	贷	4 0 7 6 1 5 0
12	31		本月合计		6 2 6 1 5 0	贷	4 0 7 6 1 5 0

表 10-44

短期借款　　总分类账

2024年		凭证号数	摘要	借方	贷方	借或贷	余额
月	日			千百十万千百十元角分	千百十万千百十元角分		千百十万千百十元角分
12	1		期初余额			贷	4 0 0 0 0 0 0 0
12	31		本月合计	0	0	贷	4 0 0 0 0 0 0 0

表 10-45

应付票据　　总分类账

2024年		凭证号数	摘要	借方	贷方	借或贷	余额
月	日			千百十万千百十元角分	千百十万千百十元角分		千百十万千百十元角分
12	1		期初余额			贷	6 0 5 0 0 0 0 0
	14	付10	承付到期的商业汇票款	6 0 5 0 0 0 0 0		平	0
12	31		本月合计	6 0 5 0 0 0 0 0		平	0

表 10-46

应付账款　　总分类账

2024年		凭证号数	摘要	借方	贷方	借或贷	余额
月	日			千百十万千百十元角分	千百十万千百十元角分		千百十万千百十元角分
12	1		期初余额			贷	1 3 1 6 9 7 5 0 0
	4	付3	归还前欠货款	8 3 4 9 7 5 0 0		贷	4 8 2 0 0 0 0 0
	5	转4	采购材料		1 8 2 4 9 5 0 0	贷	6 6 4 4 9 5 0 0
12	31		本月合计	8 3 4 9 7 5 0 0	1 8 2 4 9 5 0 0	贷	6 6 4 4 9 5 0 0

表 10-47

预收账款　　总分类账

2024年		凭证号数	摘要	借方	贷方	借或贷	余额
月	日			千百十万千百十元角分	千百十万千百十元角分		千百十万千百十元角分
12	1		期初余额			贷	7 0 0 0 0 0 0 0
	11	转7	销售A产品	1 1 5 2 6 0 0 0 0		借	4 5 2 6 0 0 0 0
	11	收3	收回预收不足货款		4 5 2 6 0 0 0 0	平	0
12	31		本月合计	1 1 5 2 6 0 0 0 0	4 5 2 6 0 0 0 0	平	0

表 10-48

应付职工薪酬　　总分类账

2024年		凭证号数	摘要	借方 千百十万千百十元角分	贷方 千百十万千百十元角分	借或贷	余额 千百十万千百十元角分
月	日						
12	1		期初余额			贷	4 7 4 5 8 3 7 9
	8	付5	发工资	3 2 0 0 0 0 0 0		贷	1 5 4 5 8 3 7 9
	31	转13	分配本月职工工资		3 2 0 0 0 0 0 0	贷	4 7 4 5 8 3 7 9
	31	转14	提取各项社会保险费		8 0 0 0 0 0 0	贷	5 5 4 5 8 3 7 9
12	31		本月合计	3 2 0 0 0 0 0 0	4 0 0 0 0 0 0 0	贷	5 5 4 5 8 3 7 9

表 10-49

应交税费　　总分类账

2024年		凭证号数	摘要	借方 千百十万千百十元角分	贷方 千百十万千百十元角分	借或贷	余额 千百十万千百十元角分
月	日						
12	1		期初余额			贷	3 1 5 3 7 4 3 4
	2	付1	支付上月税款	3 1 5 3 7 4 3 4		平	0
	4	转2	采购甲材料	1 0 1 4 0 0 0 0		借	1 0 1 4 0 0 0 0
	5	转4	采购丙材料	2 0 9 9 5 0 0		借	1 2 2 3 9 5 0 0
	6	收2	销售A产品		1 0 4 0 0 0 0 0	借	1 8 3 9 5 0 0
	6	付4	购买丁材料	4 8 1 0 0 0		借	2 3 2 0 5 0 0
	11	转7	销售A产品		1 3 2 6 0 0 0 0	贷	1 0 9 3 9 5 0 0
	12	转8	销售A产品		2 1 8 4 0 0 0	贷	1 3 1 2 3 5 0 0
	20	收6	出售材料		2 6 0 0 0 0 0	贷	1 5 7 2 3 5 0 0
	31	转19	计提城市维护建设税、教育费附加		1 5 7 2 3 5 0	贷	1 7 2 9 5 8 5 0
	31	转22	计提所得税		1 9 4 3 8 8 3 8	贷	3 6 7 3 4 6 8 8
12	31		本月合计	4 4 2 5 7 9 3 4	4 9 4 5 5 1 8 8	贷	3 6 7 3 4 6 8 8

表 10-50

应付利息　　总分类账

2024年		凭证号数	摘要	借方 千百十万千百十元角分	贷方 千百十万千百十元角分	借或贷	余额 千百十万千百十元角分
月	日						
12	1		期初余额			贷	4500 00
	10	付9	支付本季度贷款利息	4500 00		平	0
12	31		本月合计	4500 00		平	0

表 10-51

应付股利　　总分类账

2024年		凭证号数	摘要	借方 千百十万千百十元角分	贷方 千百十万千百十元角分	借或贷	余额 千百十万千百十元角分
月	日						
12	31	转26	分配现金股利		300000 00	贷	300000 00
12	31		本月合计		300000 00	贷	300000 00

表 10-52

长期借款　　总分类账

2024年		凭证号数	摘要	借方 千百十万千百十元角分	贷方 千百十万千百十元角分	借或贷	余额 千百十万千百十元角分
月	日						
12	1		期初余额			贷	5750000 00
12	31		本月合计	0	0	贷	5750000 00

表 10-53

实收资本　　总分类账

2024年		凭证号数	摘要	借方	贷方	借或贷	余额
月	日			千百十万千百十元角分	千百十万千百十元角分		千百十万千百十元角分
12	1		期初余额			贷	6 2 7 0 1 3 8 0 0
12	31		本月合计	0	0	贷	6 2 7 0 1 3 8 0 0

表 10-54

资本公积　　总分类账

2024年		凭证号数	摘要	借方	贷方	借或贷	余额
月	日			千百十万千百十元角分	千百十万千百十元角分		千百十万千百十元角分
12	1		期初余额			贷	9 7 6 8 5 3 4 6
12	31		本月合计	0	0	贷	9 7 6 8 5 3 4 6

表 10-55

盈余公积　　总分类账

2024年		凭证号数	摘要	借方	贷方	借或贷	余额
月	日			千百十万千百十元角分	千百十万千百十元角分		千百十万千百十元角分
12	1		期初余额			贷	8 5 6 8 2 2 5 1
	31	转25	提取法定盈余公积金		1 2 3 2 4 2 33	贷	9 8 0 0 6 4 84
12	31		本月合计		1 2 3 2 4 2 33	贷	9 8 0 0 6 4 84

表 10-56

本年利润　　总分类账

2024年		凭证号数	摘要	借方	贷方	借或贷	余额
月	日						
12	1		期初余额			贷	6 492 582 2
	31	转20	结转本月费用类账户	1 750 446 50		借	1 101 188 28
		转21	结转收入类账户		2 528 000 00	贷	1 426 811 72
		转23	结转本月所得税	194 388 38		贷	1 232 423 34
		转24	结转全年实现净利润	1 232 423 34		平	0
12	31		本月合计	3 177 258 22	2 528 000 00	平	0

表 10-57

利润分配　　总分类账

2024年		凭证号数	摘要	借方	贷方	借或贷	余额
月	日						
12	1		期初余额			贷	1 289 173 95
	31	转24	结转全年实现净利润		1 232 423 34	贷	2 521 597 29
		转25	提取法定盈余公积金	123 242 33		贷	2 398 354 96
		转26	分配现金股利	300 000 00		贷	2 098 354 96
		转27	结转各明细账户	423 242 33	423 242 33	贷	2 098 354 96
12	31		本月合计	846 484 66	1 655 665 67	贷	2 098 354 96

表 10-58

主营业务收入　总分类账

2024年		凭证号数	摘要	借方	贷方	借或贷	余额
月	日			千百十万千百十元角分	千百十万千百十元角分		千百十万千百十元角分
12	6	收2	销售A产品		8 0 0 0 0 0 0 0	贷	8 0 0 0 0 0 0 0
	11	转7	销售A产品		1 0 2 0 0 0 0 0 0	贷	1 8 2 0 0 0 0 0 0
	12	转8	销售A产品		1 6 8 0 0 0 0 0	贷	1 9 8 8 0 0 0 0 0
	31	转21	结转收入类账户	1 9 8 8 0 0 0 0 0		平	0
12	31		本月合计	1 9 8 8 0 0 0 0 0	1 9 8 8 0 0 0 0 0	平	0

表 10-59

主营业务成本　总分类账

2024年		凭证号数	摘要	借方	贷方	借或贷	余额
月	日			千百十万千百十元角分	千百十万千百十元角分		千百十万千百十元角分
12	31	转18	结转销售成本	1 4 4 4 7 2 8 0 0		借	1 4 4 4 7 2 8 0 0
		转20	结转本月费用类账户		1 4 4 4 7 2 8 0 0	平	0
12	31		本月合计	1 4 4 4 7 2 8 0 0	1 4 4 4 7 2 8 0 0	平	0

表 10-60

税金及附加　总分类账

2024年		凭证号数	摘要	借方	贷方	借或贷	余额
月	日			千百十万千百十元角分	千百十万千百十元角分		千百十万千百十元角分
12	31	转19	计提城市维护建设税、教育费附加	1 5 7 2 3 5 0		借	1 5 7 2 3 5 0
	31	转20	结转本月费用类账户		1 5 7 2 3 5 0	平	0
12	31		本月合计	1 5 7 2 3 5 0	1 5 7 2 3 5 0	平	0

表10-61

销售费用　　总分类账

2024年 月	2024年 日	凭证号数	摘要	借方	贷方	借或贷	余额
12	9	付7	支付产品广告费	10000 00		借	10000 00
	31	转13	分配本月职工工资	10000 00		借	20000 00
	31	转14	提取各项社会保险费	2500 00		借	22500 00
	31	转20	结转本月费用类账户		22500 00	平	0
12	31		本月合计	22500 00	22500 00	平	0

表10-62

财务费用　　总分类账

2024年 月	2024年 日	凭证号数	摘要	借方	贷方	借或贷	余额
12	10	付9	支付本季度短期借款利息	2218 00		借	2218 00
	31	转20	结转本月费用类账户		2218 00	平	0
12	31		本月合计	2218 00	2218 00	平	0

表10-63

管理费用　　总分类账

2024年 月	2024年 日	凭证号数	摘要	借方	贷方	借或贷	余额
12	2	转1	采购员李磊报销差旅费	1850 00		借	1850 00
	7	转6	领用丁材料	7424 40		借	9274 40
	10	付8	支付办公用品费	300 00		借	9574 40
	30	付11	支付电费	13000 00		借	22574 40
	30	转11	计提折旧	1700 00		借	24274 40
	30	转12	摊销2024年报刊费	4491 10		借	28765 50
	31	转13	分配本月职工工资	55000 00		借	83765 50
	31	转14	提取各项社会保险费	13750 00		借	97515 50
	31	转15	摊销本月无形资产	6261 50		借	103777 00
	31	转20	结转本月费用类账户		103777 00	平	0
12	31		本月合计	103777 00	103777 00	平	0

表 10-64

其他业务收入　总分类账

2024年		凭证号数	摘要	借方	贷方	借或贷	余额
月	日						
12	20	收6	出售材料		2 000 00	贷	2 000 00
	31	转21	结转收入类账户	2 000 00		平	0
12	31		本月合计	2 000 00	2 000 00	平	0

表 10-65

其他业务成本　总分类账

2024年		凭证号数	摘要	借方	贷方	借或贷	余额
月	日						
12	20	转10	结转已售出材料的成本	1 615 00		借	1 615 00
	31	转20	结转本月费用类账户		1 615 00	平	0
12	31		本月合计	1 615 00	1 615 00	平	0

表 10-66

营业外收入　总分类账

2024年		凭证号数	摘要	借方	贷方	借或贷	余额
月	日						
12	17	转9	接受捐赠机床		3 000 00	贷	3 000 00
	31	转21	结转收入类账户	3 000 00		平	0
12	31		本月合计	3 000 00	3 000 00	平	0

表 10-67

投资收益 总分类账

2024年		凭证号数	摘要	借方	贷方	借或贷	余额
月	日						
12	15	收5	出售股票		400 000 00	贷	400 000 00
	31	转21	结转收入类账户	400 000 00		平	0
12	31		本月合计	400 000 00	400 000 00	平	0

表 10-68

所得税费用 总分类账

2024年		凭证号数	摘要	借方	贷方	借或贷	余额
月	日						
12	31	转22	计提所得税	194 388 38		借	194 388 38
	31	转23	结转本月所得税		194 388 38	平	0
12	31		本月合计	194 388 38	194 388 38	平	0

表 10-69 总分类账户本期发生额及余额表　　　　　单位：元

账户名称	期初余额		本期发生额		期末余额	
	借方	贷方	借方	贷方	借方	贷方
库存现金	1 987.43		3 150	300	4 837.43	
银行存款	2 629 919.62		2 707 913.80	2 337 727.34	3 000 106.08	
交易性金融资产	500 000			500 000		
应收账款	1 285 313.80		189 840	585 313.80	889 840	
坏账准备		3 855.94				3 855.94
预付账款	754 491.10		131 400		885 891.10	
其他应收款	2 000			2 000		
在途物资			161 500	161 500		
原材料	765 000		941 500	320 525	1 385 975	
库存商品	2 953 000		1 020 000	1 444 728	2 528 272	

续表

账户名称	期初余额		本期发生额		期末余额	
	借方	贷方	借方	贷方	借方	贷方
周转材料	74 244		37 000	44 546.40	66 697.60	
生产成本	503 351.26		575 000	1 020 000	58 351.26	
制造费用			207 125	207 125		
固定资产	8 329 628		300 000		8 629 628	
累计折旧		61 400		5 353		66 753
无形资产	1 909 500				1 909 500	
累计摊销		34 500		6 261.50		40 761.50
短期借款		400 000				400 000
应付票据		605 000	605 000			
应付账款		1 316 975	834 975	182 495		664 495
预收账款		700 000	1 152 600	452 600		
应付职工薪酬		474 583.79	320 000	400 000		554 583.79
应交税费		315 374.34	442 579.34	494 551.88		367 346.88
应付利息		4 500	4 500			
应付股利				300 000		300 000
长期借款		5 750 000				5 750 000
实收资本		6 270 138				6 270 138
资本公积		976 853.46				976 853.46
盈余公积		856 822.51		123 242.33		980 064.84
本年利润		649 258.22	3 177 258.22	2 528 000		
利润分配		1 289 173.95	846 484.66	1 655 665.67		2 098 354.96
主营业务收入			1 988 000	1 988 000		
主营业务成本			1 444 728	1 444 728		
税金及附加			15 723.50	15 723.50		
其他业务收入			200 000	200 000		
其他业务成本			161 500	161 500		
销售费用			22 500	22 500		
管理费用			103 777	103 777		
财务费用			2 218	2 218		

续表

账户名称	期初余额		本期发生额		期末余额	
	借方	贷方	借方	贷方	借方	贷方
营业外收入			300 000	300 000		
投资收益			40 000	40 000		
所得税费用			194 388.38	194 388.38		
合计	19 708 435.21	19 708 435.21	18 130 660.90	18 130 660.90	18 473 207.37	18 473 207.37

5. 任务五

根据有关总账和明细账资料，编制振华机电有限公司12月份"资产负债表"和"利润表"，如表10-70和表10-71所示。

表 10-70 资产负债表（简表） 会企01表

编制单位：振华机电有限公司　　2024年12月31日　　单位：元

资　产	期末余额	上年年末余额	负债及所有者权益	期末余额	上年年末余额
流动资产：		（略）	流动负债：		（略）
货币资金	3 004 943.51		短期借款	400 000	
交易性金融资产			应付票据		
应收票据			应付账款	664 495	
应收账款	885 984.06		应付职工薪酬	554 583.79	
其他应收款			应交税费	367 346.88	
存货	4 039 295.86		其他应付款	300 000	
流动资产合计	7 930 223.43		流动负债合计	2 286 425.67	
非流动资产：			非流动负债：		
长期股权投资			长期借款	5 750 000	
固定资产	8 562 875		非流动负债合计	5 750 000	
在建工程			负债合计	8 036 425.67	
无形资产	1 868 738.50		所有者权益：		
长期待摊费用			实收资本	6 270 138	
非流动资产合计	10 431 613.50		资本公积	976 853.46	
			其他综合收益		
			盈余公积	980 064.84	

续表

资　产	期末余额	上年年末余额	负债及所有者权益	期末余额	上年年末余额
			未分配利润	2 098 354.96	
			所有者权益合计	10 325 411.26	
资产总计	18 361 836.93		负债和所有者权益总计	18 361 836.93	

表 10-71　利　润　表

会企02表

编制单位：振华机电有限公司　　　　2024年12月　　　　　　单位：元

项　目	本期金额	上期金额
一、营业收入	2 188 000	略
减：营业成本	1 606 228	
税金及附加	15 723.50	
销售费用	22 500	
管理费用	103 777	
研发费用		
财务费用	2 218	
加：其他收益		
投资收益（损失以"-"号填列）	40 000	
其中：对联营企业和合营企业的投资收益		
公允价值变动收益（损失以"-"号填列）		
信用减值损失（损失以"-"号填列）		
资产减值损失（损失以"-"号填列）		
资产处置收益（损失以"-"号填列）		
二、营业利润（亏损以"-"号填列）	477 553.50	
加：营业外收入	300 000	
减：营业外支出		
三、利润总额（亏损总额以"-"号填列）	777 553.50	
减：所得税费用	194 388.38	
四、净利润（净亏损以"-"号填列）	583 165.12	
五、其他综合收益的税后净额		
（一）不能重分类进损益的其他综合收益		
（二）将重分类进损益的其他综合收益		
六、综合收益总额		

续表

项　　目	本期金额	上期金额
七、每股收益		
（一）基本每股收益		
（二）稀释每股收益		

任务 10.2　选择和应用科目汇总表账务处理程序

【任务引例】

天和工业公司主要生产 B 种型号的机床，简称 B 产品。该公司被主管税务机关核准为一般纳税人。公司设有两个基本生产车间，规模较大，经济业务量较多，该公司应选择和应用哪一种账务处理程序呢？

【工作过程与岗位对照表】

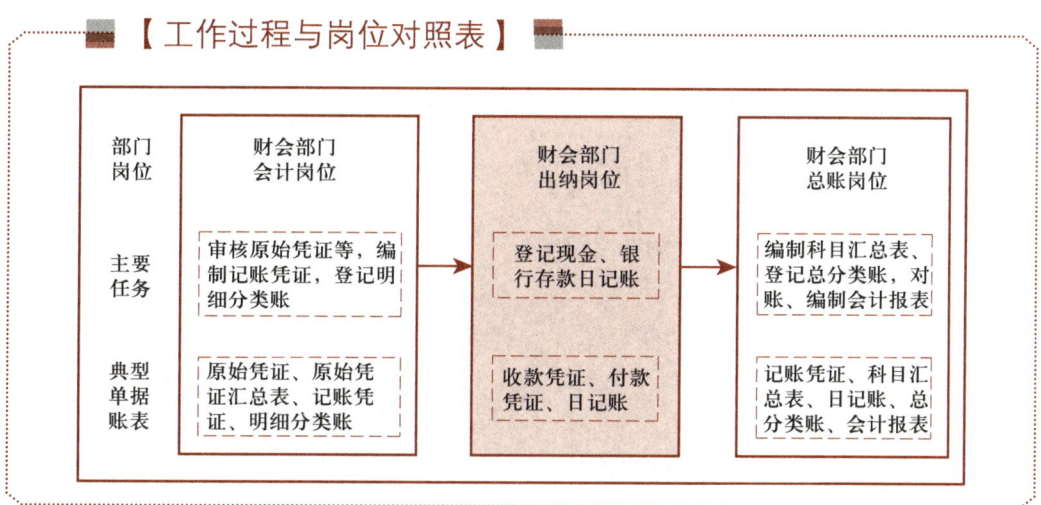

【知识准备】

一、科目汇总表账务处理程序的概念

科目汇总表账务处理程序又称记账凭证汇总表账务处理程序，它是根据各种记账凭证先按会计科目定期编制科目汇总表，再根据科目汇总表登记总分类账，并定期编制会计报表的一种账务处理程序。科目汇总表账务处理程序是在记账凭证账务处理程序的基础上发展起来的。其特点是：根据记账凭证定期编制科目汇总表（记账凭证汇总表），然后再根据科目汇总表登记总分类账。

二、科目汇总表账务处理程序下凭证与账簿的设置

（一）科目汇总表账务处理程序下凭证的设置

在科目汇总表账务处理程序下，记账凭证可采用通用格式，也可采用收款凭证、付款凭证和转账凭证专用格式，同时应设置科目汇总表。

（二）科目汇总表账务处理程序下账簿的设置

在科目汇总表账务处理程序下，应当设置现金日记账、银行存款日记账、明细分类账和总分类账。日记账和总分类账可采用三栏式；明细分类账可根据需要采用三栏式、数量金额式和多栏式等。

【提示】

科目汇总表账务处理程序下的账簿组织与记账凭证账务处理程序基本相同。

科目汇总表账务处理程序下，记账凭证与会计账簿的种类如图10-3所示。

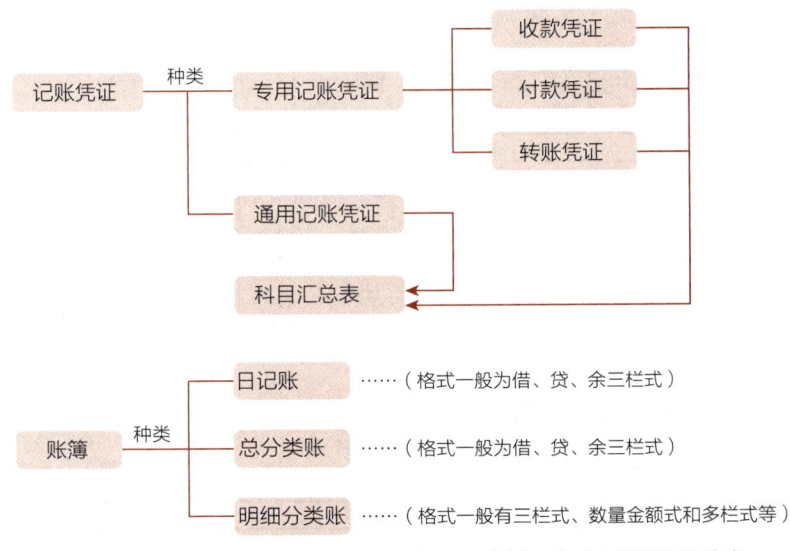

图10-3　科目汇总表账务处理程序下记账凭证与会计账簿的种类

三、科目汇总表的概念及编制方法

（一）科目汇总表的概念

科目汇总表是指根据一定时期内的全部记账凭证，按相同的会计科目归类，汇总每一总账科目本期借方发生额和贷方发生额所编制的汇总表。其格式如表10-72所示。

【提示】

科目汇总表的编制时间，应根据单位业务量的大小而定。业务量较多的可

以每旬汇总，业务量较少的可以半个月或一个月汇总一次。每次汇总都应注明汇总记账凭证的起讫字号，以便检查。

表 10-72　科目汇总表

年　月　日至　日　　　　　　　　　　　　科汇字第　号

会计科目	本期发生额		总账页数	记账凭证起讫号数
	借方金额	贷方金额		
合计				

（二）科目汇总表的编制方法

科目汇总表的编制方法是：将一定时期内的全部记账凭证按照相同的科目归类，汇总计算出每一总账科目的本期借方发生额和贷方发生额合计数，填入表内，全部科目的借方发生额合计数应与贷方发生额合计数相等。根据科目汇总表登记总分类账时，只需将该表中汇总起来的各科目的本期借、贷方发生额的合计数分次或月末一次记入相应总分类账的借方或贷方即可。

■【提示】■

编制科目汇总表时，只对各个会计科目的发生额进行汇总，不包括余额。

四、科目汇总表账务处理程序的核算步骤、优缺点及适用范围

（一）科目汇总表账务处理程序的核算步骤

（1）根据原始凭证编制汇总原始凭证。

（2）根据原始凭证或汇总原始凭证，填制记账凭证。

（3）根据收款凭证和付款凭证及所附原始凭证，逐笔登记现金日记账和银行存款日记账。

（4）根据原始凭证、汇总原始凭证和记账凭证，登记各种明细分类账。

（5）根据记账凭证编制科目汇总表。

（6）根据科目汇总表登记总分类账。

（7）月末，现金日记账、银行存款日记账和各明细分类账的余额与有关总分类账的余额核对相符。

（8）月末，根据总分类账和明细分类账的有关资料，编制会计报表。

科目汇总表账务处理程序如图10-4所示。

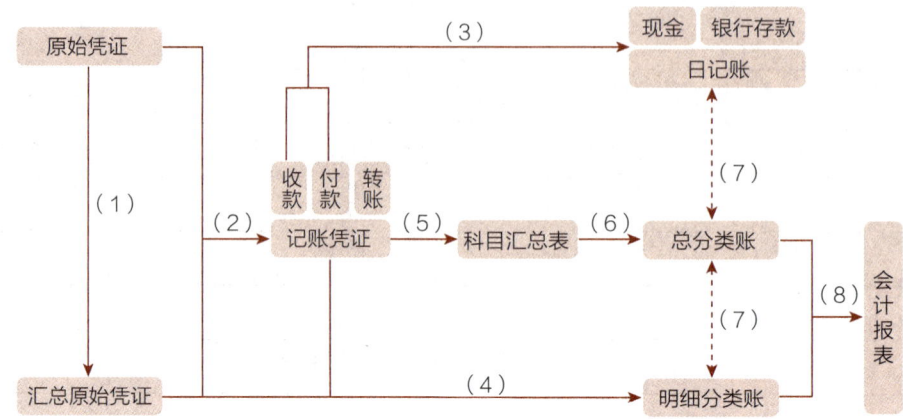

图10-4 科目汇总表账务处理程序图

（二）科目汇总表账务处理程序的优缺点

科目汇总表账务处理程序的优点是：

① 简化了登记总分类账的工作量。② 在登记总分类账之前，通过编制科目汇总表，能起到试算平衡的作用，有利于保证总分类账记录的正确性。

科目汇总表账务处理程序的缺点是：在科目汇总表和总分类账中，不能清晰地反映出账户之间的对应关系，因而不便于查对账目和分析经济业务的来龙去脉。

（三）科目汇总表账务处理程序的适用范围

科目汇总表账务处理程序一般适用于规模较大、经济业务量较多的单位。

【职业判断与任务操作】

针对本任务引例，分析如下：

由于天和工业公司规模较大，经济业务量较多，为简化登记总分类账的工作量，公司的会计核算可以采用科目汇总表账务处理程序。

【动脑筋】

在科目汇总表账务处理程序下，编制科目汇总表的作用是什么？其核算程序与记账凭证账务处理程序有什么不同？

【典型任务举例】

任务 10-2：

一、核算资料

振华机电有限公司主要生产 A 种型号的机床，简称 A 产品。该公司被主管税务机关核准为一般纳税人，增值税税率为 13%，城市维护建设税税率为 7%、教育费附加率为 3%、公司企业所得税税率为 25%。公司设有两个基本生产车间，会计核算采用科目汇总表账务处理程序，分上、下半月编制科目汇总表，存货以实际成本核算。

具体资料与"任务 10.1 选择和应用记账凭证账务处理程序"中的【典型任务举例】任务 10-1 相同。

二、任务要求

（1）编制 12 月相关记账凭证，记账凭证采用收、付、转三种，按三类顺序编号。

（2）登记现金日记账和银行存款日记账。

（3）登记"应收账款""预付账款""其他应收款""原材料""周转材料""生产成本""库存商品""管理费用""应付账款""预收账款"明细分类账。月末要求只做月结，年结省略。

（4）按照上、下半月编制科目汇总表。

（5）根据科目汇总表登记总分类账，并编制总分类账户本期发生额及余额试算平衡表。

（6）编制 12 月的"资产负债表"和"利润表"。

三、工作过程

1. 任务一

编制 12 月份相关记账凭证，与任务 10-1 中的任务一相同，此处略。

2. 任务二

登记现金日记账和银行存款日记账，与任务 10-1 中的任务二相同，此处略。

3. 任务三

根据本月发生的业务和期初有关明细账资料，登记"应收账款""预付账款""其他应收款""原材料""周转材料""生产成本""库存商品""管理费用""应付账款""预收账款"明细分类账，与任务 10-1 中的任务三相同，此处略。

4. 任务四

按照上、下半月编制科目汇总表，如表 10-73 和表 10-74 所示。

表 10-73　科目汇总表

2024 年 12 月 1 日至 15 日　　　　　　　　　　　　　　　科汇字第 1 号

单位：元

会计科目	本期发生额		总账页数	记账凭证起讫号数
	借方金额	贷方金额		
库存现金	3 150	300	略	收 1～收 5
银行存款	2 481 913.80	2 268 277.34		付 1～付 10
交易性金融资产		500 000		转 1～转 8
应收账款	189 840	585 313.80		
预付账款	131 400	881 400		
其他应收款		2 000		
在途物资	161 500	161 500		
原材料	941 500	159 025		
周转材料	37 000	44 546.40		
生产成本	142 875			
制造费用	53 272			
应付票据	605 000			
应付账款	834 975	182 495		
预收账款	1 152 600	452 600		
应付职工薪酬	320 000			
应交税费	442 579.34	258 440		
应付利息	4 500			
实收资本				
盈余公积				
本年利润				
利润分配				
主营业务收入		1 988 000		
主营业务成本				
税金及附加				
销售费用	10 000			
管理费用	9 574.40			
财务费用	2 218			
营业外收入				
营业外支出				
投资收益		40 000		
所得税费用				
合计	7 523 897.54	7 523 897.54		

表 10-74 科目汇总表

2024 年 12 月 16 日至 31 日   科汇字第 2 号

单位：元

会计科目	本期发生额 借方金额	本期发生额 贷方金额	总账页数	记账凭证起讫号数
库存现金			略	收 6 付 11
银行存款	226 000	69 450		
应收账款				转 9～转 27
预付账款		4 491.10		
其他应收款				
原材料		161 500		
生产成本	432 125	1 020 000		
制造费用	153 853	207 125		
库存商品	1 020 000	1 444 728		
固定资产	300 000			
累计折旧		5 353		
累计摊销		6 261.50		
应付账款				
应交税费		236 111.88		
应付职工薪酬		400 000		
应付股利		300 000		
实收资本				
盈余公积		123 242.33		
本年利润	3 177 258.22	2 528 000		
利润分配	846 484.66	1 655 665.67		
主营业务收入	1 988 000			
主营业务成本	1 444 728	1 444 728		
税金及附加	15 723.50	15 723.50		
其他业务收入	200 000	200 000		
其他业务成本	161 500	161 500		
销售费用	12 500	22 500		
管理费用	94 202.60	103 777		
财务费用		2 218		
营业外收入	300 000	300 000		
投资收益	40 000			
所得税费用	194 388.38	194 388.38		
合计	10 606 763.36	10 606 763.36		

5. 任务五

根据科目汇总表登记总分类账，并编制总分类账户本期发生额及余额表，部分总账如表10-75、表10-76所示。

表10-75

银行存款　　总分类账

2024年		凭证号数	摘要	借方	贷方	借或贷	余额
月	日			千百十万千百十元角分	千百十万千百十元角分		千百十万千百十元角分
12	1		期初余额			借	2 6 2 9 9 1 9 6 2
	15	科汇1	1—15日发生额	2 4 8 1 9 1 3 8 0	2 2 6 8 2 7 7 3 4	借	2 8 4 3 5 5 6 0 8
	31	科汇2	16—31日发生额	2 2 6 0 0 0 0 0	6 9 4 5 0 0 0	借	3 0 0 0 1 0 6 0 8
12	31		本月合计	2 7 0 7 9 1 3 8 0	2 3 3 7 7 2 7 3 4	借	3 0 0 0 1 0 6 0 8

表10-76

应付职工薪酬　　总分类账

2024年		凭证号数	摘要	借方	贷方	借或贷	余额
月	日			千百十万千百十元角分	千百十万千百十元角分		千百十万千百十元角分
12	1		期初余额			贷	4 7 4 5 8 3 7 9
	15	科汇1	1—15日发生额	3 2 0 0 0 0 0 0		贷	1 5 4 5 8 3 7 9
	31	科汇2	16—31日发生额		4 0 0 0 0 0 0 0	贷	5 5 4 5 8 3 7 9
12	31		本月合计	3 2 0 0 0 0 0 0	4 0 0 0 0 0 0 0	贷	5 5 4 5 8 3 7 9

总分类账户本期发生额及余额试算平衡表，与任务10-1中任务四的"表10-69 总分类账户本期发生额及余额表"相同，此处略。

6. 任务六

编制12月的"资产负债表"和"利润表"，与任务10-1中的任务五相同，此处略。

任务 10.3　选择和应用汇总记账凭证账务处理程序

【任务引例】

广发工业公司主要生产C种型号的电机，简称C电机。该公司被主管税务机关核准为一般纳税人。公司设有两个基本生产车间，规模较大，经济业务量较多，该公司采用收、付、转记账凭证。那么，广发工业公司应选择和应用哪一种账务处理程序呢？

【工作过程与岗位对照表】

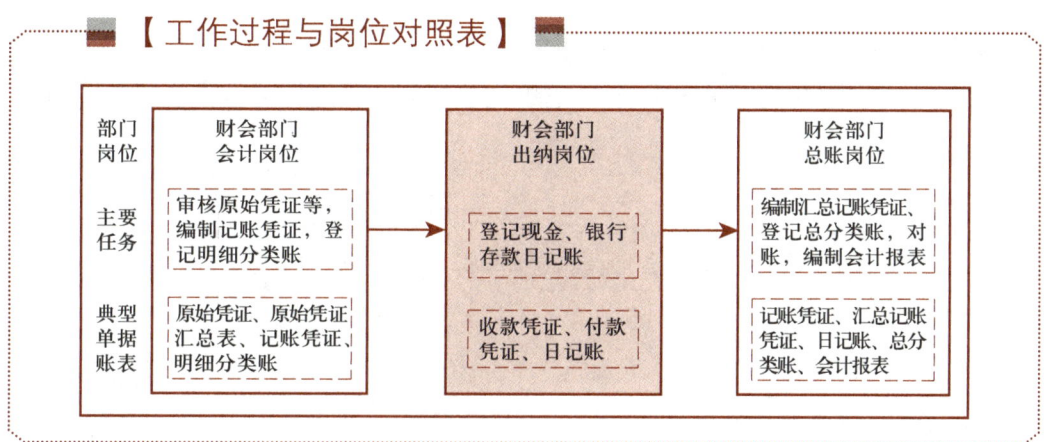

【知识准备】

一、汇总记账凭证账务处理程序的概念

汇总记账凭证账务处理程序是指对发生的经济业务事项，先根据原始凭证或汇总原始凭证编制记账凭证，再定期根据记账凭证分类编制汇总记账凭证（汇总收款凭证、汇总付款凭证和汇总转账凭证），然后根据汇总记账凭证登记总分类账的一种账务处理程序。汇总记账凭证账务处理程序是在记账凭证账务处理程序的基础上发展起来的。其特点是：按照会计账户的对应关系，定期根据记账凭证分类编制汇总收款凭证、汇总付款凭证和汇总转账凭证，再根据汇总记账凭证登记总分类账。

二、汇总记账凭证账务处理程序下凭证与账簿的设置

（一）汇总记账凭证账务处理程序下凭证的设置

在汇总记账凭证账务处理程序下，记账凭证一般采用收款凭证、付款凭证和转账凭证专用格式，也可采用通用格式，同时应设置汇总记账凭证。如果记账凭证是收、付、转三种专用格式，则应分别设置汇总收款凭证、汇总付款凭证、汇总转账凭证。如果记账凭证是通用的统一格式，设置的汇总记账凭证也应采用通用的统一

格式。对于转账业务不多的企业,也可以只设置汇总收款凭证和汇总付款凭证,而转账凭证不需要汇总。

(二)汇总记账凭证账务处理程序下账簿的设置

在汇总记账凭证账务处理程序下,应当设置现金日记账、银行存款日记账、明细分类账和总分类账。日记账和总分类账可采用三栏式;明细分类账可根据需要采用三栏式、数量金额式和多栏式等。

> 【提示】
> 汇总记账凭证账务处理程序下的账簿组织与记账凭证账务处理程序基本相同。

汇总记账凭证账务处理程序下,记账凭证与会计账簿的种类示意图如图 10-5 所示。

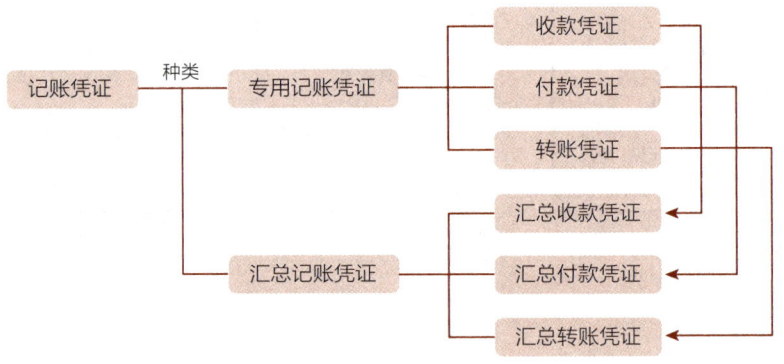

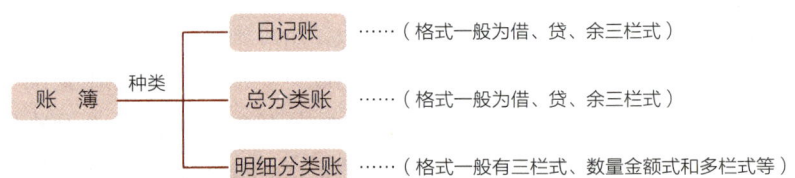

图 10-5　汇总记账凭证账务处理程序下记账凭证与会计账簿的种类

三、汇总记账凭证的种类及其编制方法

汇总记账凭证分为汇总收款凭证、汇总付款凭证和汇总转账凭证三种,其各自的编制方法有所不同。

(一)汇总收款凭证的编制方法

汇总收款凭证(Summarized Receipt Voucher)是指按"库存现金"和"银行存款"科目的借方分别设置的一种汇总记账凭证。它汇总一定时期内库存现金和银行存款的收款业务。其格式如表 10-77 所示。

表 10-77　汇总收款凭证

借方科目：　　　　　　　　　　　　　年　月　　　　　　　　　　　汇收字　第　号

单位：元

贷方科目	金　额			合计	总账页数	
	日至　日 收款凭证 号至　号	日至　日 收款凭证 号至　号	日至　日 收款凭证 号至　号		借方	贷方
本月合计						

汇总收款凭证的编制方法是：按日常核算工作中所填制的专用收款凭证中"库存现金"或"银行存款"的借方科目设置汇总收款凭证，按分录中相应的贷方科目定期进行汇总，填入汇总收款凭证中。一般可 10 天或 15 天汇总一次，月终计算出合计数，据以登记总分类账。

> **【提示】**
>
> 为了便于编制汇总收款凭证，平时填制收款凭证时，会计分录的形式最好是"一借一贷""一借多贷"，不宜"一贷多借"或"多借多贷"。这样，可以避免收款凭证在汇总过程中由于多次重复使用而产生汇总错误，或造成会计账户之间的对应关系变得模糊不清。

（二）汇总付款凭证的编制方法

汇总付款凭证（Summarized Payment Voucher）是指按"库存现金"和"银行存款"科目的贷方分别设置的一种汇总记账凭证。它汇总了一定时期内库存现金和银行存款的付款业务。其格式如表 10-78 所示。

表 10-78　汇总付款凭证

贷方科目：　　　　　　　　　　　　　年　月　　　　　　　　　　　汇付字　第　号

单位：元

借方科目	金　额			合计	总账页数	
	日至　日 付款凭证 号至　号	日至　日 付款凭证 号至　号	日至　日 付款凭证 号至　号		借方	贷方

续表

借方科目	金　额				总账页数	
	日至　日 付款凭证 号至　号	日至　日 付款凭证 号至　号	日至　日 付款凭证 号至　号	合计	借方	贷方
本月合计						

汇总付款凭证的编制方法是：按日常核算工作中所填制的专用付款凭证中"库存现金"或"银行存款"的贷方科目设置汇总付款凭证，按分录中相应的借方科目定期进行汇总，填入汇总付款凭证中。一般可10天或15天汇总一次，月终计算出合计数，据以登记总分类账。

【提示】

为了便于编制汇总付款凭证，平时填制付款凭证时，会计分录的形式最好是"一借一贷""一贷多借"，不宜"一借多贷"或"多借多贷"。这样，可以避免付款凭证在汇总过程中由于多次重复使用而产生汇总错误，或造成会计账户之间的对应关系变得模糊不清。

（三）汇总转账凭证的编制方法

汇总转账凭证（Summarized Transfer Voucher）是指按每一贷方科目分别设置，用来汇总一定时期内转账凭证的一种汇总记账凭证。其格式如表10-79所示。

表10-79　汇总转账凭证

贷方科目：　　　　　　　　　　　　年　月　　　　　　　　　汇付字　第　号

单位：元

借方科目	金　额				总账页数	
	日至　日 转账凭证 号至　号	日至　日 转账凭证 号至　号	日至　日 转账凭证 号至　号	合计	借方	贷方
本月合计						

> 【动脑筋】
>
> 汇总转账凭证为何按贷方科目设置？

汇总转账凭证的编制方法是：按日常核算工作中所填制的专用转账凭证中的贷方科目（如原材料、库存商品等）设置汇总转账凭证，按分录中相应的借方科目定期进行汇总，填入汇总转账凭证中。一般可10天或15天汇总一次，月终计算出合计数，据以登记总分类账。

> 【提示】
>
> 为了便于编制汇总转账凭证，平时填制转账凭证时，会计分录的形式最好是"一借一贷""一贷多借"，不宜"一借多贷"或"多借多贷"。这样，可以避免转账凭证在汇总过程中造成会计账户之间的对应关系变得模糊不清以及编制汇总不方便。

> 【提示】
>
> 由于汇总记账凭证种类及汇总张数较多，在汇总记账凭证编号时，一般应在汇总记账凭证种类前加"汇"字，如"汇收字第×号""汇付字第×号""汇转字第×号"等。

四、汇总记账凭证账务处理程序的核算步骤、优缺点及适用范围

（一）汇总记账凭证账务处理程序的核算步骤

（1）根据原始凭证编制汇总原始凭证。

（2）根据原始凭证或汇总原始凭证，填制记账凭证。

（3）根据收款凭证和付款凭证及所附原始凭证，逐笔登记现金日记账和银行存款日记账。

（4）根据原始凭证、汇总原始凭证和记账凭证，登记各种明细分类账。

（5）根据记账凭证编制有关汇总记账凭证。

（6）根据汇总记账凭证登记总分类账。

（7）月末，现金日记账、银行存款日记账和各明细分类账的余额与有关总分类账的余额核对相符。

（8）月末，根据总分类账和明细分类账的有关资料，编制会计报表。

汇总记账凭证账务处理程序如图10-6所示。

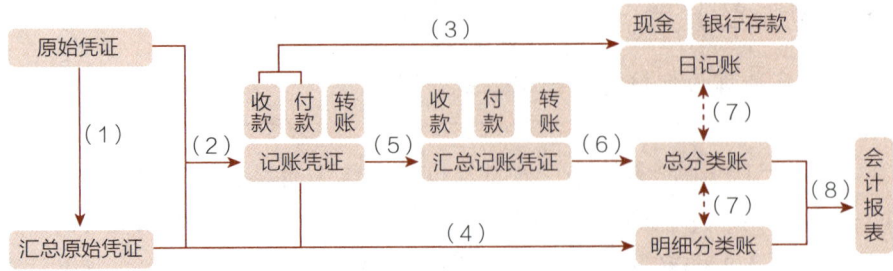

图 10-6 汇总记账凭证账务处理程序图

（二）汇总记账凭证账务处理程序的优缺点

汇总记账凭证账务处理程序的优点是：

（1）简化了登记总分类账的工作量。

（2）在汇总记账凭证上能够清晰地反映账户之间的对应关系。

其缺点是：

（1）当转账凭证较多时编制汇总转账凭证的工作量较大。

（2）对汇总过程中可能出现的错误难以发现。

（3）按每一贷方科目编制汇总转账凭证，不利于会计核算的日常分工。

（三）汇总记账凭证账务处理程序的适用范围

汇总记账凭证账务处理程序一般适用于规模较大、经济业务量较多的单位。

【职业判断与任务操作】

针对本任务引例，分析如下：

由于广发工业公司规模较大，经济业务量较多，同时银行存款业务较多，为了反映账户的对应关系，同时又减轻登记总分类账的工作量，该公司可以采用汇总记账凭证账务处理程序。

【动脑筋】

汇总记账凭证与科目汇总表有什么区别？其核算程序与记账凭证账务处理程序、科目汇总表账务处理程序有什么不同？

【典型任务举例】

任务 10-3：

一、核算资料

振华机电有限公司主要生产 A 种型号的机床，简称 A 产品。该公司被主管税务机关核准为一般纳税人,增值税税率为 13%,城建税税率为 7%、教育费附加为 3%、企业所得税税率 25%。公司设有一个基本生产车间,会计核算采用汇总记账凭证账务处理程序,分上、下半月编制汇总记账凭证,存货以实际成本核算。

具体资料和"任务 10.1 选择和应用记账凭证账务处理程序"中的【典型任务举例】任务 10-1 相同。

二、任务要求

(1)编制 12 月相关记账凭证,记账凭证采用收、付、转三种,按三类顺序编号。

(2)登记现金日记账和银行存款日记账。

(3)登记"应收账款""预付账款""其他应收款""原材料""周转材料""生产成本""库存商品""管理费用""应付账款""预收账款"明细分类账。月末要求只做月结,年结省略。

(4)按照上、下半月编制汇总收款凭证、汇总付款凭证和汇总转账凭证。

(5)根据汇总记账凭证登记总分类账,并编制总分类账户本期发生额及余额表。

(6)编制 12 月的"资产负债表"和"利润表"。

三、工作过程

1. 任务一

编制 12 月相关记账凭证,和任务 10-1 中的任务一相同,此处略。

2. 任务二

登记现金日记账和银行存款日记账,和任务 10-1 中的任务二相同,此处略。

3. 任务三

根据本月发生的业务和期初有关明细账资料,登记"应付账款""预付账款""其他应收款""原材料""周转材料""生产成本""库存商品""管理费用""应付账款""预收账款"明细分类账,和任务 10-1 中的任务三相同,此处略。

4. 任务四

按照上、下半月编制汇总收款凭证、汇总付款凭证和汇总转账凭证,部分如表 10-80 至表 10-85 所示。

表 10-80　汇总收款凭证

借方科目:库存现金　　　　　　2024 年 12 月　　　　　　汇收字　第 1 号

单位:元

贷方科目	金额			总账页数	
	1 日至 15 日收款凭证 1 号至 5 号	16 日至 31 日收款凭证 6 号至 6 号	合计	借方	贷方
其他应收款	150		150	略	略
合计	150		150		

表 10-81　汇总收款凭证

借方科目：银行存款　　　　　　　　　　2024 年 12 月　　　　　　　　　　汇收字　第 2 号

单位：元

贷方科目	金　额			总账页数	
	1 日至 15 日 收款凭证 1 号至 5 号	16 日至 31 日 收款凭证 6 号至 6 号	合计	借方	贷方
主营业务收入	800 000		800 000	略	略
应交税费	104 000	26 000	130 000		
预收账款	452 600		452 600		
应收账款	585 313.80		585 313.80		
交易性金融资产	500 000		500 000		
投资收益	40 000		40 000		
其他业务收入		200 000	200 000		
合计	2 481 913.80	226 000	2 707 913.80		

表 10-82　汇总付款凭证

贷方科目：库存现金　　　　　　　　　　2024 年 12 月　　　　　　　　　　汇付字　第 1 号

单位：元

借方科目	金　额			总账页数	
	1 日至 15 日 付款凭证 1 号至 10 号	16 日至 31 日 付款凭证 11 号至 11 号	合计	借方	贷方
管理费用	300		300	略	略
合计	300		300		

表 10-83　汇总付款凭证

贷方科目：银行存款　　　　　　　　　　2024 年 12 月　　　　　　　　　　汇付字　第 2 号

单位：元

借方科目	金　额			总账页数	
	1 日至 15 日 付款凭证 1 号至 10 号	16 日至 31 日 付款凭证 11 号至 11 号	合计	借方	贷方
应交税费	320 184.34		320 184.34	略	略
预付账款	131 400		131 400		
应付账款	834 975		834 975		
周转材料	37 000		37 000		

续表

借方科目	金　额			总账页数	
	1日至15日 付款凭证 1号至10号	16日至31日 付款凭证 11号至11号	合计	借方	贷方
应付职工薪酬	320 000		320 000		
库存现金	3 000		3 000		
销售费用	10 000		10 000		
应付利息	4 500		4 500		
财务费用	2 218		2 218		
应付票据	605 000		605 000		
制造费用		56 450	56 450		
管理费用		13 000	13 000		
合计	2 268 277.34	69 450	2 337 727.34		

表 10-84　汇总转账凭证

贷方科目：其他应收款　　　　　　　2024 年 12 月　　　　　　　汇转字　第 1 号

单位：元

借方科目	金　额			总账页数	
	1日至15日 转账凭证 1号至8号	16日至31日 转账凭证 9号至27号	合计	借方	贷方
管理费用	1 850		1 850	略	略
合计	1 850		1 850		

表 10-85　汇总转账凭证

贷方科目：预付账款　　　　　　　2024 年 12 月　　　　　　　汇转字　第 2 号

单位：元

借方科目	金　额			总账页数	
	1日至15日 转账凭证 1号至8号	16日至31日 转账凭证 9号至27号	合计	借方	贷方
原材料	780 000		780 000	略	略
应交税费	101 400		101 400		
管理费用		4 491.10	4 491.10		
合计	881 400	4 491.10	885 891.10		

5. 任务五

根据汇总记账凭证登记总分类账，并编制总分类账户本期发生额及余额表，部分总账如表 10-86 至表 10-89 所示。

表 10-86

库存现金　　总分类账

2024年		凭证号数	摘要	借方	贷方	借或贷	余额
月	日			千百十万千百十元角分	千百十万千百十元角分		千百十万千百十元角分
12	1		期初余额			借	1 9 8 7 4 3
	31	汇收1	1—31日发生额	1 5 0 0 0			
	31	汇付1	1—31日发生额		3 0 0 0 0		
	31	汇付2	1—31日发生额	3 0 0 0 0 0			
12	31		本月合计	3 1 5 0 0 0	3 0 0 0 0	借	4 8 3 7 4 3

表 10-87

银行存款　　总分类账

2024年		凭证号数	摘要	借方	贷方	借或贷	余额
月	日			千百十万千百十元角分	千百十万千百十元角分		千百十万千百十元角分
12	1		期初余额			借	2 6 2 9 9 1 9 6 2
	31	汇收2	1—31日发生额	2 7 0 7 9 1 3 8 0			
	31	汇付2	1—31日发生额		2 3 3 7 2 7 3 4		
12	31		本月合计	2 7 0 7 9 1 3 8 0	2 3 3 7 2 7 3 4	借	3 0 0 0 1 0 6 0 8

表 10-88

预付账款　　总分类账

2024年		凭证号数	摘要	借方	贷方	借或贷	余额
月	日			千百十万千百十元角分	千百十万千百十元角分		千百十万千百十元角分
12	1		期初余额			借	7 5 4 4 9 1 1 0
	31	汇付2	1—31日发生额	1 3 1 4 0 0 0 0			
	31	汇转2	1—31日发生额		8 8 5 8 9 1 1 0		
12	31		本月合计	1 3 1 4 0 0 0 0	8 8 5 8 9 1 1 0	平	0

表 10-89

其他应收款　总分类账

2024年		凭证号数	摘要	借方	贷方	借或贷	余额
月	日			千百十万千百十元角分	千百十万千百十元角分		千百十万千百十元角分
12	1		期初余额			借	2 0 0 0 0 0
	31	汇收1	1—15日发生额		1 5 0 0 0		
	31	汇转1	1—31日发生额		1 8 5 0 0 0		
12	31		本月合计		2 0 0 0 0 0	平	0

总分类账户本期发生额及余额试算平衡表，与任务 10-1 中的任务四"总分类账户本期发生额及余额表"相同，此处略。

■ 【提示】 ■

在实际工作中，上述各种账务处理程序往往结合运用。如采用汇总记账凭证账务处理程序时，如果转账业务不多，可以直接根据转账凭证登记总分类账，而不必编制汇总转账凭证，从而使记账凭证账务处理程序和汇总记账凭证账务处理程序结合运用。

6. 任务六

编制 12 月"资产负债表"与"利润表"，与任务 10-1 中的任务五相同，此处略。

■ 【动脑筋】 ■

相同的会计资料，采用三种不同的账务处理程序，其核算的最终结果一样吗？通过比较工作步骤，请分析科目汇总表账务处理程序和汇总记账凭证账务处理程序的异同点。

【项目小结】

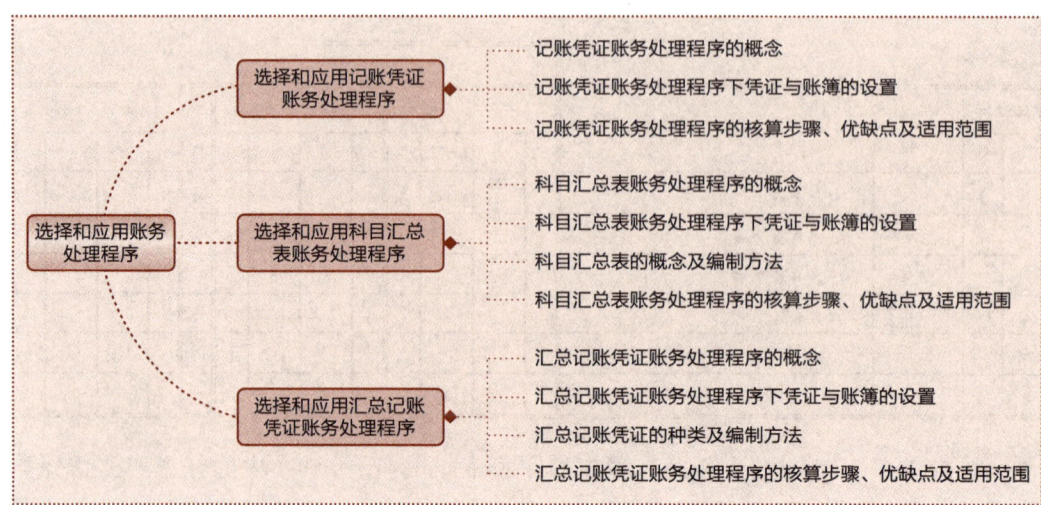

参考文献

[1] 薛小荣，陈淑芳. 会计学基础[M]. 北京：中国财政经济出版社，2022.

[2] 王炜. 基础会计[M]. 6版. 北京：高等教育出版社，2024.

[3] 程淮中. 会计基础与实务[M]. 3版. 北京：人民邮电出版社，2019.

[4] 高香林. 基础会计[M]. 6版. 北京：高等教育出版社，2022.

[5] 陈国辉，迟旭升. 基础会计[M]. 6版. 大连：东北财经大学出版社，2018.

[6] 熊绍刚，孔祥银. 基础会计[M]. 3版. 北京：高等教育出版社，2023.

[7] 费琳琪. 会计基础[M]. 3版. 北京：中国人民大学出版社，2023.

[8] 李爱红，施先旺，马荣贵. 会计学基础[M]. 北京：机械工业出版社，2018.

[9] 中华人民共和国财政部. 会计人员职业道德规范[S]. 2023.

[10] 中华人民共和国财政部. 会计信息化工作规范[S]. 2024.

主编简介

程淮中 江苏财经职业技术学院原校长、教授,全国财政职业教育教学指导委员会委员、副秘书长,全国高职财经类专业教学指导委员会副主任,中国会计学会会计教育专业委员会委员,中国商业会计学会职业教育分会副会长、全国高职高专院校会计系主任(院长)联席会副主席。发表学术论文80多篇,主持省(厅)级课题9项,出版专著5部,主编首届全国教材建设奖全国优秀教材1部,主编国家和省精品(重点)教材9部,获国家级教学成果奖一、二等奖各1项,省级教学成果奖一等奖1项。先后荣获"全国模范教师""江苏省教学名师""江苏省'青蓝工程'中青年学术带头人""江苏省'333工程'培养对象""江苏省高校A类品牌会计专业负责人","江苏省高校高水平会计专业群负责人"、国家职业教育会计专业教学资源库项目"会计职业基础"课程负责人、国家首批在线精品开放课程和高等职业教育百门精品课程"基础会计"主持人等称号。

郑重声明

高等教育出版社依法对本书享有专有出版权。任何未经许可的复制、销售行为均违反《中华人民共和国著作权法》，其行为人将承担相应的民事责任和行政责任；构成犯罪的，将被依法追究刑事责任。为了维护市场秩序，保护读者的合法权益，避免读者误用盗版书造成不良后果，我社将配合行政执法部门和司法机关对违法犯罪的单位和个人进行严厉打击。社会各界人士如发现上述侵权行为，希望及时举报，我社将奖励举报有功人员。

反盗版举报电话　　（010）58581999　58582371
反盗版举报邮箱　　dd@hep.com.cn
通信地址　　北京市西城区德外大街4号　高等教育出版社知识产权与法律事务部
邮政编码　　100120

读者意见反馈

为收集对教材的意见建议，进一步完善教材编写并做好服务工作，读者可将对本教材的意见建议通过如下渠道反馈至我社。

咨询电话　　400-810-0598
反馈邮箱　　gjdzfwb@pub.hep.cn
通信地址　　北京市朝阳区惠新东街4号富盛大厦1座　高等教育出版社总编辑办公室
邮政编码　　100029

防伪查询说明

用户购书后刮开封底防伪涂层，使用手机微信等软件扫描二维码，会跳转至防伪查询网页，获得所购图书详细信息。

防伪客服电话　　（010）58582300

网络增值服务使用说明

授课教师如需获取本书配套教辅资源，请登录"高等教育出版社产品信息检索系统"（xuanshu.hep.com.cn），搜索本书并下载资源。首次使用本系统的用户，请先注册并进行教师资格认证。

高教社高职会计教师交流及资源服务QQ群（在其中之一即可，请勿重复加入）：
QQ3群：675544928　　QQ2群：708994051（已满）　　QQ1群：229393181（已满）